reinhardt

Matthias Paul Krause

Gesprächspsychotherapie und Beratung mit Eltern behinderter Kinder

Mit einem Vorwort von Jörg Fengler

Ernst Reinhardt Verlag München Basel

Dr. *Matthias Paul Krause,* Diplom-Psychologe, Psychotherapeut (GwG, DAGG) und Supervisor (BDP), arbeitet am Kinderneurologischen Zentrum der Rheinischen Kliniken Bonn; Lehraufträge an den Universitäten Köln und Bonn.

Titelbild: © Zigy Kaluzny / Getty Images / Stone

Die Deutsche Bibliothek – CIP-Einheitsaufnahme

Krause, Matthias, Paul:
Gesprächspsychotherapie und Beratung mit Eltern behinderter Kinder / Matthias Paul Krause. Mit einem Vorw. von Jörg Fengler. – München ; Basel : E. Reinhardt, 2002
ISBN 3-497-01600-4

Printed in Germany
Reihenkonzeption: Oliver Linke, Augsburg

Ernst Reinhardt Verlag, Postfach 38 02 80, D-80615 München
Net: www.reinhardt-verlag.de Mail: info@reinhardt-verlag.de

Inhalt

Vorwort

„… nicht alle Eltern behinderter Kinder brauchen professionelle Beratung zu ihrer Lebenssituation und noch weniger brauchen Psychotherapie.“ – mit diesen Worten eröffnet Matthias Krause das hier vorliegende Buch. Diese Einleitung stellt eine mehrfach wohltuende Botschaft dar: Angehöriger eines behinderten Kindes zu sein ist kein Krankheitsbild; Leiden ist keine seelische Störung; Bewältigung findet in Beratung und Psychotherapie statt, aber eben auch ohne sie, im seelischen Innenraum und im Netz sozialer Unterstützung; Trauer darf ein Lebensbegleiter sein, der nicht automatisch die Diagnose ‚Behandlungsbedürftigkeit‘ nach sich zieht.

Auf diesem Hintergrund lässt der Autor uns an seiner langjährigen Praxis als Psychotherapeut teilnehmen, die genau dieser Zielgruppe gewidmet ist: Eltern mit einem oder mehreren behinderten Kindern. Seine Fundierung im Personzentrierten Ansatz, seine tiefenpsychologische und psychodramatische Zusatzqualifikation und seine empirische Orientierung erleichtern die Auseinandersetzung mit diesem Thema, das vorrangig Gefühle von Mitleiden, Trauer und Ohnmacht auslösen könnte: Wie soll, wie kann eine Elternberatung unter diesen besonderen Umständen erfolgen, ohne in Geschwätzigkeit zu verfallen oder in Verstummen einzumünden?

Der Autor findet einen bzw. seinen Weg, indem er uns an seiner einfühlenden, manchmal auch konfrontierenden und unterstützenden Begleitung teilnehmen lässt und sich dabei zugleich die Position des Beobachters und Berichterstatters bewahrt. Leserin und Leser haben Gelegenheit, das Gespräch in eigener Berührtheit mitzuerleben und gleichzeitig fachlich-sachlich Stellung zu beziehen.

Es folgen Protokolle von Gesprächen, in denen Eltern vom Autor die Behinderungsdiagnose ihres Kindes erfahren und darauf in je eigener Weise reagieren. Der Autor lässt uns an verschiedenen Formen der Erlebnisverarbeitung – ein etwas älterer, aber immer noch sehr zutreffender Begriff – teilnehmen, die die Eltern wählen: Krise, Akute und Posttraumatische Belastungsstörung, Trauer, Abwehr, Scham, Schuld, Partnerschaftskonflikt und Zukunftsangst. Wohltuend ist durchgängig, dass der Autor darauf verzichtet zu wissen, wann und etwa noch in welchen Etappen die Bewältigung vor sich zu gehen habe. Vielmehr treten die Eltern als Gestalter ihres Schicksals hervor, in sehr unterschiedlichen individuellen Weisen.

Der Begleiter lauscht, begleitet, regt an, gibt Raum; er hilft beherzt und gelassen.

Das Buch von Matthias Krause, den ich seit über 25 Jahren persönlich kenne, ist ein lebendiger und anschaulicher Text. Es ist dem Autor gelungen, sein Beratungs- und Psychotherapiekonzept wissenschaftlich zu begründen und zugleich Fülle und Vielfalt der individuellen Verläufe sichtbar zu machen. Die Lektüre verändert Wahrnehmung und Einstellung Eltern gegenüber, die ein behindertes Kind haben, und lädt dazu ein, sich dieser Gruppe zuzuwenden. Ich wünsche dem Werk, dass es von vielen Kolleginnen und Kollegen aus den Helferberufen und auch von vielen Angehörigen, Betroffenen wie Nichtbetroffenen, gelesen wird. Es wird ihren Blick weiten.

November 2001

Prof. Dr. Jörg Fengler
Heilpädagogische Fakultät der Universität zu Köln

Einleitung

Psychotherapie oder Empowerment für Eltern behinderter Kinder?

> Während der Podiumsdiskussion zum Jubiläum einer Frühförderstelle meldete sich bei der Frage einer jüngeren Fachkollegin, wie man den Bewältigungsprozess bei Eltern behinderter Kinder beschleunigen könne, ein Zuhörer aus dem Publikum zu Wort. Er stellte sich als Vater eines nunmehr 27-jährigen, mehrfachbehinderten Sohnes vor und kommentierte die einsetzende Diskussion, dass seine Trauer trotz so vieler Jahre nie ganz verschwunden sei. Aber er habe das persönliche Glück gehabt, Menschen um sich zu haben und immer wieder auf welche zu treffen, mit denen er habe sprechen können.

Die Szene enthält zwei Aspekte, zwischen denen sich der Inhalt dieses Buches aufspannt. Zum einen zeigt sie, wie selbstverständlich Eltern behinderter Kinder irgendwann innerlich wie öffentlich zu ihrem Schicksal stehen und sich selbstbewusst die Freiheit nehmen, davon zu reden, wann immer ihnen danach zumute ist. Auf der anderen Seite steht der Hinweis auf eine Lebenskrise, die keine restlos verheilende Narbe zurücklässt.

Das Buch beschreibt, wie Eltern auf das Krisenereignis reagieren und welche psychologische Hilfe möglich ist, wenn sich die emotionale Krise verhärtet. Der erwähnte Redebeitrag zeigt bereits die Grenzen von Interventionen. Die Notwendigkeit von Begleitung und Unterstützung können wir erahnen, aber nicht alle Eltern brauchen professionelle Beratung zu ihrer Lebenssituation und noch weniger benötigen Psychotherapie. Die meisten mobilisieren aus eigenen Kräften kreative Lösungen, sich auf das behinderte Kind und die veränderte Familiensituation angemessen einzustellen. Sie spüren ihre Bedürfnisse und sprechen sie an, fordern Hilfe und nutzen sie. Viele verändern sich angesichts dieser Herausforderung, wachsen mit der Aufgabe über sich hinaus, entdecken neue Eigenschaften an sich oder ungeahnte Fähigkeiten. Dank einfühlsamer Unterstützung und praktischer Hilfe von Verwandten und Freunden meistern sie die Krise, sind ihrem Kind zugetan, räumen ihm seine besondere Rolle ein, ohne andere Familienmitglieder zu vernachlässigen, und finden damit mehr oder weniger rasch zu einer neuen, effizienten Familienstruktur. Um das behinderte Kind so zu akzeptieren, wie es ist, seine Entwicklung so anzunehmen, wie sie sich zeigt, und es seinen Fähigkeiten entsprechend in die Familie zu integrieren, erwarten sie völlig zu Recht ehrliche Antworten von Fachleuten – dazu gehört auch das Eingeständnis, etwas nicht zu wissen –, Mitgefühl und respektierendes Bemühen um Hilfeleistungen, wenn sie gewünscht werden.

Das Potenzial in Familien mit behinderten Kindern sieht die wissenschaftliche Lehrmeinung noch nicht lange. Als ich vor zwanzig Jahren nach einer ersten Lehrzeit in der Psychiatrie begann, Eltern behinderter Kinder kennen zu lernen, zu beraten und zu behandeln, war ich oft erstaunt, wie viel Kraft und Lebensfreude Kinder wie Eltern ausstrahlten. Sorgten doch damals schwermütige Konzepte wie ‚lebenslange Elternschaft' oder ‚chronische Trauer' eher für gewisse Scheu, mitfühlend gemeintes Bedauern oder sogleich aktivierte Hilfsbereitschaft, die von vielen Eltern als deplatziert empfunden wurden.

Seit den 50er und 60er Jahren wurden Familien mit behinderten Kindern meist unter Defizitaspekten untersucht. Im Bewältigungsprozess sah man negative Verhaltensweisen wie Ablehnung, erzieherische Fehlhaltungen wie Überprotektivität und Permissivität, Aggression und ging von einer allgemeinen Dysfunktionalität betroffener Familien mit Verleugnung, verringertem Selbstwertgefühl und sozialer Isolation aus (Klebanoff 1959). Auch die sich anschließende zweite Phase bleibt diesem Negativbild konzeptionell verhaftet, als Depression und andere psychiatrische Auffälligkeiten, Häufigkeit an Partnerschaftskonflikten, Scheidungsrate und Störungen von Familiendynamik und -struktur untersucht wurden, anhand derer man das Ausmaß geglückter Bewältigung indirekt zu bestimmen suchte (Holroyd 1974). Erst in der gegenwärtigen Phase der Bewältigungsforschung werden familiäre Ressourcen bei Eltern behinderter Kinder erfasst und Modelle zur Wechselwirkung von Bewältigung und anderen intrapsychischen wie sozialen Faktoren formuliert (McConachie 1994). Heute sind wir also weiter und wissen empirisch gesichert, dass der Mehrheit der Familien die persönliche, familiäre und soziale Bewältigung gelingt, und wir suchen nach Faktoren, die diese positive Entwicklung begünstigen (Scorgie/Sobsey 2000).

Mit dem Konzept des Empowerment hat unter dem Aspekt der anzubietenden Hilfestellung ein Paradigma Verbreitung gefunden, das Kompetenzen der Betroffenen würdigt, sich an ihren Bedürfnissen orientiert, Vertrauen in die eigenen Fähigkeiten stärkt und eigene Ressourcen mobilisiert (Trivette et al. 1994). In einer so verstandenen Kultur des Helfens sollen Bevormundung und Abhängigkeit vermieden – aktive Teilnahme, Gewinnung eines positiven Selbstbildes und Kontrolle über das eigene Leben und persönliche Ziele dagegen gefördert werden. So sehr die Stärkenperspektive Konzeptionen über soziales Helfen zum Wohl der Betroffenen neu bestimmt hat und auch in der Frühförderung positiv aufgenommen wurde (Weiß 1992), überfordert ein oft damit einhergehender Ausschließlichkeitsanspruch die Helfer und wendet sich damit gegen die Hilfesuchenden. Von pädagogischer Seite gerne als Kontrastprogramm zu psychologischer Beratung oder Psychotherapie angesehen (Theunissen 1999), schließen sich die Vorgehensweisen noch nicht einmal einander aus, da beide auf die Stärkung der Person, die Solidarisierung mit ihr und die Mobilisierung ihrer Ressourcen zielen.

In der Gesamtheit der Eltern behinderter Kinder gibt es manche, die in seelische Krisen geraten, aus denen sie weder aus eigener Kraft noch mit dem Empowerment der sie umgebenden Fachleute herausfinden. Aufgrund verschiedener Umstände ihrer biografischen und aktuellen Lebenssituation stagnieren sie im Bewältigungsprozess. Ihr Bedarf an Unterstützung geht über Zuspruch, Informationsvermittlung, stützende Gespräche oder Einbeziehung in Selbsthilfegruppen hinaus. Persönliches Leid, oft zusammen mit Beeinträchtigungen in Partnerschaft, Erziehung und sozialer Umwelt, erfordert eine sich ganz auf die subjektive Welt der Person konzentrierende und sie mit ihren Äußerungen annehmende Unterstützung im psychotherapeutischen Gespräch. Erst im lebensgeschichtlichen Verstehen der persönlichen emotionalen Reaktion wird man Ressourcen orten und Lösungen finden. Oft eröffnen Verhaltensstörungen des behinderten Kindes einen ersten Zugang zur persönlichen Situation, wenn Erziehungsleitlinien und Interaktionsverhalten reflektiert werden. Fühlen sich Eltern dann in einem psychotherapeutischen Prozess selbst angenommen, wird es ihnen auch eher gelingen, Besonderheiten ihres Kindes anzunehmen (von Klitzing 1998).

Der eigene psychotherapeutische Standort

Seit fast zwanzig Jahren arbeite ich als Psychologe und Psychotherapeut mit Eltern von behinderten und von Behinderung bedrohten Kindern – ausreichend lange, um Krisen, eigenwillige Lösungswege und Katastrophen, aber auch viele erstaunliche und glückliche Familienentwicklungen mitzuerleben.

Mein psychotherapeutischer Ausgangspunkt ist auch nach Weiterbildungen in Familientherapie und Psychodrama die Gesprächspsychotherapie geblieben. In ihrem Bemühen um eine aufrichtige, anteilnehmende Begegnung, im Vertrauen auf das konstruktive Potenzial und in der Überzeugung, dass Anerkennung und Akzeptanz des Therapeuten Schlüsselfaktoren im therapeutischen Prozess sind, erlebe ich die Personzentrierte Psychotherapie als angemessenste Form der Hilfestellung für seelisches Leid und zwischenmenschliche Auseinandersetzungen. In theoretischer

Hinsicht hat sich diese Therapieform von einer Technik, emotionale Gefühlsinhalte zu verbalisieren (Tausch 1974), nun zu einer differenzierten, mehrdimensionalen Therapieform entwickelt. Gerade die einem auch mit Kindern arbeitenden Kliniker selbstverständliche frühe Entwicklungsgeschichte der Person wird in der modernen Personzentrierten Psychotherapie ernst genommen (Finke 1994). Vor allem aber wurde eine Brücke zu den mittlerweile üblichen theorieneutralen psychiatrischen Klassifikationssystemen seelischer Krankheiten (ICD, DSM) geschlagen, sodass sich die Personzentrierte Psychotherapie damit dem allgemein verbindlich gewordenen Sprachgebrauch angeschlossen hat. Ursprünglich hatte sich Rogers gegen Diagnosen ausgesprochen. Er meinte, die Diagnose könne Einfühlung und Akzeptanz des Therapeuten für seinen Klienten behindern, könne zum Fremdkörper zwischen Klient und Therapeut werden. Heute unterscheidet man sorgfältiger: Nicht die Diagnose, sondern das Festhalten an ihr beschränkt die Verständnisbereitschaft des Therapeuten (Biermann-Ratjen et al. 1997). Nichtsdestoweniger wird sich der Psychotherapeut immer auf einer Gradwanderung zwischen seinem Bild vom Klienten und dem Begegnungserlebnis bewegen. Bei der Diskussion um Diagnosen darf Psychopathologisierung nicht mit Marginalisierung gleichgesetzt werden. Nicht die diagnostizierende Beschreibung von Verhaltens- und Erlebensweisen eines Menschen als Phänomene macht den Patienten zu einem entrechteten Opfer der Psychiatrie, wie Theunissen (1999) vermutet, sondern erst Stil und System des daraus folgenden verwaltenden, versorgenden und auch therapeutischen Umganges des Professionellen mit ihm.

Institutionelle Rahmenbedingungen

Die bislang erlebten Arbeitsbedingungen bilden die Erfahrungsgrundlage und prägen Stil und Konzept der Tätigkeit. Seit seiner Gründung als Abteilung der Rheinischen Kliniken (Landeskrankenhaus für Psychiatrie) im Jahre 1978 war das Kinderneurologische Zentrum Bonn (KNZ) als sozialpädiatrische Institution dem Gedanken des multidisziplinären Teams verpflichtet und richtete ihren Augenmerk nicht nur auf das zu behandelnde Kind, sondern auch auf dessen Bezugspersonen. Damit wurde schon früh die kindzentrierte funktionale Entwicklungstherapie durch den Blick auf die familiäre Dynamik erweitert (Schlack 1982). Im Zuge dieser Entwicklung wurde die psychosoziale Situation der Eltern immer mehr berücksichtigt und Hilfestellungen zur Erleichterung und Bearbeitung persönlicher Betroffenheit und sozialer Konflikte als weiteres therapeutisches Angebot etabliert (Krause 1986). Im Laufe der Zeit entstand ein familienorientiertes Behandlungskonzept, das sich als psychotherapeutisch versteht und sein theoretisches Fundament humanistischen, familientherapeutischen und tiefenpsychologischen Wurzeln verdankt. Die fruchtbare Auseinandersetzung zwischen Kollegen unterschiedlicher Fachrichtungen führte in der Folgezeit zur Formulierung des systemisch-ökologischen Konzeptes der Frühförderung (Schlack 1998).

Dieser Ansatz ist ganzheitlich und stellt die familiären Rahmenbedingungen für die Entwicklungschancen des behinderten Kindes in den Mittelpunkt. In der Präambel des Altöttinger Grundlagenpapiers der Deutschen Gesellschaft für Sozialpädiatrie wird deshalb ausdrücklich „... die Untersuchung und Behandlung von Kindern und Jugendlichen *im Kontext mit dem sozialen Umfeld* ...“ als Arbeitsauftrag bestimmt. Dazu sind Psychologen und Ärzte sozialpädiatrischer Zentren explizit zur „... Durchführung fachlich anerkannter Psychotherapieverfahren im Einzel-, Gruppen- und/oder Familiensetting ...“ aufgefordert (Hollmann 2000, 467).

Die Organisationsstruktur des KNZ sieht eine ambulante sowie zwei stationäre Abteilungen vor, in denen Kinderneurologen, Psychologen, Heilpädagogen, Physiotherapeuten und Logopäden Diagnosen für Behinderungen und Verhaltensauffälligkeiten finden und therapeutische Schritte einleiten. Psychotherapeutische Angebote als Einzel- oder Paargespräch bestehen für Familien mit behinderten Kindern entweder während der stationären Eltern-Kind-Woche oder mit unterschiedlicher Frequenz in Form kontinuierlicher ambulanter Gesprächskontakte. Im Fall der stationären Eltern-Kind-Woche sind Erstgespräche vorausgegangen, in denen die familiäre Situation, aktuelle Konflikte und die aktuelle psychische Situation erhoben wurden.

Zur Konzeption des Buches

Im vorliegenden Buch werden psychische Reaktionen von Eltern beschrieben, die bei der Mehrzahl derer auftreten, die sich mit der Behinderung ihres Kindes auseinander setzen müssen. Besondere Beachtung erfahren Bewältigungsvorgänge bei denjenigen Eltern behinderter Kinder, die in vorübergehende oder länger andauernde tiefe seelische Krisen geraten, da die Auseinandersetzung mit der Behinderung andere aktuelle oder frühere unterschwellige Verletzungen aktiviert. Dabei ist das vorliegende Buch kein Psychotherapiemanual, wie sie gegenwärtig in Mode kommen (Auckenthaler 2000). Standardisiertes Vorgehen bei Eltern, bei denen die Behinderung des Kindes seelisches Leid ausgelöst hat, soll gerade nicht befürwortet werden, vielmehr stehen individueller Bezug und persönliche Begegnung im Zentrum. Wenn sich auch etwa in Zyklen von Abwehr, Ambivalenz und Trauer wiederkehrende Muster in den Bewältigungsgeschichten von Eltern behinderter Kinder finden lassen, hat die Einzigartigkeit der Person und ihrer Verhaltensweisen in der psychotherapeutischen Arbeit ganz eindeutigen Vorrang.

Ein Buch über die Behandlung von Eltern behinderter Kinder in Krisen sollte Theorie und Praxis zusammenführen. Neben Abschnitten über psychische Symptome und Krisenverläufe wird ein Modell zum Krisenerleben nach dem Personzentrierten Ansatz vorgestellt, auf das sich ein praktischer Teil mit Falldarstellungen von Therapien bezieht. Diese Fallgeschichten stellen keine repräsentative Auswahl Eltern behinderter Kinder dar, ihre seelischen Belastungen und Reaktionen sind aus der individuellen Geschichte zu verstehen. Eine Beschreibung typischer thematischer Schwerpunkte in der Therapie- und Beratungsarbeit schließt sich an. Kursiv gedruckte Begriffe werden im Anhang näher erklärt.

Wenn auch die meisten der hier berichteten Einblicke aus eigenen Erfahrungen als Klinischer Psychologe, Psychotherapeut, Dozent und Supervisor resultieren, verdanke ich meinen beruflichen Entwicklungsprozess unzähligen Anregungen von Kollegen, vor allem aber den Familien, die ich kennen lernen durfte. Sie erinnern mich immer wieder daran, dass Vertrauen und Offenheit Geschenke sind, für die man nicht dankbar genug sein kann.

1 Belastungen von Eltern behinderter Kinder

1.1 Psychische Symptome

Die Angaben zur Häufigkeit psychischer Symptome von Eltern behinderter Kinder schwanken je nach Untersuchungsmethode, Stichprobe und Zeitpunkt. Während man die Entlastung der Familien durch Beratungsangebote im Rahmen von Frühförderprogrammen in früheren Studien gering ansetzen kann, wird sich deren Unterstützung mittlerweile in aktuellen Studien als Stressprävention symptommindernd auswirken. Aber nicht nur ältere Studien zeigen hohe Erkrankungsraten: etwa 57 % der Mütter und 20 % der Väter schwer geistigbehinderter Kinder zwischen Geburt und 14. Lebensjahr (Wing 1975) oder 41.5 % der Mütter geistigbehinderter Kinder mit mehr als vier psychischen Symptomen (Anstey/Spence 1986). Je nach Funktionsbeeinträchtigung und Alter der Kinder kann die Stressbelastung sehr hoch sein: so etwa bei 40 % der Mütter extremer Frühgeborener sechs Monate nach der Geburt, darunter behandlungsbedürftige Symptome von Depressivität und Ängstlichkeit bei 25 % (Thompson et al. 1993); bei 38 % der Mütter Vierjähriger mit unterschiedlichen Behinderungen (Mentale Retardierung, Zerebralparese, Sensorische Behinderung) mit auffälligen Depressionswerten von fast einer Standardabweichung über dem Mittelwert der Durchschnittsbevölkerung (Smith et al. 1993); oder bei zwischen 37 % und 48 % der Mütter körperbehinderter Kinder, wobei der Stress weniger dem Pflegeaufwand, als vielmehr mangelnder Unterstützung und ungleicher Rollenverteilung zugeschrieben wird (Wiegner/Donders 2000). Mehrfachbehinderung ist deshalb häufig mit höherer mütterlicher Stressbelastung verbunden (Tröster 1999), insbesondere wenn Verhaltens- und Interaktionsstörungen hinzukommen (Reid/Renwick 2001). In einer deutschen Stichprobe bezeichneten sich 22.4 % der Mütter dreieinhalb Jahre nach Geburt eines behinderten Kindes mit genetischem Syndrom physisch und psychisch erschöpft, davon wurden lediglich 2.2 % als depressiv eingestuft (Nippert 1988). Ein ähnlich niedriger Anteil von 4.3 % mit mittlerer bis schwerer klinischer Depression belastete Personen wurde in der bislang umfangreichsten Stichprobe von 188 Eltern einjähriger Kinder mit M. Down, überwiegend Mütter, gefunden (Scott et al. 1997).

Verlaufsuntersuchungen deuten auf keine allgemeine Zunahme von Stressbelastung und psychischen Symptomen im Laufe der frühen Kindheit hin. In einer Studie über 190 Familien mit motorisch und mental behinderten Kindern und Kindern mit M. Down waren nur 7.9 % aller Mütter gegen Ende des ersten Lebensjahres der Kinder klinisch auffällig, zum Ende des zweiten steigerte sich dieser Anteil nur leicht. Besonders belastet waren Mütter körperbehinderter Kleinkinder, von denen 5.2 % im ersten, 9.1 % im zweiten Jahr – verglichen mit 6.8 % der Mütter mental entwicklungsverzögerter Kinder zu beiden Zeitpunkten – klinisch auffällig waren (Shonkoff et al. 1992). Von 79 Müttern geistig- oder lernbehinderter Kinder blieb der Anteil psychisch mit Depression, Unzulänglichkeits- und Isolationsgefühlen auffällig symptombelasteter Mütter über die ersten fünf Lebensjahre des Kindes mit 10 % relativ konstant. Die Müttergruppe, die sich durch den vom Kind ausgehenden Erziehungsstress auffällig belastet fühlte, erweiterte sich allerdings von 10 % auf 33 % (Warfield et al. 1999). Bei Eltern hörgeschädigter Kinder fand sich ein Anteil von 15.4 % in Depressivität und Selbstzweifeln klinisch auffälliger Personen (Hintermair 2001).

Trotz vorhandener Hilfsangebote treten also bei etwa 3 % bis 10 % der Eltern behinderter Kinder psychische Symptome auf, wobei besondere Stressfaktoren wie fehlende soziale Unterstützung, Instabilität der Familienbeziehungen, Mehrfachbehinderung und Verhaltensstörungen des behinderten Kindes den Anteil drastisch erhöhen können. Die übliche Rollenverteilung legt nahe, dass mehrheitlich Mütter behinderter Kinder gefährdet sind, psychische Störungen zu entwickeln (Essex et al. 1999). Seelische Belastungen oder Störungen existieren natürlich auch bereits vor Geburt des behinderten Kindes. Der höhere Anteil an psychischen Auffälligkeiten bei Eltern behinderter Kinder in manchen Studien könnte im Vergleich zur Bevölkerung auf ein größeres Risiko hinweisen, im Bewältigungsprozess an einer Anpassungsstörung zu erkranken. Dabei sind es nicht die Stressereignisse als solche, die psychische Symptome auslösen, sondern die subjektive Bewertung der Krise. Diese Einschätzung trifft die Person auf der Grundlage aller gegenwärtiger Ressourcen und lebensgeschichtlich erworbener Einstellungsmuster, also ihrem Selbstkonzept.

1.2 Krisenverläufe bei Eltern behinderter Kinder

Im Unterschied zu anderen Krisenereignissen wie Verlust, Trennung oder Gewalterfahrung sind Eintritt und Beginn der mit einer Behinderung des Kindes einsetzenden Krise nicht in allen Fällen eindeutig zu bestimmen. Als Zeitpunkt der Erstdiagnose geben Eltern von Kindern mit Down-Syndrom etwa die ersten Tage nach der Geburt an. Bei mehrfachbehinderten Kindern erfolgte die Diagnose im Schnitt nach 7.0 Monaten, bei körperbehinderten Kindern mit 9.7 Monaten und bei geistigbehinderten Kindern mit 15.6 Monaten (Krause/Petermann 1998). Diese Durchschnittswerte spiegeln die erhebliche individuelle Streubreite nicht wider. Über ein Drittel der Kinder mit geistiger Behinderung werden erst nach dem zweiten, davon etwa 5 % erst nach dem vierten Lebensjahr diagnostiziert.

Nach klinischer Erfahrung können drei Krisensituationen beschrieben werden, die sich hinsichtlich Unmittelbarkeit und Annahme der Diagnosestellung sowie der Vorhersagbarkeit des Entwicklungsverlaufes unterscheiden. Ein akutes Krisenereignis erleben Eltern dann, wenn mit oder ohne Geburtskomplikation die Behinderung des Neugeborenen eindeutig feststeht oder die Behinderung zu einem späteren Zeitpunkt vollkommen unerwartet erkannt wird. Ein Großteil der Behinderungen, überwiegend solche im Bereich kognitiver Leistungen, zeigt sich jedoch erst im weiteren Verlauf der Entwicklung oder setzt später ein (z. B. Rett-Syndrom). Oft dauert es Jahre bis eine Diagnose gestellt werden kann. In dieser Zeitspanne fehlt ein eindeutiges, objektivierbares Krisenereignis. Allerdings erleben Eltern eine anwachsende, subjektive Verunsicherung in ihrer Einschätzung des Kindes, die durch Vergleiche mit Gleichaltrigen oder Kommentare aus der Verwandtschaft geschürt wird. Das Krisenereignis entspricht hier einer allmählichen Ansammlung von Wahrnehmungen, Mitteilungen und Beobachtungen von Einzelheiten, die sich nach und nach zu einer ständig bedrohlicher werdenden Eskalation ausweiten. Selbst wenn die Diagnose einmal sicher gestellt worden ist, unterscheidet sich die psychische Situation von Eltern behinderter Kinder von anderen Ereignissen, die zu zeitlich begrenzten Bedrohungen oder unwiederbringlichen Verlusten führen. Ähnlich wie bei chronischer Krankheit ist das Krisenereignis protrahiert, es entwickelt sich sozusagen mit dem Erkrankten weiter und erlaubt dem Leidtragenden keine Distanz. So kann für Eltern behinderter Kinder mit dem Leben nach der Diagnose ein in die Länge gezogenes Krisenereignis mit einer Verkettung unvorhergesehener und immer wieder aufs Neue bedrohlicher und leidauslösender Situationen beginnen.

Die akute Krise

Die Mitteilung der Diagnose einer Behinderung, die unmittelbar und unerwartet auf die Bezugspersonen trifft, löst in nahezu jedem Fall eine akute Krise aus, die am besten mit einer Schockreaktion beschrieben werden kann. Diese Situation kann nach der Geburt, nach Erkrankung oder Unfall gegeben sein. Körperliche Missbildungen (Dysmorphien; Neuhäuser 1999), manche genetische Syndrome, chronische Erkrankungen, Mehrfach- oder Sinnesbehinderungen treten bereits bei Geburt eindeutig zutage und können den Eltern sofort mitgeteilt werden. Neuere komplexe Methoden scheinen auch bei geistiger Behinderung die Diagnoseschwelle auf zwei bis drei Monate senken zu können (Katona/Berönyi 2000). Zerebrale Bewegungsstörungen kündigen sich zwar mit frühen Verdachtsmomenten an, sind jedoch verlässlich erst ab dem dritten Lebensmonat zu diagnostizieren (König 1999). Trotz intensiver Forschung scheint noch keine Einigung über präzise Definitionen und Klassifikationen der infantilen Zerebralparesen erzielt worden zu sein (Michaelis/Krägeloh-Mann 1999). Auch wenn die Eltern die Diagnose einer Zerebralparese erfuhren, bleibt zumeist die Frage nach der mentalen Entwicklung noch lange offen. Formen der Mukoviszidose sind in der Neugeborenenzeit diagnostizierbar, andere Varianten erst im Kindesalter. Oft entsteht auch die Situation einer akuten Krise für die Eltern im Rahmen eines traumatischen Geburtserlebnisses bei Komplikationen mit Atem-, Geburtsstillstand oder Frühgeburt (Ohrt 1999) oder eines Unfallgeschehens. In diese kritische Lage können Eltern auch durch pränatale Ultraschall-Diagnostik geraten, wenn ein Befund erfolgt (Munz et al. 2000). Die Schockreaktion von Eltern nach Eröffnung der Diagnose einer Behinderung des Kindes wird heute allgemein als Akute Belastungsreaktion verstanden.

In diesem Zusammenhang ist die Form der Diagnosevermittlung ein entscheidender Faktor. Nach einer englischen Untersuchung waren bei bekannter Ursache (z. B. Down-Syndrom) 53 %, bei unbekannter Ursache sogar 71 % der befragten Eltern mit mental retardierten Kindern unzufrieden mit der Art und Weise der Diagnosemitteilung (Quine/Pahl 1986). Den Dialog, in dem Ärzte die Diagnose einer Duchenne-Muskeldystrophie mitteilten, empfanden retrospektiv 54 % der Eltern als nicht zufriedenstellend (Green/Murton 1996). Stattdessen wünschen sich Eltern neben gründlicher medizinischer Aufklärung vor allem ernst genommen und in die Überlegungen zur weiteren Diagnostik, Therapie und Prognose einbezogen zu werden (Knox et al. 2000). Anstelle distanzierter, professioneller Fassaden würden manche Eltern auch beim Fachpersonal gerne Betroffenheit und Gefühle sehen, auch und gerade wenn darin deren Hilflosigkeit zum Vorschein kommt (Beuys 1984).

Die Auseinandersetzung mit der Frage eigenen oder fremden Verschuldens steht nach einer Frühgeburt oft im Vordergrund und macht einen Teil der psychischen Belastung aus. Erschwerend kommt für die Eltern die Kontinuität des Krisenereignisses mit ständig neuen Anforderungen hinzu, mitunter auch eine Zuspitzung der Situation. Sie müssen sich mit komplizierten Therapie-, Pflegeverrichtungen und Organisationsstrukturen medizinischer Einrichtungen vertraut machen und mit ihrem behinderten Kind kommunizieren lernen. Anders als Eltern gesunder Kinder erfahren sie keine unmittelbare Gratifikation ihrer Zuwendung durch die Entwicklung des Kindes.

Die zunehmende Sichtbarkeit der Behinderung stört eine positive Wahrnehmung der eigenen Person durch andere und konfrontiert mit verinnerlichten, eigenen negativen Gefühlen und Meinungen über Behinderung. In dieser Phase werden soziale Identität und Selbstwertgefühl auf die Probe gestellt, weil Beziehungen eingeschränkt und soziale Positionen aufgegeben werden. Abweichendes Äußeres oder abweichende geistige Entwicklungsmöglichkeiten des Kindes bringen seine soziale Stigmatisierung mit sich oder treffen die ganze Familie. Der Versuch, die Behinderung zunächst zu kaschieren und normal zu erscheinen, produziert weitere Spannung. Schließlich muss sich die Familie umstrukturieren, um physische und emotionale Bedürfnisse aller Familienmitglieder bestmöglichst zu garantieren. Gefundene Stabilisierungen können allerdings jederzeit durch Entwicklungskrisen, altersabhängige oder entwicklungsbedingte Entscheidungssituationen erneut gestört werden.

Die allmähliche Eskalation

Diagnostische Unsicherheiten

Kernmerkmal eines allmählich eskalierenden Krisenverlaufes, sind für die psychische Situation von Eltern Ungewissheiten über Existenz und Ausmaß der Behinderung. Der wesentliche Affekt in diesem Zeitraum ist Angst, die Eltern stehen zwiespältig zwischen Annahme ihrer Sorgen und der Anstrengung, beunruhigende Wahrnehmungen zu kontrollieren, sie abzuwehren oder zu leugnen. Mit der Zeit entwickelt sich nicht nur eine Ambivalenz gegenüber eigenen Gefühlen, Wahrnehmungen und Einschätzungen, sondern auch im konkreten Verhalten zum Kind und in der Koooperation mit Professionellen aus Frühförderung und Kindergarten.

Ein Großteil der Behinderungen wird erst im Entwicklungsverlauf mehr und mehr erkennbar. Die Duchenne-Muskeldystrophie etwa verläuft in den beiden ersten Lebensjahren unauffällig und führt dann gegen Ende der Kleinkindzeit mit etwa vier Jahren zu ersten Behandlungsmaßnahmen. Die Diagnose kann aber bereits im ersten Lebensjahr mittels DNA-Analyse gestellt werden – eine Früherkennungsmaßnahme, die nur von wenigen Eltern angenommen wird (Scheuerbrandt et al. 1996). Mädchen mit Rett-Syndrom zeigen in den ersten sechs bis 18 Monaten alterstypische Entwicklung. Erst dann verlangsamt sich die Entwicklung bis zum Stillstand und Verfall von Fähigkeiten (Sarimski 1997). Beim Williams-Beuren-Syndrom kennt man ein durchschnittliches Diagnosealter von vier Jahren. Auch beim Angelman-Syndrom beginnen Entwicklungsstörungen oft erst gegen Ende des ersten Lebensjahres nach unauffälliger Geburt und Säuglingszeit, die Diagnose wird dann bis zu vier Jahren später gestellt (Sarimski 1997). Die Symptome des Prader-Willi-Syndromes sind für eine Diagnose im Neugeborenenalter unspezifisch und passen zu einer Vielzahl neonataler Erkrankungen infolge neuromuskulärer und endokrinologischer Krankheiten oder auch zu Folgeerscheinungen metabolischer perinataler Komplikationen. Die Diagnose ist deshalb im Neugeborenenalter schwer zu stellen (Maier-Brandt et al. 1997). Die meisten Eltern von Kindern, bei denen später ein fragiles X-Chromosom gefunden wurde, sind bereits ab dem neunten Lebensmonat ihres Kindes über deren Entwicklung beunruhigt. Die definitive Diagnose wird erst bis zu fünf Jahre später gestellt (Bailey et al. 2000). Auch konkrete Krisenereignisse wie Schwangerschafts- oder Geburtskomplikationen, Frühgeburt, Unfall mit Schädel-Hirn-Trauma, chirurgische Eingriffe oder das neurologische System angreifende Erkrankungen (z. B. Meningitis) sind zwar konkrete, beunruhigende Anlässe, lassen aber möglicherweise noch lange keine Konsequenzen oder prognostische Klarheit erkennen. Diese Unsicherheit über die weitere Entwicklung des Kindes kann einen anhaltenden Zustand von Angst und Bedrohung auslösen, der sich häufig in besonderen Interaktionsformen mit dem Kind niederschlägt.

Entwicklungsverläufe von kognitiven oder motorischen Schwächen sind von den Eltern insbesondere dann kaum akkurat einzuschätzen, wenn auch für die Fachleute diagnostische Unsicherheit besteht. Oft wird diese jedoch nicht zugegeben, sondern von Spätentwicklern gesprochen, um die Eltern nicht zu verunsichern. Häufig möchten Eltern Aussagen von Fachleuten auch so verstehen, dass man ihnen das Aufholen des Rückstandes fest in Aussicht gestellt habe. Mitunter ergeben sich Koalitionen zwischen Eltern und Untersuchern mit dem Ziel, die Eventualität einer drohenden Behinderung zu übersehen. Muss der Experte dieses unausgesprochene Abkommen dann irgendwann brechen, wenden sich die enttäuschten Eltern an den nächsten, viel versprechenden Fachmann.

Abwehr

Abwehr wird bei manchen Eltern so stark aktiviert, dass sie die bedrohenden Wahrnehmungen komplett ausblenden. Die Intensität der Abwehrhaltung hat seine Ursachen in individuellen Lebenserfahrungen der Person, wie später noch zu zeigen sein wird.

Fallbeispiel

In dem Fall eines offenbar geistigbehinderten Vierjährigen suchten die Eltern einerseits Information und Klärung, lehnten diese jedoch gleichzeitig ab. In dieser Zwiespältigkeit schon so weit alarmiert, berührte die Frage, wie sie denn das Entwicklungsalter ihres Sohnes im Vergleich mit seinem jüngeren

Bruder einschätzten, ihre Angst vor der Ent-Deckung der mentalen Retardierung. Deshalb nahmen sie die explorative Frage als persönlichen Angriff und konterten mit dem Vorwurf, der Untersucher unterstelle, sie schätzten ihren Sohn falsch ein. Empört beendeten sie das Anamnesegespräch und damit die ganze Untersuchung.

Es darf nicht übersehen werden, dass Abwehr sinnvoll ist. Sie dient dem Schutz der Person vor einer Bedrohung, deren genauer Inhalt nur von ihr selbst berichtet werden kann. Ohne sie ernst zu nehmen, und das wird oft heißen, sie zu akzeptieren, wird man keinen Kontakt herstellen können.

Bewältigung mittels Abwehr erhöht innere Spannungen, da das Gewahrwerden beunruhigender Fakten in Entwicklung und Verhalten des Kindes vermieden werden muss. Diese Anstrengung bleibt nicht ohne Wirkung auf das Partnerschafts- bzw. Familiensystem. Sie kann zu mehr Gereiztheit im Umgang, aber auch zu solidarischem Verhalten führen. Die unterschiedlichen persönlichen Verhaltens- und Kommunikationsstile der Partner treten möglicherweise in der Belastungssituation besonders diskrepant zutage und geben Anstoß zu Konflikten oder führen zu scheinbar ausbalanzierten, kollusiven Systemen (Limacher/Willi 1998). Die traditionelle Mutterrolle kann sich verstärken und der Mann fühlt sich entsprechend vernachlässigt. Er wiederum flüchtet in die Domäne seines Berufes und die Frau fühlt sich im Stich gelassen. Aus dem Zusammenspiel der Partner ergibt sich vielleicht, dass der eine leiden darf und der andere seiner Familie den besten Dienst zu erweisen meint, wenn er sich möglichst unberührt, rational und stark zeigt. Die Bedürfnisse der Partner, etwas vom anderen zu bekommen, können so dem gemeinsamen Ziel eines Wahrnehmungs- und Kommunikationsverbotes untergeordnet werden und werden sicher gelegentlich – aus Sicht der Eheleute unerklärlich und unversehens – in Widerstreit geraten. Vermutlich ist es die Angst vor dem Erleben gemeinsamer tiefer Trauer, Enttäuschung und Verzweiflung, die diese wechselseitigen Rollen begründet, aus denen die Beteiligten nur schwer wieder herausfinden. Partnerschaftskonflikte liegen nahe, wenn sich beide Elternpersonen den Besorgnis erregenden Beobachtungen in unterschiedlicher Weise öffnen. Hier kommt es zu offener Kontroverse, da das Bemühen des einen, seinen Sorgen Klärung und damit Linderung zu schaffen, die Angst des anderen und damit seine Abwehrleistungen erhöht.

Auch das weitere soziale Familienumfeld spiegelt oft das Ringen der Eltern um die angemessene Einschätzung des Kindes wider oder beeinflusst mit eigenen Ambivalenzen elterliche Entscheidungen. Hier entstehen dann starre Familiensysteme, in denen Eltern und Verwandte gegen die Erkenntnis einer Behinderung mauern. Oder solche, die einen an Ausstoßung grenzenden, unerträglichen Druck gegen den Elternteil entfachen, der seiner Beunruhigung mithilfe von Experten und Untersuchungen auf den Grund gehen möchte. Wieder andere Systeme spalten sich und besetzen einander gegenüberstehende Pole der Ambivalenz. Der Riss trennt die Verwandtschaft, die einen machen sich Sorgen um die Entwicklung des Kindes, die anderen halten diese für verrückt.

Eine abwehrende Haltung gegenüber langsam klarer hervortretenden Entwicklungsstörungen des Kindes kann einen perfektionistischen Erziehungsstil hervorbringen. Dieser betont Leistung und Förderung und führt zu Zwang, Missbilligung, Rigidität und Drill. Hier wird dem überforderten, den Ansprüchen nicht genügenden Kind eine Sündenbock-Rolle zugeschrieben, die es zum abgelehnten, andersartigen Außenseiter der Familie macht. Ebenso gut kann eine Leugnungstendenz aber auch verwöhnende oder überbehütende Strategien hervorbringen, die das Kind in den Familienmittelpunkt stellen und ihm regressive Schonräume verschaffen. Mitunter werden hier, aus Angst vor möglichem Desinteresse oder Versagen des Kindes, auch angemessene Versuche der Motivierung und Anregung unterlassen. Schließlich können sich unter Druck der Notsituation Koalitionen zwischen Elternteil und Kind entwickeln, die zu Abgrenzungen gegen Dritte, etwa den anderen Elternteil oder Geschwister führen. Je unterschiedlicher sich Eltern gegenüber der sich abzeichnenden Entwicklungsgefährdung öffnen, desto wahrscheinlicher sind diese Bündnisse innerhalb der Familie. Einigkeit beider Elternteile in ihrer Abwehr wird demgegenüber eher dazu führen, die allgemeine Sorge um das Kind zum uneingeschränkten Lebensinhalt der Familie werden zu lassen. Diese Einstellung kann die Familie gegen die dann als feindselig wahrgenommene soziale Umwelt abschirmen und in ihr zu Unterdrückung aller Konflikte, etwa von Selbstständigkeitsbestrebungen der Mutter oder eines älteren Geschwisters führen.

Ambivalenz

Mitunter besteht dieser Verlauf in einem andauernden und quälenden Ringen um Gewissheit, der mehrere Mitteilungen notwendig macht, bis die Diagnose angenommen werden kann. Auch dann ist es oft noch ein langer Weg vom Billigen der diagnostischen Bezeichnung bis zum Heranlassen aller damit verbundenen Konsequenzen. Es wechseln sich Phasen einer realistischen Einschätzung des Kindes, in denen auch Trauer zugelassen werden kann, mit Perioden ab, während derer noch einmal mit aller Kraft gegen die sich anbahnende Erkenntnis rebelliert wird.

Auf dem Weg zu Neuorientierung wird das Kind aus eigener Zwiespältigkeit ebenso wie aus Verzweiflung leicht abwechselnd über- oder unterfordert. Seine Bedürfnisse werden weniger gesehen als der eigene Wunsch, es möge beweisen, dass kein Anlass zu Befürchtungen bestehe. In diesem Verlauf ist viel Raum für die Entwicklung von Interaktions- und Verhaltensstörungen, die sich dann oft mit zunehmendem Einverständnis mit der Diagnose auflösen.

Ambivalenz in der Kooperation mit Therapeuten

Während Eltern mit hohem Leugnungspotenzial Hilfsangebote zur Förderung des Kindes eher weniger annehmen werden und wenn, dann mit dem klar umrissenen Auftrag, das Kind wieder gesund zu machen, begegnen ambivalente Eltern den Therapeuten ihres Kindes mit all ihrer Zwiespältigkeit. Oft gibt es hier neben dem offenen Arbeitsauftrag unausgesprochene, unterschwellige Anweisungen. Diese verborgene Mitteilung kann genau das Gegenteil der vorgeblichen Botschaft beinhalten, also: „Hilf uns, aber ohne dass unser Kind sich verändert oder selbstständiger wird!"; oder: „Eigentlich sollst du ja dem Kind helfen – aber im Grunde brauche ich deine Unterstützung gegen meinen Mann"; oder: „Du sollst mir helfen, aber ich werde alle deine Bemühungen genauso scheitern lassen, wie mein Kind nie wieder gesund wird!"; oder: „Hilf mir, das ganze Ausmaß der Behinderung nie zu sehen!"

Fallbeispiel *„Hilf mir, die Behinderung nicht zu sehen"*

Eine Mutter stellt ihren fünfeinhalbjährigen, mit Tetraspastik, Seh- und geistiger Behinderung schwer mehrfachbehinderten Sohn gemeinsam mit der Erzieherin von der Tagesstätte für Körperbehinderte vor. Sie selbst habe absolut keine Probleme mit dem Kind, aber die Erzieherinnen im Kindergarten klagen, dass der Junge so geräuschempfindlich sei, aufschrecke, dann die ganze Zeit weine und wimmere: Kurzum, man könne nichts Vernünftiges an Therapie mehr mit ihm machen. Wenn man sich mit ihm allein nach seinem Willen beschäftige, sei er das liebste Kind der Welt.

Die Therapeutin bestätigte dies alles: Wenn sie den Jungen vestibulär stimuliere, schaukle, streichle etc., wirke er sehr zufrieden. Wenn sie beginne, bei ihm Greifbewegungen anzubahnen, weil er ja auch einmal Bauklötzchen aufeinander setzen lernen solle, protestiere er. Sie sei schon ziemlich betroffen und wisse sich nicht weiter zu helfen, sie wolle ihn ja gerne fördern: „... reicht es denn, wenn das Kind drei Jahre lang im Kindergarten war und sich nur wohl gefühlt hat?". Schließlich ergab sich immer mehr der Eindruck, dass die Mutter die Therapeutin ganz sublim und ohne deren Wissen unter Druck gesetzt hatte, den Jungen auf eine Weise zu fördern, die nicht ging, weil sie die Möglichkeiten des Kindes bei weitem überschätzte. Die Therapeutin hatte dies bislang noch nicht gemerkt – mit Grund. Sie wollte den Konflikt vermeiden, der sofort zwischen ihr und der Mutter aufbrach, als über die Planung der Therapieziele gesprochen wurde. Das Motiv für die

Mutter: Indem sie die Verantwortung für die Förderung der Therapeutin zuschob, brauchte sie sich selbst nicht damit auseinander zu setzen, dass ihr Sohn einen mentalen Entwicklungsstand von weniger als einem Jahr hatte.

Fallbeispiel *Netzwerk*

Eine junge Mutter kommt mit ihrem einjährigen Sohn in krankengymnastische Behandlung. Bei diesem Kind ist die Diagnose einer schwersten Mehrfachbehinderung mit zerebraler Bewegungsstörung, Anfallsleiden und erheblichem mentalen Entwicklungsrückstand gestellt worden. Die verunsicherte und überforderte Mutter hat ein Netz von Helfern um sich herum aufgebaut, bei denen sie zu jeder Frage Ratschläge einholt, deren Gegensätzlichkeiten ihre Verunsicherung jedes Mal aufs Neue erhöhen. So hält sie Kontakt zu zwei Abteilungen zweier Krankenhäuser (mit den dortigen Ärzten, Krankenschwestern und Therapeutinnen), zwei niedergelassenen Kinderärzten, mehreren Freundinnen, einem Bekannten, der Psychologe ist, und einem Hausarzt. Mit Behandlungsbeginn in unserer Klinik erweitert sich die Gruppe der Helfer um Kinderarzt, Physiotherapeutin und zwei Sozialarbeiterinnen, bei denen sie eine Müttergruppe besucht.

In ihrer Verzweiflung befragt die Mutter zu jedem neu auftretenden Problem (etwa Verschlechterung des Gesundheitszustandes des Kindes, Wahl eines anderen Anfallsmedikamentes) ihren Helferkreis, mit dem Resultat, viele sich widersprechende Ratschläge zu erhalten, zwischen denen sie sich (natürlich) noch weniger entscheiden kann als zuvor. Je mehr sich die Helfer bemühen, die anderen Kollegen durch eigene Patentlösungen auszustechen, desto mehr wachsen Verwirrung und Unentschlossenheit bei der Mutter.

Während die Therapeutin im ersten Beispiel die unterschwelligen Erwartungen unwissentlich übernimmt und sich in der gleichen unlösbaren Situation wieder findet wie die Mutter, bemerkt man im zweiten Fall – erst sozusagen von oben besehen – ein kollektives Zusammenspiel der beteiligten Helfer. Mit der Vielfalt gut gemeinter Ratschläge und dadurch ausgelöster Konfusion tragen sie dazu bei, diese Mutter so zu beschäftigen, dass sie keine Ruhe findet, sich mit ihrer Angst um das Überleben ihres Kindes zu befassen.

Die von den Eltern als endgültig aufgefasste Diagnose kann dann zur akuten Krise mit intensiven Gefühlen führen. Mitunter tritt noch einmal heftige Abwehr auf, da die Behinderung doch auch von Fachleuten lange nicht erkannt werden konnte, weniger sichtbar und deshalb mit entsprechender Anstrengung übersehbarer ist. Oder das Krisenerleben ist nun weniger vehement, da schon in der Zwischenzeit bei zunehmender Verunsicherung viel Trauerarbeit geleistet wurde.

Das Leben nach der Diagnose

Liegt die akute Krise nach Geburt des behinderten Kindes, nach der Diagnoseeröffnung einer Behinderung oder die endgültige, nach einer Phase allmählicher Eskalation nun nicht mehr in Zweifel gezogene Gewissheit einer Behinderung dann hinter den Eltern, beginnt ihr langer Weg einer Neudefinition ihrer Lebenswirklichkeit.

In ihrem Lebensraum registrieren Eltern die mühselige Arbeit an der Neuorientierung am Nachlassen (oder Zunehmen) ihrer Scheu, auf die Frage, was ihr Kind denn habe, warum es noch nicht laufe oder spreche, geradeheraus sagen zu können, es sei behindert. In dieser Zeit lassen ferner Befangenheit oder Ablehnung nach, Kontakte zu anderen Eltern behinderter Kinder zu knüpfen, sich etwa einer Gesprächsgruppe der Frühförderung anzuschließen, im Internet Informationen mit anderen betroffenen Eltern auszutauschen oder an Forschungsprojekten teilzunehmen. All dies sind nicht zu unterschätzende, wertvolle Anstrengungen, sich einen Bestandteil bislang unvertrauter Identität, Eltern eines behinderten Kindes zu sein, anzueignen. Jede neue Krisensituation wie etwa gesundheitliche Verschlechterung, ungünstige Ergebnisse im Entwicklungstest, Auftreten einer Verhaltensauffälligkeit, Übergang in den Kindergarten, sexuelle Entwicklung oder Wahl einer Sonderschulform bis hin zu Entscheidungen über berufliche Zukunft oder Verlassen des Elternhauses und Fremdunterbringung kann jedoch für die Elternperson bedrohliche und beängstigende Erfahrungen beinhalten, die sie in ihr Selbstkonzept integrieren lernen muss.

Schließlich kann auch ein Zustand permanenter Beunruhigung entstehen, wenn eine unbestimmte Prognose im Raum steht. Die anhaltende Sorge von Eltern schwer mehrfachbehinderter oder chronisch kranker Kinder wird um Existenzielles, Gesundheit, Leben oder Tod kreisen. Sie sind der ständig lebensbedrohten Situation des Kindes ausgesetzt und geraten in den Zwiespalt zwischen Aufopferung und Erschöpfung einerseits und Schuldgefühlen andererseits.

Richtungen der Familienentwicklung

Die von den Eltern nun in ihren unmittelbaren Folgen verstandene und angenommene, endgültig und gesichert ausgesprochene Diagnose, markiert nicht den Endpunkt der Belastung. Mit der unvorhersehbaren Entwicklung des Kindes stehen der Familie zwei Entwicklungsrichtungen offen. Entweder kann sie die Beanspruchung als Herausforderung annehmen und sich zur Aufgabe machen, den Familienalltag den neuen Notwendigkeiten anzupassen und für alle ein neues Optimum zu finden. Oft entwickelt die Familie dann neue Gemeinsamkeiten und intensiveren Zusammenhalt. Gegenseitige Unterstützung führt zu tieferem Verständnis füreinander, zu Vertrauen und Gefühlen des Angenommenseins. Persönliches Wachstum des einzelnen Familienmitgliedes wird möglich, wenn über den als verlässlich erfahrenen Rückhalt hinaus zugleich auch Optionen für individuelle Ziele und Wünsche eingeräumt und genutzt werden können. Freiräume sorgen dafür, dass sich Perspektiven erweitern und sich die Familie auch außen orientiert. Oft berichten Eltern, dass sie nach einer Phase des Verzweifelns und der Trauer ihrem Schicksal mehr und mehr einen Sinn geben konnten, oder dass mit einer Lebenswende neue Interessen und vor allem neue Wertigkeiten in Alltag und Lebensanschauung entstanden. Den meisten Familien gelingt es so, die Behinderung des Kindes gut zu bewältigen.

Dem steht die Alternative wachsender Überlastung der Familie gegenüber. Die für den Fall allmählicher Eskalation beschriebenen Familienkonstellationen können sich nach dem Bekanntwerden der Diagnose fortsetzen und verhärten. Anstelle wechselseitiger Unterstützung entstehen hier gegenseitige Vorwürfe und nach erfolgloser Konfliktbereinigung zunehmende Vereinzelung. Spannung und Unzufriedenheit führen zu besonderen Erziehungs- und Interaktionsmustern mit dem behinderten Kind oder seinen Geschwistern. Verhaltensauffälligkeiten des behinderten Kindes oder seiner Geschwister treten in diesem Familienarrangement oft auf, während Ehekonflikte im Hintergrund, Belastung und Trauer um die Behinderung noch tiefer im Verborgenen liegen.

Während sich dieses Familiensystem durch steigende Entfremdung auszeichnet, die bis zur Auflösung, Trennung oder Scheidung reichen kann, bewältigt ein anderes die Überbeanspruchung, indem es sich nach innen ausrichtet und nach außen isoliert. In einer solchen Familie wird der interne Zusammenhalt zwar immer stärker, dem Einzelnen jedoch keine Freiräume gestattet. Jeder Wunsch nach Autonomie wird als Bedrohung angesehen. Hier wird das behinderte Kind zum familiären Mittelpunkt, dem sich alle andere Wünsche unterordnen müssen. Es herrscht ein Klima von Pflichtgefühl und Verschwiegenheit. Im Grunde entsteht diese Konstellation auch gerade, um bestimmte, für peinlich gehaltene Wahrnehmungen nicht laut werden zu lassen. Entweder sind sie mit Scham besetzt, handeln von Schuld und Versagen oder sind mit starken Gefühlen wie Trauer, Verzweiflung oder Wut verbunden.

Fallbeispiel *Großfamilie*

In einer Supervisionsgruppe wurde das Problem einer Therapieverweigerung eines geistigbehinderten Vierjährigen mit einer soziometrischen Übung (Soziales Atom) zur Position der Therapeutin in einer bäuerlichen Großfamilie untersucht. Es ergab sich das Familienbild einer komplexen Dynamik von offenen und verdeckten Schuldzuweisungen und deren Rechtfertigungen, in deren Zentrum die Therapeutin stand. Obwohl die Mutter des behinderten Kindes diese Spannungen letztlich mit dem Kind und der Therapeutin ausagierte, schien es ratsam, die nächsten Therapiestunden als Hausbesuch auf dem Hof der Familie zu verbringen, um einen Kontakt zu den Großeltern herzustellen.

Fallbeispiel *Verschobene Auseinandersetzung*

Anlass einer psychologischen Beratung der Mutter eines sechseinhalbjährigen Mädchens mit geistiger Behinderung und Bewegungsstörung sind dessen Widersetzlichkeit, Trotz, Provokationen und Destruktivität. Für die Mutter besonders belastend ist, dass das opponierende Verhalten nur im Zusammensein mit ihr, nicht etwa bei anderen Familienmitgliedern vorkommt. Die Mutter ist sich deshalb sicher, dass es ein Problem in ihrer Interaktion mit dem Kind gebe.

Infolgedessen legt der Therapeut nun den Akzent auf ihre Einstellung zur Behinderung, die Gefühle gegenüber dem Kind, die Geschichte der Akzeptation. Hierbei stellt sich heraus, wie sehr die Mutter darunter gelitten hatte, in den ersten Lebensjahren von der Tochter gar nicht als Mutter wahrgenommen worden zu sein („Ich war für sie nichts Besonderes, eine Person wie jede andere auch!"). Diese Nichtachtung kenne sie von ihrem Vater. Unter seiner Art habe sie als Kind sehr gelitten, auf keinen Fall wolle sie das ihren Kindern antun, sie wolle nicht um ihres eigenen Freiraums willen die Kinder einschränken. Sie sei jemand, der für jeden anderen mehr sorge als für sich selbst.

Trotz dieser gemeinsamen Erkenntnisse ergibt sich keine Erleichterung. Erst die Ausdehnung der Perspektive auf den weiteren Familienkreis bringt einen schwelenden Konflikt zutage. Allmählich erkennt sie eine gegen sie gerichtete Koalition zwischen Schwiegermutter, Tante (Schwester der Mutter) und der behinderten Tochter. Von beiden Frauen fühlt sie sich unter Druck gesetzt, noch besser, einfühlsamer, nachgiebiger, fürsorglicher mit dem Kind umzugehen. Deren Botschaften, deren Vorbild besserer Elternschaft, verursachen bei ihr ständig schlechtes Gewissen, weil ihr nichts recht erscheint, was sie mit dem Kind macht, obwohl sie sich doch aus eigener Erfahrung vorgenommen hatte, so akzeptierend und verständnisvoll wie nur möglich mit der Tochter umzugehen.

Bei der Aufdeckung dieses Konfliktes kann die Mutter neben ihrer Hilflosigkeit zum ersten Mal auch Ärger und Wut spüren. In der Realität folgen nun einige Auseinandersetzungen und Abgrenzungen, nach denen sich die Mutter unbefangener, klarer und ohne Leistungsdruck mit dem Kind beschäftigen kann. Das Verhalten des Kindes ändert sich ebenfalls. Die Verärgerung der Mutter in ihrem Familienkonflikt hat sich wohl sublim in die Beziehung zur Tochter eingeschlichen, die ihrerseits dagegen mit ihren Mitteln protestiert. Die Stagnation in der Beratung hält so lange an, wie der Therapeut allein die Mutter und ihre Interaktion mit dem Kind im Auge hat.

Konflikte mit behandelnden Therapeutinnen, Unzufriedenheit über mangelnde Fortschritte des Kindes oder seine Verhaltensstörungen offenbaren also nicht immer Akzeptations- oder Interaktionsprobleme. Vielmehr können sich darin Spitzen eines Eisberges innerfamiliärer Konflikte zeigen, Spannungen zwischen Ehepartnern oder den Generationen. Sie haben die Beziehung zum Kind beeinflusst, das darauf reagiert, sodass für den Elternteil nur die Unzufriedenheit über das Kind, nicht aber die Betroffenheit über den eigentlichen Konflikt wahrgenommen werden kann.

2 Krisenerleben aus Personzentrierter Sicht

2.1 Behinderung des Kindes als elterliche Lebenskrise

Wenn das Menschenbild der Personzentrierten Psychotherapie das Individuum im Mittelpunkt seiner Erfahrungswelt sieht, auf die es reagiert, so wird ein wie auch immer geartetes Phasen- oder Stufenmodell den vielen unterschiedlichen subjektiven Erlebensweisen nicht gerecht werden. Krisenerleben und Bewältigung können immer nur individuell verstanden werden. Die gefühlte Bedrohung durch die Behinderung des Kindes hängt davon ab, welche Bedeutung Eltern diesem Ereignis geben und wie sie es wahrnehmen. Ihre persönliche Bewertung der Situation bestimmt, ob ihre Bewältigung im Zeitverlauf gelingt oder sich eine anhaltende Krise entwickelt. Auch der Bewältigungserfolg ist nur nach ihren eigenen Maßstäben zu beurteilen. Ein objektives Kriterium kann es außer dem körperlichen und psychischen Wohlergehen für Eltern und Kind nicht geben. Aus diesem Grund kann die Kernfrage der Bewältigungsforschung, was denn eine effektive Bewältigung ausmache, ebenfalls nur individuell und subjektiv beantwortet werden. Bewältigungserfolg kann in der Personzentrierten Perspektive nur individuelle Zielpunkte umfassen, für den einen ist nützlich, was sich für den anderen als ungeeignet herausstellt. Ein Bewältigungsverhalten wird einer Person umso mehr helfen, je besser es zu ihr und ihrer Lebensumwelt passt und je weniger es ihr dort sekundäre Schwierigkeiten einbringt.

Wie viel eine Person leidet und welche Verhaltensweisen sie sich zur Bewältigung der Situation auswählt, hängt also von ihren Wahrnehmungen dieser Situation ab. Bei dieser subjektiven Abbildung der Wirklichkeit wirken innere, der Person eigene Vorstellungen und Gefühle mit, die das Selbstkonzept der Person repräsentieren (Bem-Gräser 1993). Die unterschiedlichen Bewältigungsprozesse von Menschen, die Krisen erleben, erklären sich demnach aus unterschiedlichen lebensgeschichtlichen Erfahrungen, aus denen sich das Selbstkonzept der Person gebildet hat. Ein Personzentriertes Modell über Erleben und Bewältigung der mit einer Behinderung des Kindes einhergehenden emotionalen Krisensituation der Eltern berücksichtigt mit dem Selbstkonzept die biografische Dimension; es sieht die mit dem Gewahrwerden der Behinderung eintretenden Wahrnehmungen und Gefühle als kritisches Lebensereignis mit traumatischen Belastungen, die das Selbstkonzept der Person vor unvereinbare, inkongruente Erfahrungen stellen. Dieses Belastungsereignis kann akut, allmählich eskalierend oder kumulativ über einem Zeitraum der Anpassung erlebt werden. Die seelischen Reaktionen lassen sich mit den üblichen Systematisierungen ICD-10 (Dilling/Freyberger 1999) oder DSM-IV (Sass et al. 1996) als *Akute Belastungsreaktionen* (ICD-10: F43.0; DSM-IV: 308.3), *Posttraumatische Belastungsstörung* (ICD-10: F43.1) oder *Anpassungsstörungen* (ICD-10: F43.2, F43.20 bis F43.28) beschreiben. Schließlich enthält das Modell den Entwicklungsaspekt des Personzentrierten Ansatzes, der die Person befähigt, sich durch neue oder korrigierende Erfahrungen, wie etwa in den unter bestimmten Bedingungen stattfindenden zwischenmenschlichen Begegnungen der Personzentrierten Psychotherapie, zu verändern (Biermann-Ratjen et al. 1997).

Der Bewältigungsprozess hat seine Vorgeschichte in den persönlichen Lebenserfahrungen, die in anderen Konzepten oft vernachlässigt werden (z. B. Schuchardt 1989). Deshalb beginnt das Modell in Abb. 1 mit der Ausformung des Selbstkonzeptes in der Kindheit der sich entwickelnden Person im Beziehungsgeflecht für sie bedeutsamer Bezugspersonen. Im ungünstigen Fall wird hier eine primäre Inkongruenz angelegt (B). Abgesehen davon, dass diese primäre Inkongruenz im Lebensweg der Person weiteren lindernden, aber auch verstärkenden Einflüssen ausgesetzt ist, wird von ihrer graduellen Ausprägung ausgegangen. Die Schraffur im Rahmen um das Krisenereignis deutet dies an. Diese Annahme scheint der Lebensrealität eher zu entsprechen, da zwischen den Extremen einer psychisch vollkommen kongruent aufgewachsenen Person und derjenigen mit erheblichen Defiziten an Wertschätzung eine fließende Vielfalt von Personen mit gemischten Erfahrungen, unterschiedlichen Enttäuschungen und Anerkennungen existiert. Das Risiko, im Verlauf einer Krise innere Stagnation zu erleben oder mit seelischen Störungen zu reagieren, steigt mit zunehmender Belastung durch biografisch erworbene primäre Inkongruenzerfahrungen. Während Personen mit ausgeprägter primärer Inkongruenz zu neurotischer Entwicklung neigen (B oder B'), werden diejenigen mit geringer ausgeprägter Inkongruenz eher kürzere Krisenreaktionen oder passagere Anpassungsstörungen zeigen (A oder A'). Der Entwurf sieht also als festen Bestandteil die Möglichkeit vor, dass Eltern behinderter Kinder das Krisenereignis der Behinderungsdiagnose und nachfolgende Belastungssituationen ohne Anzeichen psychischer Krisen oder Auffälligkeiten bewältigen (A), wie es für den Großteil betroffener Eltern zutrifft.

Ferner berücksichtigt das Modell den Fall der Erholung (A, A') nach anfänglich schwerer persönlicher Krisenzeit (C oder auch B). Sie lässt auch die Entwicklung offen, nach einer zunächst beschwerdelos bewältigten Anfangssituation mit zunehmenden Inkongruenzerfahrungen in eine Anpassungsstörung zu geraten. Damit gestattet das Modell eine Vielzahl persönlicher Entwicklungslinien.

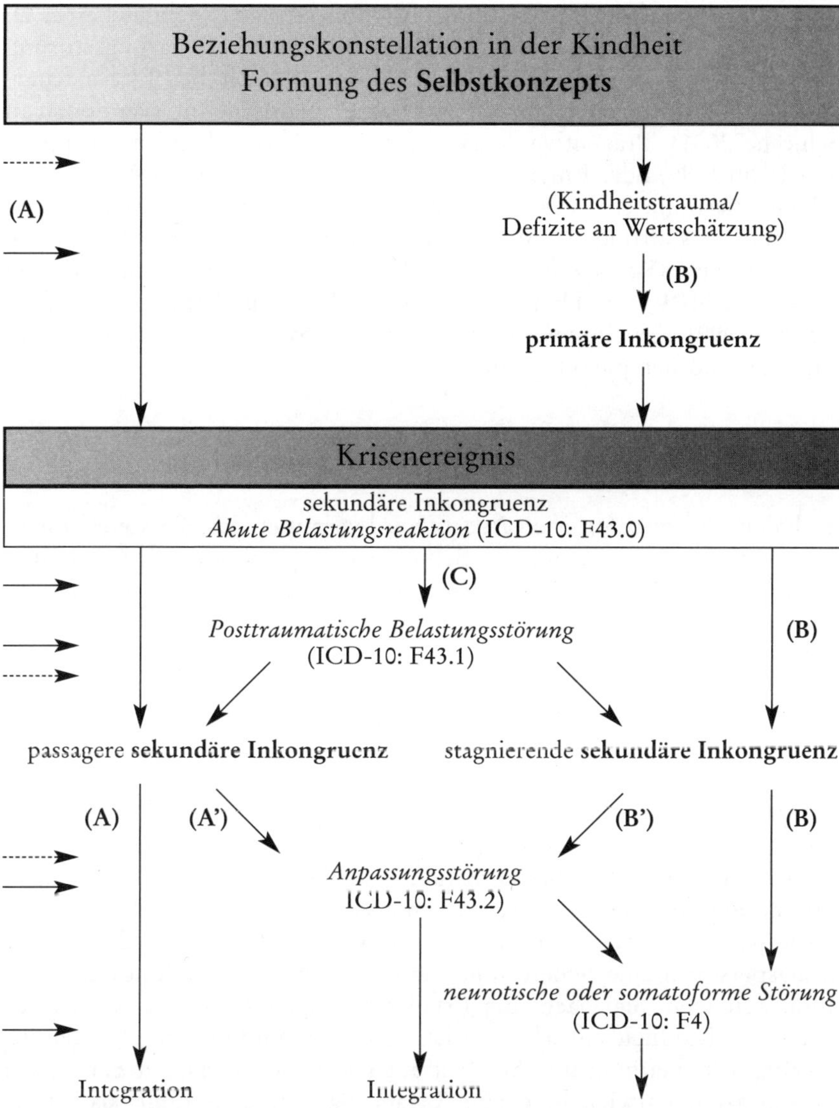

Abb. 1: Bewältigung einer Lebenskrise im Konzept der Personzentrierten Psychotherapie. Die Pfeile (-------➤) zeigen Änderungschancen durch präventive Programme, die Pfeile (——➤) durch psychotherapeutische Begegnungen an.

Schließlich verweist das Modell auf Zeitpunkte, zu denen präventive oder therapeutische Interventionen erfolgversprechend erscheinen. Nach Eintritt des Krisenereignisses können psychotherapeutische Gesprächsangebote bereits auf der Frühgeborenenstation erfolgen (Schmücker et al. 2000) oder wenn im Rahmen von Posttraumatischer Belastungsstörung und Anpassungsstörung Symptome auftreten. Auch bei Eltern-Kind-Interaktionsstörungen bieten sich psychotherapeutische Interventionen an (Schieche 2001). Präventive Ansätze finden sich vor allem in Gruppen- (Vonderlin 1999) oder Entlastungsangeboten (Brambring 1997).

Unter bestimmten Risikobedingungen sollten präventive Maßnahmen bei Kindern stattfinden, etwa wenn generationsübergreifend Bindung gefährdet wird (Suess/Zimmermann 2001). Darauf weisen die obersten Pfeile in Abb. 1 hin. Hier wird man an Kommunikationsprogramme (Reichle 1999), Erziehungsberatung oder, nach Symptommanifestation, an Kinderpsychotherapie oder Familientherapie denken.

2.2 Die Beziehungskonstellation in der Kindheit

Nach dem Personzentrierten Ansatz wird vermutet, dass Personen, die in der Kindheit überwiegend an Bedingungen geknüpfte Wertschätzung erlebt haben – also Wertschätzung nur unter bestimmten, von ihnen zu erfüllenden Bedingungen erhielten und deshalb Bewertungen in ihr Selbstkonzept übernommen haben, die den von außen an sie herangetragenen Bedingungen mehr Stellenwert einräumen als den eigenen, inneren Impulsen –, sich mit der Krisenbewältigung schwerer tun werden.

Akzeptanz

Hat die Person von frühester Kindheit an bedingungsfreie Akzeptanz, Zuwendung und Liebe erfahren, konnte sie – bindungstheoretisch ausgedrückt – aufgrund der sensitiven und responsiven Erziehungshaltung ihrer Bezugspersonen eine sichere Bindung mit autonomer Bindungsrepräsentation aufbauen. Sie macht die Erfahrung, angenommen zu werden, in Nöten der Kindheit zuverlässig Liebe und Ermunterung zu erfahren, so gewaltig Verzweiflung und Schreck auch sein mögen. Damit hat sie ein Selbstkonzept entwickelt, eigene Erfahrungen und Gefühle als eigene Regungen annehmen zu können und nicht abweisen zu müssen. Die Person kann also ihre Eindrücke annehmen und ihnen trauen, so wie sie sich früher von ihren Bezugspersonen angenommen fühlte und ihnen vertraute. Deshalb wird sie sich in einer Krisensituation schmerzhaften Erfahrungen eher öffnen können, sich Traurigkeit, Verzweiflung, Verstörtheit und Aufbegehren zu spüren gestatten und sich getrauen, ihre Gefühle in ihrer Umwelt zum Ausdruck zu bringen, um getröstet zu werden. Ihre Krisenreaktion bewertet sie in der festen Zuversicht, sich so gebrochen zeigen zu dürfen, wie sie sich fühlt – und trotzdem angenommen zu werden. Sie ist sich sicher, Liebe und Zuwendung von den ihr wichtigen Menschen nicht zu verlieren. Sie wird ihre Bedürfnisse nach Trost, Schutz und Beruhigung annehmen, ohne zu resignieren.

Im Kern ihres Krisenerlebens wird die Person trotz allem eine eher hoffnungsvolle Grundstimmung haben, aus innerer Gewissheit, dass Notlagen die eigene Existenz nicht in Frage stellen, erscheinen sie auch noch so bedrohlich. Als Kind hatte sie erlebt, im Schutz ihrer Bezugsperson Gefahren überstehen zu können. Gewiss würde man diese Person allerdings nicht nur missverstehen, sondern auch überfordern, appellierte man im Augenblick der Krise an ihren Optimismus. Ihr Lebensmut wird im Gegenteil erst dadurch aktiviert, dass sie sich erlaubt, gerade präsente Gefühle zu äußern, auch wenn sie so übermächtig und bedrohlich scheinen. Ebenso wenig würde man sie verstehen, sähe man in ihren deutlichen und vehementen Gefühlsäußerungen Anlass zur Beunruhigung und Anzeichen sich abzeichnender Dekompensationen.

Viele andere Personen wachsen als Kinder jedoch in sozialen Konstellationen auf, die ihre Lebensäußerungen nicht bedingungsfrei und positiv angenommen haben und in denen sie sich deshalb nicht immer oder eben nur bedingt wertgeschätzt und geliebt fühlten (Papousek 1998). Sie haben keine sichere Bindung und damit kein autonomes, zuversichtliches Selbstkonzept. So mag es beispielsweise bereits in der Frühphase der Selbstentwicklung immer wieder am Gefühl des Wahr- und Angenommenwerdens gefehlt haben, vielleicht insbesondere immer dann, wenn sich das Kind verlassen fühlte, weinte und schrie. Konnte das Kind nicht erfahren, beruhigt und getröstet zu werden, wenn es traurig war, so wird es irgendwann aufhören, Trauer zu äußern. Damit wird die Erfahrung von Trauer, eventuell sogar von affektiver Erfahrung überhaupt (Biermann-Ratjen/Swildens 1993) als nicht zum Selbstkonzept gehörig eingestuft und abgewehrt. In der Krisensituation wird diese Person vor ihren Gefühlen erschrecken und sich vor ihnen abschirmen. Eltern behinderter Kinder verkennen als Auslöser der sie bedrohenden Gefühle dann oft auch die Behinderung selbst, streiten sie ab oder zweifeln an bestimmten Aspekten von Ausmaß oder Prognose. Ihre Unsicherheit, sich in ihrer Not weder selbst annehmen zu können noch wirklich getröstet zu fühlen, lässt sie ihre Stimmungen lieber konsequent beherrschen.

Empathie

Ebenso wesentlich für die Selbstentwicklung wie die zuwendende und sorgende Akzeptanz der Bezugsperson ist deren einfühlendes Verstehen, durch deren Spiegel das Kind sich und seine Äußerungen verstanden sieht und damit in sich übereinstimmend erlebt. Es lernt, dass die von ihm gespürten Gefühle, Wünsche und Absichten berechtigt sind, gespürt werden dürfen, zu ihm als Person gehören und nicht etwa zu kontrollierende Fremdkörper sind. Je nach Ausmaß der Anerkennung wird damit die Selbstachtung der sich entwickelnden Person gestärkt oder bedroht (Biermann-Ratjen et al. 1997). Auf dieser Basis wird sie ihre Mitmenschen als eher potenziell hilfsbereit ansehen, ihnen entsprechend offener begegnen oder sich auf unkompliziertere Weise Hilfe suchen. Da sie in ihrem Selbstkonzept die Gewissheit trägt, als Kind in Denken, Fühlen und Tun verstanden worden zu sein, wird sie sich nicht schämen, ihre Gefühle und Gedanken zu äußern. Sie wird auch ihr Bedürfnis nach Hilfe, Schutz und Rat annehmen können – statt zu zweifeln, ob sie ein Recht dazu hat oder sich darüber zu schämen.

Wurde das Erleben des Kindes allerdings nicht in dieser Weise empathisch verstanden und positiv geachtet, so beginnt es, die nicht geachteten Anteile in seinem Selbstbild abzuwehren. Teile seiner Erfahrung kann es nun nicht mehr als zu sich selbst gehörig erleben; es erfährt, dass es falsch ist so zu sein, wie es ist und fühlt. Hier waren Ereignisse wie die als wahr erlebte Trauer über einen Verlust, die wirklich gespürte Wut über eine Kränkung oder die tatsächlich empfundene Ohnmacht angesichts einer übermächtigen Versagung Anlässe, die aufgrund der nichtempathischen Reaktion der Bezugsperson als abwegig und verkehrt, kurz als wesensfremd abgelehnt wurden. Darüber hat sich die Person geschämt und beginnt, an sich zu zweifeln (Biermann-Ratjen/Swildens 1993). Im Krisenerleben des Erwachsenen können dann die in der bedrohlichen Situation hervorgerufenen Gefühle ebenfalls nicht als wirklich, berechtigt und statthaft erlebt werden. Je nachdem welche Gefühlsregungen nicht empathisch anerkannt wurden, wird sich die Person mit dem Erleben genau dieses Gefühls schwer tun. Sie wird es abwerten, so wie sie es als Kind erlebt und internalisiert hat.

Deshalb ist bei einer Person, die wenig Empathie erlebt hat und deren emotionale Äußerungen wenig verstanden wurden, Angst und Panik als elementare psychische Reaktion auf die Krise vorstellbar. Die Krisensituation löst Gefühle aus, die von der Person gespürt werden, aber nicht wahrgenommen werden dürfen; sie sind jedoch so stark, dass es kaum gelingt, sich ihnen zu verschließen, sodass das auftauchende Angstgefühl einen Fluchtimpuls gibt, der die Person vor dem drohenden Kollaps ihres Selbst retten möchte. Wird die Kindheitserfahrung in abgeschwächter Form aktiviert, löst sie weniger panische Angst als vielmehr Abwehr in verschiedenster Variation aus. Beherrschtheit, Gefasstheit und Kontrolle bis hin zu Zurückhaltung, Distanziertheit, Schweigsamkeit und Verschlossenheit sind deshalb mögliche Reaktionen. Die Person kämpft gegen diese Gefühle an, fühlt sich verunsichert, ringt um Fassung, schämt sich und zweifelt an ihren Gefühlen. Sie möchte das Gefühl der Ohnmacht nicht wieder spüren, das sie als Kind hatte, wenn sie ein Gefühl zwar wahrnahm und äußerte, dies aber von den Bezugspersonen abgelehnt, verboten, verachtet oder entwertet wurde. Damit wiederholt sie die frühere Erfahrung, das in ihr entstehende Gefühl nicht überhand nehmen zu lassen. Mitunter kann sie ihr Erleben auch vollkommen ausblenden und dann nichts als Leere empfinden.

Kongruenz

Schließlich ist das Kind damit beschäftigt, was es selbst ist und was es von anderen unterscheidet. Natürlich wird es diesen Unterschied zu anderen nur in Beziehungen als Resonanz auf seine Äußerungen und sein Verhalten erfahren und allmählich inkorporieren. Dafür braucht es eine transparente Bezugsperson, die sich selbst gegenüber offen ist und weitgehend Zugang zu ihrem Erleben hat (Finke 1994), Stimmungen im Zusammensein mit dem Kind kontrollieren, Raum für Kontroversen lassen kann, ohne ihm die eigene Haltung aufzudrängen. In der Beziehung zu einer kongruenten Bezugsperson erfährt das Kind, dass seine Handlungen, Emotionen und Vorstellungen ernst genommen werden und von Verfälschungen der antwortenden Person ungetrübt bleiben. In der echten Reaktion der Bezugsperson kann das Kind das von ihm ausgehende Eigene wahrnehmen. Seine Erfahrungen werden so um ihrer selbst willen anerkannt (Biermann-Ratjen et al. 1997) – was freilich nicht heißt, dass alles, was das Kind produziert und tut, gutgeheißen und hingenommen wird. Vielmehr begegnen sich auf diese Weise zwei wirkliche und unabhängige Personen, die sich respektvoll miteinander auseinander setzen. Erfährt das Kind, dass Wünsche abgewiesen werden und sein Streben ergebnislos bleibt, stellt sich der Bezugsperson die Aufgabe, Gebote und Grenzen in einer mit ihrem persönlichen Dafürhalten übereinstimmenden Weise eindeutig zu formulieren und dem Kind einsichtig zu machen, ohne sich durch Liebesentzug von ihm zu entfernen. Damit wird sie dem Kind ermöglichen, die Enttäuschung seiner Wünsche, Vorstellungen und Impulse nicht als persönliche Niederlage oder Versagen zu erleben, sondern zu lernen, die Unmöglichkeit des Machbaren zu ertragen, ohne die Hoffnung zu verlieren, es bei anderer Gelegenheit besser zu machen und die Aussichtslosigkeit eines Bemühens nicht als verunsichernde Erschütterung seines Selbst zu erleben. Hat ein Kind in dieser Entwicklungsphase wenig Echtheit seiner Bezugspersonen erlebt, haben sich diese also widersprüchlich, uneindeutig, verunsichert oder ambivalent verhalten, so ist damit im Kind ebenfalls eine Unsicherheit in der Selbstbewertung entstanden (Finke 1994). Es hat die Werte und Normen seiner Bezugspersonen übernommen, um deren Anerkennung nicht zu verlieren, aber damit zugleich eigene Vorstellungen, Wünsche und Gefühle als Erfahrungen nicht zugelassen. Infolgedessen wird es sich über Aspekte seiner Identität oft ungewiss sein und zwischen Autonomie und Unterordnung schwanken. In einer Krisensituation sieht sich diese Person (im Erwachsenenalter) einem Gefühlssturm gegenüber, in dem sie sich möglicherweise keine Orientierung zutraut und vergeblich nach äußeren Anhaltspunkten sucht. Vielleicht wird sie sich an eine ihr nahe stehende Person klammern – dies jedoch nicht aus heftiger Angst vor dem Verlassenwerden wie etwa bei einer Person, die nur bedingte Akzeptanz erfahren hat, sondern wegen des umfassenden Selbstzweifels, überhaupt genug Kraft, Fähigkeit und Wissen zu haben, die Situation jemals meistern zu können. In der Partnerschaft könnte die Person dazu neigen, vom anderen zu verlangen, genauso zu empfinden wie sie selbst, um sich verstanden zu fühlen. Letztlich fällt es ihr ja so überaus schwer, sich selbst als von dem anderen verschieden anzuerkennen. Denkbar ist neben dem Kollaps in Selbstzweifel und Versagensgefühlen mit Hemmung und Unsicherheit auch die Gegenreaktion einer Verhärtung. Im Falle der Abwehr könnte die Person mit abgrundtiefem Zweifel, Misstrauen und Ungläubigkeit, aber auch verwirrtem oder ohnmächtig wütendem Aufbegehren gegen das unabänderliche Schicksal der Behinderung reagieren. Die internalisierten Werte können als angenommenes Selbstideal starke Impulse auslösen, sich dem Schicksal klaglos zu unterwerfen, Lebenspläne zu opfern und Schmerz und Trauer widerspruchslos zu ertragen. Oder sie bringen das Gegenteil einer alle Normen und Zwänge abschüttelnden Flucht vor der Verantwortung und dem Verpflichtetsein auf die sich unendlich erstreckende Aufgabe der Betreuung des behinderten Kindes hervor.

2.3 Die Rolle der primären Inkongruenz

Das Selbstkonzept hat sich also gemäß der frühen zwischenmenschlichen Interaktionserfahrungen an Akzeptanz, Empathie und Kongruenz in mehr oder geringerer Ausprägung an Maßstäbe anderer mit gleichzeitiger Hemmung eigener Impulse, Gefühle und Vorstellungen angepasst. Es ist mit Selbstachtung verknüpft und wird geschützt – inkompatible Empfindungen werden abgewehrt, also verzerrt oder verleugnet (Finke 1994). Eine in der späteren Krisensituation erneut erlebte Erfahrung etwa von Schmerz, Enttäuschung, Kränkung und Wut bei der Diagnose einer Behinderung berührt diese als primäre Inkongruenz bezeichnete Reaktionsbereitschaft des Selbstkonzeptes; die aufkommenden Gefühle, Gedanken oder Verhaltensimpulse aktivieren früher erlittene Mangelerlebnisse. Dadurch bedroht, wird die Person mehr Kraft darauf verwenden, diese Gefühle zu kontrollieren oder abzuwehren. Ferner erlebt sie das Krisenereignis mit seinen negativen Folgen als Bestätigung eigener persönlicher Fehler oder Unzulänglichkeiten und damit als Bestätigung ihres bereits vorliegenden schlechten Selbstbildes. Ihre innere Spannung verschärft sich unweigerlich, sodass sich das Risiko einer langfristigeren emotionalen Krise und damit einer Anpassungsstörung vergrößert. Auch im weiteren Verlauf ist diese Gefährdung angesichts der Belastungen durch Auseinandersetzung mit der Behinderung und Interaktion mit dem behinderten Kind entsprechend höher. Die Stressbelastung kann also den Kern der innerlich vorhandenen Fehlanpassung der Person verstärken oder zu einem Symptom aufbrechen lassen. Damit können fundamentale Gefühle eigener Wertlosigkeit, Gefühle des Verlassenseins, der Einengung oder der Kränkung auftreten, die gerade weil sie nicht als solche gespürt werden dürfen, zum depressiven, ängstlichen oder narzisstischen Symptom führen. Symptom oder Störungen brechen aus, wenn eine Erfahrung, in der die Person als Kind nicht anerkannt worden ist, wiederholt wird (Biermann-Ratjen/Swildens 1993). Eine Anpassungsstörung (ICD-10: F43.2) entwickelt sich, je mehr die Person bereits mit primärer Inkongruenz belastet ist (Abb. 1: B). Neurotische oder Persönlichkeitsstörungen in der Lebensgeschichte bereits vor dem Krisenereignis der Behinderungsdiagnose weisen auf eine besonders stark ausgeprägte primäre Inkongruenz hin. Die Integration der in der Krise entstehenden leidvollen Erfahrungen wird dann komplizierter. Je besser die Erkrankung allerdings zuvor behandelt werden konnte, desto stabiler wird die Person die neuerliche Krisensituation erleben.

Fallbeispiel *Ablehnung*

Bei der 37-jährigen Mutter eines etwa achtjährigen Sohnes mit geistiger Behinderung liegen mit Chronischer Darmfunktionsstörung (M. Crohn) und Neurodermitis somatische Erkrankungen mit psychogener Mitbeteiligung vor. Bereits früher war sie in Psychotherapie und nun seit einem drei viertel Jahr erneut. Die aktuelle Krise wurde offenbar durch den Wechsel des Jungen in die Sonderschule für Geistigbehinderte angestoßen. Dieser Vorgang scheint ihr die Diagnose des Kindes noch einmal unübersehbar zu Bewusstsein gebracht zu haben, nachdem auch die Zeit zuvor bereits spannungsgeladen war. Als Anlass werden zunächst Schreiattacken und aggressive Verhaltensweisen des Kindes genannt. Ihre seelische Verfassung zeigt sich als extremer Erschöpfungszustand, erhöhte Reizbarkeit und Ungeduld. Sie empfindet heftige Verärgerung und Distanzierungswünsche. Interaktionen eskalieren, da sie wegen seinen Provokationen die Beherrschung verliert. Die eigenen aggressiven Ausfälle empfindet sie anschließend mit tiefer Scham und Skrupeln. Ihr Gefühl, von Verhalten und Launen des Jungen „vereinnahmt" zu werden, ruft Erinnerungen an eine Kindheitssituation von Einengung und Isolation wach.

Die Angst ihrer Kindheit vor der Unberechenbarkeit aggressiver Gefühlsausbrüche, denen sie nie offensiv oder sich schützend gegenübertreten konnte und die sie nur mit Abschalten ihrer Empfindungen, mit Selbstbetäubung, entsprechend später mit Drogen lindern konnte, hat sich heute in die Haltung einer schonungslos angriffslustigen Vorwärtsverteidigung verkehrt, wenn sie sich in die Enge gedrängt fühlt. Wie um an die Angst ihrer Kindheit nicht erinnert zu werden, bricht es heute ebenso cholerisch aus ihr heraus, wie sie es als hilfloses Opfer gegenüber ihrem Vater erlebte. Zugleich löst diese Haltung Schuldgefühle aus, da sie spürt, Sohn und Mann ungerecht zu behandeln. Die Erfahrung drohender Bestrafung hat sie die eigenen explorativen und auch widersetzlichen Impulse nicht wahrnehmen lassen dürfen. Auch deshalb ist ihre Begegnung mit eben diesen Verhaltensweisen ihres Sohnes für sie umso schmerzlicher und löst sogleich heftige, mit Fluchttendenzen und Unterdrückungsimpulsen durchsetzte Gefühle aus. Zornig bekämpft sie die Opposition des Jungen so, wie der Vater die ihrige unterdrückt hat. Auf einer tieferen Ebene bekämpft sie mit der Ablehnung des unzulänglichen Kindes das Gefühl eigener Wertlosigkeit, das sie als Selbstwertzweifel und Selbstunsicherheit ihr ganzes Leben begleitet.

Fallbeispiel *Depression*

Auch vor Geburt des zum Zeitpunkt der Vorstellung siebenjährigen, mehrfachbehinderten Sohnes hatte die 40-jährige Mutter schon unter Depressionen gelitten. Als Kind einer Scheidungsehe vom Stiefvater misshandelt, anschließend bei verwöhnenden Großeltern aufgewachsen, habe sie nie ein richtiges Selbstbewusstsein gehabt. Als junge Erwachsene war sie wegen Angstzuständen, Niedergeschlagenheit und Suizidgefährdung stationär in der Psychiatrie. Nach Geburt des behinderten Kindes habe sie eine Schwangerschaftsneurose mit den gleichen Symptomen wie früher durchgemacht. Vor zwei Jahren sei sie wiederum zusammengebrochen und werde seitdem medikamentös und psychotherapeutisch behandelt. Auslöser war eine lebensbedrohliche Erkrankung des Sohnes, an der sie sich die Schuld gegeben hatte.

Sie beschreibt sich als hochgradig erschöpft, das Kind sehr unruhig. Zugleich fällt es ihr jedoch schwer, Erleichterungen anzunehmen, etwa den Zivildienstleistenden das Kind aus dem Bett heben zu lassen oder sich auch nur kurzzeitig von ihm zu trennen. Immer wieder werden Ereignisse schuldhaft erlebt. Wenn der Sohn auf der Terrasse hinfällt, hält sie das für ihre eigene Schuld, anstatt die Ursache dafür im Übergewicht und in der Körperbehinderung des Kindes zu sehen. Die Möglichkeit, das in Frage stehende genetische Syndrom könne nur durch die Frau übertragen werden, erlebt sie als Bestätigung ihrer Minderwertigkeit. Obwohl das Kind mehr Mobilität vertragen könnte, wird es in einer kleinkindhaften Form gehalten und kann nicht losgelassen werden.

Mit ihrer depressiven Struktur deutet sie alle Erfahrungen zu Selbstvorwürfen um. Trotz der physischen Erschöpfung kann sie keine Entlastung zulassen. Das kann nur bedeuten, dass der jetzige Zustand als immer noch erträglicher gefunden wird als jede Erleichterung. Sich zu entlasten gilt ihr also als etwas ihr Nicht-Zustehendes, Unerlaubtes. Es entwickelt sich ein depressiver Zirkel von Überlastung, Schuld und Bestrafung. Die gegenwärtige Situation nicht zu verändern bedeutet ferner einen gewissen Schutz vor Depression. Solange die Qual empfunden wird, bricht die Depression nicht aus. Erst wenn man sich unverdient etwas gönnt, erfolgt die Bestrafung durch depressive Symptome.

Wie wenig vorhersagbar spätere Krisenreaktionen aus ungünstigen frühen Lebenserfahrungen sind, zeigt das Beispiel einer 24-jährigen jungen Mutter einer mehrfachbehinderten, knapp dreijährigen Tochter. Mit einem Alkoholiker als Vater und einer reizbaren, unberechenbaren Mutter in einer Kindheit voller Ängste und einer Jugend ohne Selbstvertrauen, habe sie lieber im Heim leben wollen als zuhause. In der Nachbarin stand jedoch eine liebevolle Ersatzmutter zur Verfügung, bei der sie oft tagelang wohnte. Auch während der Schule, Ausbildung und nicht zuletzt in ihrem Mann fand sie immer wieder Menschen, von denen sie sich verstanden und unterstützt fühlte. Mit der Geburt der Tochter erlebte sie tiefe Trauer und Schmerz, auch eine Phase mit Grübelei und unbegründeten Selbstvorwürfen. Mit dem Zugang zu ihren Gefühlen, ihrer offenen Kommunikation und der Unterstützung durch ihren Mann konnte sie sich jedoch nach einigen Monaten stabilisieren, ohne dass ihre Lebens- oder Handlungsfähigkeit gravierend beeinträchtigt wurde.

2.4 Erlebnisverarbeitung als Akute Belastungsreaktion

Werden Eltern plötzlich oder endgültig mit der Behinderungsdiagnose ihres Kindes konfrontiert, werden zunächst alle mehr oder weniger Akute Belastungsreaktionen durchleben (s. Abb. 1). Eine emotionale Reaktion mit einem Schwall unterschiedlichster und heftiger Affekte oder Körperempfindungen – in individuell unterschiedlichem Schweregrad und in unterschiedlicher Weise nach außen hin zugegeben und mitgeteilt – ist der traumatischen Krisensituation angemessen (z. B. Ebert 1987; Dilling/Freyberger 1999: ICD-10: F43.0). Die Ausprägung der Akuten Belastungsreaktion hängt von der individuellen Vulnerabilität sowie den zur Verfügung stehenden Bewältigungsmechanismen ab.

Die Symptome der Akuten Belastungsreaktion beginnen typischerweise innerhalb von Minuten nach dem belastenden Ereignis mit einer Art Betäubung, einer Bewusstseinseinengung mit eingeschränkter Aufmerksamkeit, einer Unfähigkeit, Reize zu verarbeiten und Desorientiertheit (Jotzo 2001). Diesem Verhalten kann ein sozialer Rückzug folgen oder aber ein Unruhezustand mit Fluchtreaktion. Meist treten vegetative Zeichen panischer Angst wie Tachykardie, Schwitzen und Erröten auf. Die Symptome gehen innerhalb von Stunden, spätestens aber nach zwei oder drei Tagen zurück, auch wenn die Belastung bestehen bleibt.

Nach dem Menschenbild der Personzentrierten Psychotherapie erlebt das Individuum in der Akuten Belastungssituation, in der die Diagnose einer Behinderung des Kindes vermittelt wird, sekundäre Inkongruenz, da es mit Erfahrungen konfrontiert ist, die sein Selbstkonzept in Frage stellen und seinem Bedürfnis nach positiver Selbstachtung widersprechen. Dies sind Erfahrungen von existenzieller Angst um das Leben des Kindes; Empfindungen vernichtender Enttäuschung, wenn die Hoffnung auf ein unversehrtes, kompetentes und intelligentes Kind vergeht; das blitzartige Aufleuchten einer Aussicht auf die Verengung der Lebensplanung, wenn nicht Aufgabe von Lebenszielen; oder der Selbstzweifel, ob Energiereserven und Durchhaltevermögen ausreichen werden; Angst um den Familienzusammenhalt; Wutimpulse, die sich gegen die Ungerechtigkeit des Schicksales richten; Hassgefühle gegen andere Eltern mit gesunden Neugeborenen und unendliche Traurigkeit, die den Lebensmut zu ersticken droht. Und zugleich werden Gefühle von Liebe und Mitgefühl für das Neugeborene entstehen, verbunden mit dem Drang, den kleinen Menschen auf seinem Lebensweg zu begleiten und ihm zu helfen. Im Augenblick der Erfahrung sind diese heftig bedrohenden und widerstreitenden Gefühle in ihrer Gesamtheit von der Person nicht zu verkraften.

Unter dem Druck der akuten Belastungssituation wirken selbsterhaltende Kräfte, die diese Erfahrungen dem Bewusstsein fern zu halten trachten (Biermann-Ratjen/Swildens 1993); das Bewusstseinsfeld der Person verengt sich, was sie subjektiv als Leere, Trübung, Abgestorbensein, Orientierungsverlust wahrnimmt. Panikreaktionen mobilisieren Fluchtimpulse und Rückzugstendenzen. Sobald die Bewusstseinseinengung nachlässt, werden Angstgefühle, Wut und Verzweiflung spürbar. Die Akute Belastungsreaktion ist eine durchaus verstehbare und akzeptierbare Äußerung der gesamtorganismischen Bewertung der Erfahrung, körperlich oder psychisch in Lebensgefahr zu sein (Biermann-Ratjen/Swildens 1993). Selbst depressive Niedergeschlagenheit und Inaktivität sind sinnvoll, da die Person darunter ihr Selbstbild von Wertlosigkeit wie auch erlebte Ablehnung und damit Zuschreibung von Minderwertigkeit verbergen, also abwehren kann.

Fallbeispiele *Symptome der Akuten Belastungsreaktion*

Aus der Erinnerung beschreibt eine Patientin in der Psychotherapie ihr Erleben unmittelbar nach den Schwangerschaftskomplikationen und der Frühgeburt als einen Zeitraum, in der sie sich wie unter einer Glocke gefühlt habe. Stimmen seien wie durch Watte zu ihr gedrungen, auch im Bett liegend habe sie unter einem fast ständig anhaltendem Schwindelgefühl gelitten, ihr Gaumen habe sich merkwürdigerweise pelzig angefühlt und sie habe Angst gehabt, ins Bodenlose zu fallen. Sie habe ununterbrochen geschwitzt und mindestens einen Tag lang keinen klaren Gedanken fassen können. Stattdessen sei da ein loses Durcheinander von Wort- und Gedankenfetzen gewesen. Was ihr damals genau durch den Kopf gegangen sei könne sie nicht mehr sagen.

Den Eltern von etwa zweijährigen Zwillingen muss nach kinderneurologischer und entwicklungspsychologischer Untersuchung der Befund einer deutlichen mentalen Retardierung beider Kinder mitgeteilt werden. Während der Vater noch die Fragen nach der Unzweideutigkeit der Diagnose und den prognostischen Erwartungen stellt, verliert seine Frau ihre Gesichtsfarbe, erbleicht und schaut stumm mit starrem Blick und abwesender, wächsener Miene in die Ferne. Der erschrockene Ehemann ergreift ihre Hand, doch sie bleibt steif und bewegungslos. Nach mehrmaliger Ansprache scheint sie etwas aus ihrer Abkapselung zurückzukehren, um mit tonloser Stimme zu wiederholen: „Dann bring' ich mich um!". Ihre Starrheit löste sich erst, als sie anfangen konnte zu weinen.

Den ebenfalls psychisch bislang unauffälligen Eltern eines Vierjährigen wird die Diagnose eines Prader-Willi-Syndroms mit mäßiger geistiger Behinderung übermittelt. Als die entscheidenden Begriffe fallen, wird der Vater sichtlich unruhig, blickt von einem zum anderen, rutscht auf seinem Stuhl umher und fährt sich mehrfach durchs Haar. Als nun der Mutter Tränen in die Augen steigen, springt er auf und ruft den Untersuchern entgegen, dass das nicht sein kann, da müsse ein Fehler vorliegen. Auf Erklärungen und Beruhigungen hin reagiert er noch gereizter, stürzt schließlich wütend mit den Worten „Das ist eine Unverschämtheit!" aus dem Besprechungszimmer und schlägt krachend die Tür hinter sich zu. Drei Tage später entschuldigt er sich telefonisch und bittet um einen Gesprächstermin.

Im Umgang mit Eltern behinderter Kinder in *Akuten Belastungsreaktionen* ist die Aufklärung über die gerade erlebten Symptome als natürliche, körperliche und vorübergehende Schreckreaktion nützlich. Aus der Personzentrierten Perspektive ist darüber hinaus eine umfassend akzeptierende Haltung unerlässlich, die die Realität des erlebten Unglücksfalles betont und mit dem Versuch verbindet, der betroffenen Person (Gesprächs-)Kontakt anzubieten, um sie in der Lebenswirklichkeit zu halten. Wenn die Akute Belastungsreaktion als Inbegriff einer Inkongruenzerfahrung angesehen wird, dann erfüllt die Symptomatik eine Schutzfunktion. Im akzeptierenden Zugang wird dieser Mechanismus bestätigt und als sinnvolle Körperreaktion positiv bewertet. So kann man etwa ansprechen, wie wirklich ängstigend und bedrohend das Erlebnis ist und wie richtig die Person voller Angst, Abwehr oder Erregung reagiert. Man kann zeigen, wie normal man ihre Empfindungen in dieser wirklichen Katastrophe erlebt und dass sich jeder andere angesichts dieser für alle ungeheuerlichen

Belastung ebenfalls bestürzt, verwirrt oder abgestumpft fühlen würde. Man kann ausdrücken, dass man den inneren Kampf spürt, in dem sie sich angesichts der kaum fassbaren Erlebnisse fühlt, hin und hergerissen, was sie glauben soll oder nicht. Mit dem Ernstnehmen der Symptome wird auch die Person respektiert (Swildens 1991). Beschwichtigungsversuche werden sie noch mehr an der eigenen Wahrnehmung und damit ihrer Integrität zweifeln lassen. Auch suchendes, einfühlendes Verstehen mit dem Ziel, Selbstexploration zu fördern, wird in Erregungsphasen oder bei Verängstigung weniger hilfreich sein, da es eher verängstigt. Ziel ist es, der Person in ihrem Zustand von Aufgewühltheit positive Selbstachtung zu ermöglichen.

Therapiegespräch *Akute Belastungsreaktion (1)*

Die bislang optimistische Mutter eines 2;6-jährigen Jungen mit spastischer Diplegie wird während der Mutter-Kind-Woche zum ersten Mal mit der Aussage konfrontiert, dass ihr Kind vermutlich nicht laufen lernen wird. Die Krankengymnastin hatte diese Auskunft gegeben, nachdem die Mutter mit ihren Fragen nicht locker ließ, als Hilfsmittel wie orthopädische Schuhe, Stehständer und Lernfahrrad ausprobiert wurden. Am nächsten Morgen kommt die Mutter zum Gespräch.

Frau C. (aufgeregt): Ich habe die ganze Nacht kein Auge zugetan ... ich weiß jetzt noch nicht richtig, ob ich schlafe oder wach bin. Die ganze Zeit laufen Filme in meinem Kopf mit T. im Rollstuhl ... Das darf doch nicht wahr sein! Ich habe nie daran gezweifelt, dass er läuft, nie! Und jetzt soll er behindert sein!

Therapeut: In Ihnen sträubt sich alles dagegen ... Sie haben –

Frau C. (unterbricht): Ein ganzes Leben im Rollstuhl! Auf die Hilfe von anderen angewiesen! Können Sie sich das vorstellen??

Therapeut: Das will Ihnen noch gar nicht in den Kopf, so entsetzlich ist das ... So hilflos zu sein ... er tut Ihnen so Leid.

Frau C. (unterbricht laut): Ich will nichts mehr davon hören! Ich kann es nicht fassen. Andere Menschen gehen so glatt durchs Leben, die erleben gar nichts Schlimmes.

Therapeut (leise): Es ist so ungerecht ...

Frau C. (schluchzt): ... Ich glaube es einfach nicht. Das kann man mir doch nicht antun! Ich will das nicht!

Therapeut: Sie möchten das nicht! ... Das tut so weh ... da kriegt man in all seinem Schmerz eine Riesenwut ...

Frau C. (schaut mit starrem Blick am Therapeuten vorbei, wird ganz bleich). (Pause)

Therapeut: Am liebsten möchten Sie sich verschließen und nichts mehr an sich heran lassen ...

Frau C. (schweigt).

Therapeut (leise): Die Vorstellung, T. könne für immer behindert sein, ist so schlimm ... Sie möchten am liebsten den ganzen letzten Tag ausblenden ...

Frau C. (langsam): ... Vor fünf Jahren ist mein Vater gestorben ... Seitdem hab' ich nicht mehr so geweint wie gestern ... (weint).

Therapeut: Es ist ganz richtig, dass Sie weinen, wenn es so wehtut ... es ist einfach nichts anderes als traurig, wenn man hört, das Kind soll behindert sein ...

(Pause)

Frau C.: ... Bei mir kommt immerzu nur eines zum anderen.

Therapeut: Es hat Sie schon so vieles verletzt ... immer muss man nur aushalten, man kann sich nicht wehren ...

Frau C.: Ich weiß nicht, wie ich damit fertig werden soll. Im Moment hab' ich gar keine Hoffnung mehr.

Therapeut: Es ist ganz normal, sich so mutlos zu fühlen. Jeder in dieser Lage fühlt sich tief verzweifelt ...

Therapiegespräch *Akute Belastungsreaktion (2)*

Ausschnitt aus einer Gesprächssituation mit der Mutter eines anderthalbjährigen Sohnes, die bei einer von Geburt an bekannten allgemeinen Retardierung mit Körperbehinderung nun kurz zuvor auch noch den Befund einer erheblichen mentalen Entwicklungsverzögerung mit geistiger Behinderung von der Ärztin erhalten hat. Sie kommt mit Tränen in den Augen, mühsam beherrscht, zum Gespräch.

Frau S.: Was soll man mit so einem Kind machen?

Therapeut: Sie sind so verzweifelt nach der Diagnose – am liebsten wollten sie ihn loswerden ...

Frau S.: Es nützt ja auch nichts ... am liebsten würde ich weggehen ...

Therapeut: Weggehen? Sie meinen ...

Frau S. (bitter): Weglaufen ... mich umbringen! Aber er braucht mich ja ... und meiner Mutter kann ich das nicht antun ... Ich will nicht, dass er bescheuert ist, ich habe keine Lust auf ein blödes Kind!

Therapeut: Sie könnten Ihren ganzen Hass 'rausschreien!

Frau S. (unterbricht): Ja! Ich könnte heulen vor Wut! Sie können mir auch nicht helfen, niemand kann das verstehen! Oder haben Sie ein behindertes Kind? Immer nur reden, reden: Es hilft nichts ... Sagen Sie mir, was ich machen soll, dass er wieder gesund wird!

Therapeut: Alles ist für Sie mit einem Mal sinnlos geworden, Sie sind auch böse auf mich und Sie haben Recht, ich kann Ihnen Ihren Sohn nicht wieder gesund machen. Ich würde es gerne, wenn ich es könnte.

Frau S.: Das, was kommt, wird noch schlimmer ...

Therapeut: Sie sehen ein einziges Grauen auf sich zukommen!

Frau S.: Dann sitzt er im Rollstuhl und brabbelt vor sich hin ... er spricht nicht ... lernt nichts ... wird größer und älter und schwerer ... und bleibt so doof!

Therapeut: Und Sie kriegen ein Entsetzen vor der Zukunft, dann sind Sie die Mutter von einem behinderten Kind ... und ich finde das so ehrlich, wie Sie kein Blatt vor den Mund nehmen und so aufrichtig mit sich umgehen und vor keinem hässlichen Wort zurückschrecken ...

Frau S. (weint): Ich hab' aber keine Lust, das zu verdauen!
Therapeut: Es tut so weh und Sie haben das Gefühl, es nützt gar nichts.
Frau S.: Ja, nur wenn Sie mir sagen: Sie können ´was machen!
Therapeut: Da bin ich genauso hilflos wie Sie. Und wenn ich Ihnen `was Tröstliches sage, springen Sie mir ins Gesicht!
Frau S. (lacht): Jaa! Niemand kann mich trösten. Es sei denn, Bastian wird wieder gesund. Aber jetzt hab ich gar keine Hoffnung mehr. Es wird nie mehr vorwärts gehen.
Therapeut: Sie können reden, Sie sollen reden, über alles, was Ihnen einfällt, und wenn Sie es sich in so schlimmen Worten wie möglich sagen wollen, so machen Sie es! Es ist gut und ehrlich! Was Sie denken und fühlen ist wichtig!
Frau S.: Es ist so ungerecht …
Therapeut: So viel Wut ist in Ihnen.
Frau S.: Und man wird so hängen gelassen. Meine Eltern …

Dieses Gespräch ist eine Gratwanderung, einerseits das Aussprechen von Gefühlen zu erleichtern, andererseits die Klientin nicht in bodenlose Hoffnungslosigkeit hinein zu verbalisieren. Immer wieder wird deshalb auf die Beziehung angespielt oder auf die ihr verbleibenden Handlungsmöglichkeiten verwiesen. Ziel ist es, die Klientin in ihrem Hass auf ihr Schicksal anzunehmen, ihr in ihrer Wut mit unbedingter Wertschätzung einen Schritt zu erneuter Selbstachtung zu ermöglichen. In dieser ersten Gesprächsphase sind also die beiden Faktoren Akzeptanz – die Annahme des Klienten – und das Echtsein in der Beziehung entscheidend.

Die Gesprächssituation ist anfangs mit Zurückweisungen des Therapeuten und Angriffen gegen ihn eher kontrovers. Die Klientin wehrt sich gegen das Gesprächsangebot, erlebt sich als hoffnungslos verloren und versucht unwissentlich, den Therapeuten in eine Reaktion zu manövrieren, ihre Situation auch seinerseits als aussichtslos zu empfinden und sie aufzugeben. Insofern ist ihr Verhalten weniger als gegen den Therapeuten gerichtete Abwehr zu verstehen, sondern mehr noch als Wunsch nach Bestätigung ihrer als so desolat und traurig erlebten Lage. Der Therapeut hilft in diesem Fall am meisten, wenn er das von der Klientin empfundene Unglück validiert. Er nimmt dann nicht nur ihre Leidgefühle an, sondern akzeptiert auch ihre Ursachenzuschreibung. So kann sich langsam eine kooperative Basis einstellen. Schließlich kann sie sich die Konkretisierung eines sozialen Konfliktes erlauben und thematisiert ihre Enttäuschung über die Eltern, die noch nicht einmal die Körperbehinderung des Enkels wahrnehmen wollen. Später kehrt das Gespräch wieder zu ihrem Erleben der Situation als Mutter eines behinderten Kindes zurück.

Frau S.: Ich muss das ab jetzt also auch alles so machen wie die anderen da oben (auf der Eltern-Kind-Station), als Mutter eines behinderten Kindes. Ich hab keine Lust auf das alles, ich will das nicht!
Therapeut: Diese Rolle ist Ihnen jetzt schon zuwider. Ihr ganzes Leben dem unterzuordnen? Es sträubt sich alles in Ihnen.

Frau S.: Ja. In allem eingeschränkt! Ich fühl' mich jetzt schon als Hülle, die jeden Tag dasselbe macht ... ich seh' da keine Freude mehr, keine Freizeit!

Therapeut: Es kommt Ihnen unendlich mühselig und ... eigentlich sinnlos vor.

Frau S.: Ja. Es hat doch alles keinen Zweck. Bastian wird nie mehr gesund werden ... (weint) ... Alles Schöne ist hin, wenn ich uns in den Ferien sehe, sehe ich Bastian im Rollstuhl am Strand ...

Therapeut: Alles, worauf Sie sich gefreut haben, ist in Scherben, und es ist nur so unendlich traurig.

Frau S.: Ja (schweigt). Frau Doktor hat mich gefragt, ob ich Bastian ins Heim geben wolle (schweigt).

Therapeut: Da waren Sie ... schockiert?

Frau S.: Nein, noch nicht einmal. Das geht einem ja doch auch so im Kopf herum. Aber ... ich kann mir das nicht vorstellen ... das geht einfach nicht ... wenn er mich dann auch so anlacht.

Therapeut: Da spüren Sie genau, dass Sie ihn nicht abgeben wollen.

Frau S.: Ja. Natürlich gebe ich ihn nicht weg. Aber mir kann niemand helfen, weil ich so bin, weil er so ist.

Therapeut: Jeder Trost erscheint so lächerlich gegenüber ihrem Unglück ... es ist aussichtslos.

Frau S.: Ja. Auch zu wissen, dass ich mich irgendwann daran gewöhnt habe, erschrickt mich. Ich will nichts akzeptieren. Manchmal denke ich, ich wache gleich auf und der Albtraum ist weg.

Therapeut: Sie können ihren Sohn nicht gesund machen, aber Sie können ihn auf seinem Lebensweg unterstützen, und Sie können auch sich selbst helfen.

Frau S.: Ich brauche keine Hilfe.

Diesmal bleibt das Gespräch beim Erleben der Klientin, die Beziehung wird nicht mehr so häufig in Frage gestellt. Immer wenn ihr Unglück *unbedingt wertschätzend* verbalisiert und *einfühlendes Verstehen* signalisiert wird, scheint ein kleiner Schritt aus der tiefen Verlorenheit zu gelingen, und konkretere Gefühle oder Vorstellungen kommen zum Vorschein. Gegen Ende der Sitzung wird der Blickwinkel auf andere, erreichbare Bewältigungsziele gelenkt, die der Klientin nicht nur die Perspektive passiven Erduldens ihres Schicksals, sondern eines Tätig-Werdens eröffnen. Damit soll ein Ausweg aus der empfundenen Machtlosigkeit und eine Richtung für aktive Handlungen (Teusch/Finke 1999) gezeigt werden. Es bleibt bei Andeutungen, da das vorherrschende Thema die von ihr empfundene Aussichtslosigkeit gegenüber der Behinderung des Sohnes ist.

2.5 Erlebnisverarbeitung als Posttraumatische Belastungsstörung

Mit wiederholtem Erleben des Traumas in sich aufdrängenden Erinnerungen, Träumen oder Albträumen nach einer Latenz von Wochen oder Monaten werden einige der betroffenen Eltern (Abb. 1: C) Posttraumatische Belastungsstörungen (ICD-10: F43.1; DSM IV: 309.81) durchleben. Gefühle des Betäubtseins und emotionaler Stumpfheit, Teilnahmslosigkeit oder sozialer Gleichgültigkeit können andauern. Hinweisreize auf das erlebte Trauma werden vermieden, seltener bricht akut Angst, Panik oder Aggression aus. Oft treten vegetative Übererregbarkeit, Schreckhaftigkeit und Schlaflosigkeit auf, Angst und Depression werden häufig genannt, seltener auch Suizidgedanken und übermäßiger Alkoholkonsum (Dilling/Freyberger 1999).

Die Personzentrierte Psychotherapie sieht die Posttraumatische Belastungsstörung als Prototyp dafür an, wie eine Person versucht, die gefährdenden, bedrohlichen Erlebnisaspekte – in einem der willentlichen Kontrolle entzogenen, ambivalenten und konfliktreichen Vorgang – in das Selbstkonzept zu integrieren. In diesem Ringen um Symbolisierung der Erfahrung und ihrer gleichzeitigen Abwehr treten die Erlebnisse in Träumen oder intrusiven Gedankenfetzen, in jähen, durch Belanglosigkeiten hervorgerufenen Assoziationen oder in aufdringlichen, Angst erregenden Halluzinationen auf, die an der Grenze zwischen Realität und Phantasie zweifeln lassen.

Der therapeutische Umgang erfordert in der Anfangsphase die gleiche Haltung unbedingter Akzeptanz der beschriebenen Gefühle und Beschwerden wie im Gespräch mit Eltern behinderter Kinder in einer Akuten Belastungsreaktion. Dazu wird auch und gerade das Verständnis für die Ausweich- und Abbruchmanöver gehören, mit denen sich die Person aus dem Gesprächsfluss verabschiedet, verstummt oder das Thema wechselt. Andererseits kann der Therapeut die ausdrückliche Erlaubnis geben, die Erlebnisse immer wieder zu erzählen, wobei er sich nur als Zuhörer anbietet (Gerbode 1992). Mit wachsender Vertrauensbasis wird der Klient die Beziehung zum Therapeuten als Sicherung gegen seine Ängste erleben. Allmählich kann er sich den Inhalten seiner Wahrnehmungen stellen und den Gefühlen zuwenden, die Körpersensationen, Bilderleben und Angstträume oder Lücken, Konzentrationsschwierigkeiten und Gedankenabbrüche begleiten. Langsam wird er seiner Katastrophenerfahrung bewusst und ihr willentlich gegenüberzutreten wagen. Bei Eltern behinderter Kinder sind dies belastende Situationen der Geburt, der Diagnosemitteilung oder anderer verstörender Erlebnisse, auf die im Gespräch immer wieder zurückzugehen sein wird, um dort entstandene Gefühle und Erfahrungen anerkennen und annehmen zu können. Mit einer aktiveren Vorgehensweise kann der Therapeut dann versuchen, die

Äußerungen des Klienten immer wieder in Bezug zu dem erlebten kritischen Ereignis zu bringen und damit das damalige, erschütternde Geschehen selbst im Gespräch zu verankern. Eine solche lenkende Verbalisierung hat im Personzentrierten Ansatz in der als *Interpretation* aufgefassten Stufe des *Einfühlenden Verstehens* oder als *Konfrontation* im Rahmen des Therapieprinzips *Echtheit* ihren Platz (Finke 1994).

Fallbeispiel *Posttraumatische Belastungsstörung*

Die Mutter eines sechsjährigen, schwer mehrfachbehinderten Jungen hatte bereits seit längerer Zeit Beratungsgespräche wegen starker Belastung und Gefühlen von Hoffnungslosigkeit. Während der Sommerpause verstirbt das Kind nach kurzer Krankheit. Zum nächsten Treffen etwa zwei Monate nach dem Todesfall erscheint die Mutter mit dem Anliegen, weitere Termine zu organisieren, während ihr die Hände zittern, sie aber ihr Erlebnis zunächst noch nicht preisgibt. Erst auf ihre Verspanntheit angesprochen berichtet sie mit tonloser Stimme von den Operationen vor dem Tod des Sohnes. Während der folgenden Kontakte gibt es lange Schweigepausen, in denen sie gedankenversunken aus dem Fenster schaut. Der Therapeut verbalisiert, wie unfassbar das Geschehen, wie schwer und unmöglich, das Erlebte in Worte zu fassen ist. Dass es scheint, als passte auf das, was ihr widerfahren ist, gar keine Sprache. Erst langsam findet sie ihre Worte wieder. Jetzt erzählt sie von ihren Beschwerden. Sie könne nachts kaum ein Auge zutun, sich auf den Haushalt nicht konzentrieren. Immer wieder brechen plötzlich Bilder von der Intensivstation auf, so wirklichkeitsnah, dass sie meine, die Zeit sei stehen geblieben. Wieder spüre sie die Angst um das Kind, genauso wie sie es vor Monaten empfunden habe. Manchmal wache sie nach kurzem Schlaf schweißgebadet mit dem Traumbild auf, verriegelte Türen öffnen zu müssen oder lange Gänge entlang zu hetzen.

Mit der Zeit lassen sich die einzelnen tatsächlichen Erlebnisse im Krankenhaus exakter ansprechen, und sie vermag sich ihnen nach Angst und Widerwillen zuzuwenden. Schuldgefühle können nun preisgegeben werden, die sie wegen vermeintlicher Unterlassungen, einem strengen Wort oder dem Bestehen auf eigene Freiräume quälen. Schließlich führen die Erinnerung an die Mitteilung der Prognose, die Bilder von den letzten Begegnungen und zuletzt dem sterbenden Sohn zur Trauer, und sie kann weinen.

2.6 Erlebnisverarbeitung als Anpassungsstörung

Für den Großteil der betroffenen Eltern sind die beschriebenen Reaktionen vorübergehend, die aufwühlenden Erfahrungen nach einem gewissen Zeitraum integriert (Abb. 1: A). Bei manchen wird sich jedoch im Anschluss daran oder nach einiger Zeit eine Anpassungsstörung herausbilden, wenn sich die mit dem Krisenereignis erlebte sekundäre Inkongruenz nicht zurückbildet (A').

Die meisten der im Bewältigungsprozess auftretenden psychischen Probleme bei Eltern behinderter Kinder lassen sich als Anpassungsstörungen (ICD-10 F43.2, F43.20 bis F43.28; DSM-IV: 309.0 bis 309.9) bezeichnen. Diese sind als Zustände subjektiven Leidens und emotionaler Beeinträchtigung definiert, die soziale Funktionen behindern und während des Anpassungsprozesses nach einer entscheidenden Lebensveränderung auftreten, ohne die sie nicht entstanden wären. Die Symptome umfassen depressive Verstimmung, Angst, Besorgnis, Gefühle der Überforderung mit der aktuellen Situation und Einschränkung bei der Erledigung alltäglicher Routine. Innerer Druck und Anspannung machen sich in Aggressionsneigung oder dramatischem Verhalten bemerkbar. Auch länger als sechs Monate andauernde Trauerreaktionen werden hier zugeordnet (Dilling/Freyberger 1999). Eine Anpassungsstörung kann chronisch werden, wenn Belastungsfaktoren langfristig sind und langanhaltende Konsequenzen haben (Zaudig et al. 2000). Kontinuierliches Fortbestehen der Anforderungen, vielfältige, überraschende oder chronische Belastungsereignisse, familiäre Spannungen, Diskriminierung im sozialen Alltagsleben, Kontroversen mit betreuenden Therapeuten und die Doppelaufgabe, den eigenen Schmerz zu bewältigen und zugleich die spezielle Erziehungssituation zu reflektieren, sind Erfahrungen, die an frühere seelische Verletzungen erinnern, Beziehungskonflikte, Enttäuschungen und Ängste wieder beleben und eine Anpassungsstörung auslösen können.

Die Inkongruenzkonstellation der Anpassungsstörung

Auch die als Anpassungsstörung klassifizierte seelische Reaktion hat eine Funktion bei der Belastungsbewältigung. Depressive oder ängstliche Symptome bzw. Störungen im Sozialverhalten sind als Versuch zu verstehen, sich mit der inneren Belastung zu arrangieren. Gerade die ursprünglichen Belastungsgefühle sollen nicht gespürt werden, weshalb als Ersatz andere, ähnlich gerichtete Gefühle, Gedanken oder Verhaltensweisen gewählt werden oder, dem Eindruck des Klienten nach, plötzlich auftreten. In der Anpassungsstörung ist das Selbst-Erleben der Person beeinträchtigt, das Symptom entsteht als Kompromiss zwischen vollständiger Wahrnehmung eines Affektes und seiner kompletten Negation.

Fallbeispiel *Anpassungsstörung*

Ein Klient berichtet über schon länger bestehende depressive Symptome (Trauer, Niedergeschlagenheit, Grübelei, Schlafstörungen etc.) infolge der Behinderungsdiagnose bei seinem Sohn vor zwei Jahren. Dies weist auf die Symptomatik einer Anpassungsstörung hin (ICD 10: F 43.21). Psychotherapeutisch ist aus Personzentrierter Sicht nun von Belang, welche Gefühle, Vorstellungen oder Gedanken er infolge welcher ihm eigenen, speziellen Inkongruenz zwischen Selbstkonzept und Selbsterleben abwehren muss, sodass als Kompromissbildung sein Symptom entsteht. In der Therapie kann er sich seinen grundlegenden Ängsten und Gefühlen annähern, etwa seiner umfassenden Traurigkeit, der Angst vor der Zukunft oder seinen Versagensgefühlen. Im Gefolge dieser Selbstexploration werden die Symptome abnehmen, da sie in ihrer Schutz- und Kompromissfunktion nicht mehr notwendig sind.

Die Person nimmt wahr, dass sie sich vergeblich anstrengt, sich überfordert und erschöpft fühlt oder mit dem Schicksal hadert, Angst vor der Außenwelt hat oder sich vom Partner im Stich gelassen fühlt. Sie leidet, aber sie kann nicht wahrnehmen, welche ihrer inneren Einstellungen bedroht oder welche Verletzlichkeiten aktiviert werden. Dem direkten Ausdruck von Angst- und Verzweiflungsgefühlen, lautem und aufrichtigem Klagen, Aggressions- und Fluchtimpulsen, Demütigungs- und Minderwertigkeitsgefühlen, Kränkung und Enttäuschung steht ein Selbstkonzept entgegen, das solche Gefühle und Vorstellungen (noch) nicht respektieren kann.

Ist das Idealbild der Person etwa auf Leistungsvermögen und Durchhalten ausgerichtet, so kommen auftauchende Schwächegefühle einem für die Person unerträglichen Sich-Gehen-Lassen gleich. Sie wird sich zwingen, auf keinen Fall aufzugeben, und das Symptom einer depressiven Erschöpfung entsteht, wenn die Belastung auf Dauer nicht zu leugnen ist. Betont das Selbstideal soziale Verantwortungsübernahme, müssen dazu diskrepante Fluchtimpulse und Hilflosigkeitsgefühle abgewehrt werden, da sie als Verrat an Kind und Familie und damit als Selbstaufgabe erlebt werden. Bewertet das Selbstkonzept Unabhängigkeit hoch, so sind Vorstellungen von lebenslanger Elternschaft unvereinbar. Widerstreitende Empfindungen zwischen Autonomiewunsch und Gebundensein lassen sich durch eine Angstsymptomatik neutralisieren. Basiert das Selbstkonzept auf Konfliktvermeidung, lösen Aussichten auf kontroverse Auseinandersetzungen mit Umwelt, Behörden und Therapieeinrichtungen Ängste aus.

Ablehnungsgefühle bei einem Soziabilität stark betonenden Selbstkonzept irritieren und rufen als Gegenreaktion besonders verwöhnende, überfursorgliche oder symbiotische Beziehungsaufnahme zum Kind hervor. Ist das Selbstkonzept kritisch und fordert Leistung und Perfektion, werden Schuldgefühle und Selbstvorwürfe verstärkt, wenn es angesichts schwieriger Betreuungssituationen selten zum erwünschten Erziehungserfolg kommt. Die Person erlebt Inkongruenz, weil sich für ihr Anerkennungsbedürfnis vor den eigenen, prüfenden Augen kein Verdienst findet. Unberechenbarkeit und Unvorhersehbarkeit in Entwicklung und Verhalten des behinderten Kindes stellen ein auf Kontrolle von Lebensumständen wie auch eigener Impulse ausgelegtes Selbstkonzept immer wieder in Frage. In der Inkongruenz steht die Person zwischen der Angst des Kontrollverlustes und sich ständig ändernden Anforderungen mit hoher emotionaler Beteiligung. Ein ängstlich nach Unabhängigkeit in sozialen Beziehungen strebendes Ideal lässt die Behandlung des behinderten Kindes für die Person zur Qual werden, besonders wenn zusätzlich Selbstwertunsicherheit mit Schwankungen zwischen Überlegenheits- und Entwertungsgefühlen vorliegen. Die Sehnsucht nach Bestätigung, die sich die Person jedoch nicht zugeben kann, wird sie immer wieder in Konflikte mit Behandlern bringen – darüber, wer Recht hat, wer mehr taugt oder kompetenter ist. Auch die Tatsache, ein behindertes Kind geboren zu haben, kann bei dem ohnehin schon brüchigen Selbstwertgefühl als Beweis für Wertlosigkeit angesehen werden.

Die Person steht also in Inkongruenz zwischen dem soziale Funktionen erhaltenden Selbstkonzept einerseits und andrängendem Schmerz, Fluchtimpulsen, zorniger Auflehnung oder Versagensgefühlen der Belastungssituationen andererseits, vom Symptom der Anpassungsstörung scheinbar ausgeglichen. Oft werden Symptome gar nicht auf die Belastungssituation zurückgeführt, wenn sie etwa als partnerschaftliche Kommunikationsstörung auftreten, die dann dem Partner angelastet oder selbstbezichtigend als eigene Unzulänglichkeit empfunden werden.

Die allmähliche Eskalation stellt insofern einen Sonderfall dar, da der Bewältigungsprozess eines Krisenereignisses noch nicht eingetreten ist, die Eltern jedoch nichtsdestoweniger Besorgnis erregende Beobachtungen machen und ihr Maß an innerer Spannung kontinuierlich zunimmt. Die durch Vorahnungen ausgelösten Gefühle können sich als mit dem Selbstkonzept unvereinbar erweisen und zur Symptombildung führen.

Fallbeispiel *Symptombildung*

Nach eigener Aussage wolle der Vater eines sechsjährigen Sohnes dessen mentalen Rückstand immer noch nicht gelten lassen. Er sei nervös und traurig, seit einem Jahr leide er unter depressiven Verstimmungen, Magenschmerzen, Beengtheitsgefühlen in der Brust und Angstattacken. Außerhalb seiner Wohnung fühle er sich zunehmend unwohler, mit Mühe halte er seine Arbeit durch, weil ihm immer wieder alles so trostlos und schwer vorkomme.

Psychotherapeutische Behandlung von Anpassungsstörungen

Mit der Anpassungsstörung ist es zu mehr oder weniger schweren Beeinträchtigungen im persönlichen Erleben und dem sozialen Lebensalltag gekommen. Depressivität oder Ängste sind entstanden, Schuldgefühle, Selbstzweifel oder Komplikationen in zwischenmenschlichen Beziehungen unerträglich geworden. Je mehr das Krisenereignis frühere Inkongruenzerfahrungen involviert, desto weniger werden Symptome auf die reale

Belastung bezogen und desto umfassender stagniert die Persönlichkeitsentwicklung.

Wichtiger Bestandteil einer Therapie mit Eltern behinderter Kinder ist die Arbeit mit den Gefühlen, die das Kind mit seiner Behinderung bei den Eltern hervorruft. Trauerarbeit wird meist einen größeren Raum einnehmen. Da diese Gefühle oft so verletzend sind, dass sie lange Zeit abgewehrt werden, wird ihre Bearbeitung erst im längeren Therapieverlauf möglich. Die realen Belastungen durch Pflege und Betreuung des Kindes sowie die vergangenen Ereignisse von Schwangerschaft, Geburt und Entwicklungsverlauf des behindertes Kindes ermöglichen in wiederholter Rekapitulation dem Klienten, sich schrittweise tiefer liegenden, abgewehrten Gefühlsinhalten zu nähern.

Beruht die Anpassungsstörung in stärkerem Maße auf einer primären Inkongruenzkonstellation, wird die Psychotherapie mit Eltern behinderter Kinder auch Lebenserfahrungen, seelische Verletzungen und lebensgeschichtlich prägende Einflüsse der betroffenen Person thematisieren. In Wunsch- und Selbstbild wird ihr Selbstkonzept erkundet und damit die Bewertungen, mit denen sie ihre Wahrnehmungen organisiert. Allmählich können so Diskrepanzen zwischen Gefühlen oder Handlungsimpulsen an die Oberfläche gelangen und bearbeitet werden.

Darüber hinaus sollte der Therapeut in der Personzentrierten Psychotherapie mit Eltern behinderter Kinder ein Augenmerk auf die Erinnerung von Bindungserfahrungen haben, da diese im täglichen Umgang mit dem Kind stets aufs Neue mobilisiert werden können. Insbesondere wenn Eltern sowohl mit ihrem Wunsch, sich dem Kind zuzuwenden wie auch mit ihrem Bedürfnis nach Reaktion vonseiten des Kindes ein Scheitern erleben, liegt es nahe, dass mögliche Parallelen aus der eigenen Geschichte wieder belebt werden. Bereits in der Eigenart des sprachlichen Ausdrucks während des Erzählens oder Erinnerns lassen sich Anhaltspunkte auf die selbst erlebte Bindungsqualität finden. Dabei ist nicht hauptsächlich die Erinnerung an vergangene Affekte von Bedeutung, sondern die Reaktionen, die im Klienten während des Erinnerns ausgelöst werden. Mit dieser Rückbesinnung wird der sensibelste Punkt im Bewältigungsprozess des Klienten berührt, der ja offensichtlich zu einer Schaltstelle zwischen Belastungsverarbeitung und den später auftauchenden psychischen Symptomen geworden ist. Mit dem Sperren gegen diese Rückschau signalisiert der Klient seine Angst vor einer Begegnung mit den damaligen Erlebnissen. Hier werden seine Befürchtungen und der Sinn seiner Vermeidungshaltung zum Thema werden. Andererseits darf die Haltung eines Klienten, von Erinnerung und Reflektion dieser Krisenzeit nicht loszukommen, nicht unbeachtet bleiben. Hier mag ein Wunsch vorliegen, die vergangene Situation festzuhalten oder sich selbst in einer wie auch immer gefürchteten Weiterentwicklung in der Gegenwart zu blockieren, die vom Therapeuten wahrgenommen und verbalisiert werden muss.

2.7 Psychotherapie und Beratung

Während Psychotherapie für die Mehrzahl der Eltern behinderter Kinder nicht indiziert ist, gilt dies in umgekehrtem Maße für Beratung. Im Familienbereich umfasst sie alle Vorgehensweisen, die Entwicklung optimieren und präventiven Charakter haben. Alle Interventionen, die auf Reduzierung der Verletzlichkeit der Familie und ihre Stabilisierung auf einem zumindest niedrigeren Niveau als zu Interventionsbeginn abzielen, werden dagegen dem Konzept ‚Therapie' zugeordnet (Schneewind 1999). Beratung ist ein entwicklungsfördernder Prozess, der weniger psychische Krankheiten heilt als vielmehr präventiv krankhafte Persönlichkeitsentwicklungen verhindert (Lezius-Paulus 1998). Personzentrierte Beratung ist darüber hinaus ein Beziehungsangebot, auf dessen Basis mit der Personzentrierten Grundeinstellung als zwischenmenschlichem Wahrnehmungsinstrument das Problem hinter dem Problem, also dessen eigentliche Bedeutung, identifiziert wird und Lösungsmöglichkeiten gesucht werden. Im Gegensatz dazu zielt Personzentrierte Psychotherapie darauf ab, die Beziehung des Klienten zu sich selbst in seinem Umgang mit dem Beziehungsangebot des Therapeuten zu bearbeiten und zu verändern, in der Absicht, Inkongruenzen zwischen Selbstkonzept und Erfahrung aufzulösen und Selbstentwicklung zu fördern (Biermann-Ratjen et al. 1997).

Im Kontakt mit Eltern behinderter Kinder ist Beratung als Strukturierungshilfe angezeigt, um zu erkennen, welche Hilfen für welche Problemsituationen mit welchen konkreten Unterstützungen gegeben werden können. Wie der Psychotherapeut versteht der Personzentrierte Berater den Klienten, indem er sich auf dessen inneres Bezugssystem einlässt, im Gegensatz zu diesem jedoch problemklärend und lösungsorientiert. Die Erschöpfungsreaktion der Mutter eines behinderten Kindes kann auf eine Partnerschaftskrise aber auch auf Erholungsdefizite hindeuten; der Lösungsprozess führt in unterschiedliche Richtungen, zu Partnergespräch oder Kuraufenthalt. In einem anderen Fall mag die heftige Weigerung, den heilpädagogischen Kindergarten zu wählen, elterliche Loyalitätskonflikte innerhalb der Verwandtschaft anzeigen. Oder etwa der Protest gegen die Verschreibung eines Rollstuhls lässt erst im Beratungsprozess soziale Ängste und Schamgefühle erkennen.

Die sich anschließende lösungsorientierte Phase gibt fehlende Informationen und bezieht je nach gemeinsam erarbeiteter Problemdefinition Verhaltensübungen, Kompetenztrainings, soziale Netzwerke ein oder aktiviert Ressourcen. Der Erwerb neuen Bewältigungsverhaltens verändert wiederum Einstellungen und Haltungen, die sich ihrerseits irritierend auswirken können, sodass erneute Auseinandersetzungen mit inneren und äußeren Aspekten der Problemsituation notwendig werden (Sander 1999).

Fallbeispiel *Beratung im Prozess*

In der Beratung einer Mutter mit einem schwer mehrfachbehinderten dreijährigen Jungen hatte sich ihre Verzweiflung über Müdigkeit und Kraftlosigkeit, die sie zunehmend von der krankengymnastischen Behandlung ihres Sohnes abhielt, als verschobener Ausdruck stillen Protestes gegen die Einengung ihres Lebens und die Beschränkung auf die Versorgung des Jungen herausgestellt. Diese Erkenntnis ließ sie ihren Alltag umstrukturieren, vor allem aber andere Personen wie etwa Großeltern zur Betreuung des Kindes zuzulassen. Die gewonnene Zeit verbrachte sie damit, sich mit Freundinnen zu treffen oder Hobbies aufzunehmen. Nach einer Weile euphorisch genossener Entlastung regten sich Schuldgefühle, den Sohn zu vernachlässigen. Im Gespräch stellte sich heraus, dass ihr Mann sie wegen ihrer neuen Tagesgestaltung kritisiert hatte. Eine weitere Beratungsphase nahm nun ihre Haltung und Wünsche gegenüber ihrem Mann zum Inhalt, die schließlich in einem gemeinsamen Gespräch diskutiert werden konnten.

Gespräche verlaufen dann ungünstig, wenn sich bei unangemessenen Passungsverhältnissen die Erwartungen der Gesprächsteilnehmer verfehlen. Eltern wollen z.B. Orientierungshilfen, also Information, aber der Berater bemüht sich um Deutungen oder Beziehungsklärungen. Oder Eltern erwarten Hilfe zur Bewältigung und erhalten Sachinformationen. Mangel von Anteilnahme ist ebenso Missgeschick wie Verschmelzen, das Grenzen zwischen Berater und Klient verschwimmen lässt, also unangemessene Solidarisierung. Kritische Aufmerksamkeit, Offenheit für scheinbar Fremdes und Wahrnehmung eigener Gefühle sind immer angebracht. Aber natürlich müssen Eltern auch spüren, dass man sich für ihre Sache einsetzt. Der Berater sollte eine Atmosphäre schaffen, die es Eltern erlaubt, sich zu öffnen, also etwas aus ihrer persönlichen Perspektive und ihrem Erleben, vielleicht ihrer Betroffenheit oder ihrem Ärger zu erzählen. Selbstexploration wird nicht gefördert, wenn der Berater wie im Interview vorgeht und Fakten abfragt oder den eigenen Gesprächsbeiträgen Unmittelbarkeit und Klarheit fehlt. Der gemeinsame Prozess sollte mehr Wert haben als schnelle Lösungen.

Tab. 1 führt die Vielzahl von Interventionen auf, die sich in der Arbeit mit Eltern behinderter Kinder ergeben. Zu Beratungsanlässen auf der Ebene des behinderten Kindes und der Beziehung zu ihm treten solche der Beziehungen zur sozialen Umwelt wie auch der Problematisierung eigener Einstellungs- und Orientierungsschwierigkeiten. Hilfsangebote umfassen die auf Sinnsuche und Bewältigung der Behinderung fokussierende Personzentrierte, stützende oder als *Empowerment* Kompetenzen und Ressourcen stärkende Beratung. Diese kann auch eine Klärung problematischer Eltern-Kind-Beziehungen oder Partnerschaftsstörungen zum Gegenstand haben.

Geht es um die Frage, Eltern behinderter Kinder zu beraten oder zu behandeln, kann Leidensdruck nicht das alleinige Entscheidungskriterium sein, da er den Bewältigungsprozess oft in hohem Maße begleitet. Auch wenn das Vorliegen von Symptomen – Inkongruenz zwischen Selbst und Erfahrung sowie Selbst- und Idealbild – als auch primäre Inkongruenz – also biografische Belastung in frühen Beziehungserfahrungen – als weitere Indikationskriterien von Psychotherapie angesehen werden (Frohburg

Tab. 1: Beratungsanlässe und Interventionen in Familien mit behinderten Kindern (in Anlehnung an Sander 1999)

	Kind	**Soziale Beziehungen**	**Selbst**
Information	Beratung zur Entwicklung, Förderung und zu Hilfsmitteln; Entlastende Dienste, Teilzeitpflege; Beratung zu Umgang, Erziehung und Interaktion mit dem Kind	über unterschiedliches Bewältigungsverhalten von Mann und Frau; Einfluss der Behinderung auf Großeltern und Verwandte; Sozialrecht	Beratung zur Neuorientierung (Was will ich?) Kur und Erholung
Handlung	Anleitung zu Behandlung, Unterstützung, facilitation, Pflege und Versorgung; Alltagsgestaltung; Verhaltenstraining: Erziehung; Interaktionstraining (Video-Home-Training; Sensitivitäts-/ Responsivitätstraining)	soziale Themen: Durchsetzung, Selbstbehauptungstraining; Problemlösetraining; Kommunikationstraining *Empowerment*	Entspannung; Stressbewältigung; Bewerbungstraining; Freizeitgestaltung; Gesundheitsfürsorge *Empowerment*
Klärung	Fremdunterbringung; Verhaltensstörungen, frühkindliche Regulationsstörungen	Ehe-/Partnerschaftsberatung	Stützende Beratung, Bewältigungs-, Trauer-, Sterbe- und Krisenbegleitung
Klärung bei Vorliegen von Symptomen und primärer Inkongruenz	Eltern-Kind-Therapie	Psychotherapie; Partnerschafts-, Familientherapie	Psychotherapie

1999), wird in der Praxis der Übergang zwischen beiden Interventionen oft fließend sein. Der Beratungsanlass ‚Krisenbegleitung' etwa bietet Unterstützung in Gestalt von Ressourcenmobilisierung und Lösungspragmatik. Über das aktuelle Krisenerleben hinaus kann dabei sekundäre Inkongruenz vorliegen, die eine Wahrnehmung der durch die Krisensituation ausgelösten Gefühle und möglicher Lösungen erschwert, da sich die Person in ihrem Selbstkonzept bedroht fühlt. Je stärker dieses Inkongruenzerleben mit einer früheren (primären) Inkongruenz in Verbindung steht, desto mehr wird ein längerer psychotherapeutischer, zu Klärung hinführender Prozess notwendig sein. Ein Prozess, der eine intensivere Klient-Therapeut-Beziehung und deren Reflektion voraussetzt und natürlich auch mit der Veränderungserwartung des Klienten übereinstimmen muss.

3 Thematische Schwerpunkte in Personzentrierter Beratung und Psychotherapie mit Eltern behinderter Kinder

In der psychotherapeutischen oder beratenden Arbeit mit Eltern behinderter Kinder wird der Therapeut mit allen Themen konfrontiert, die in Therapien mit anderen Klienten auch auftreten. Da die Behinderung des Kindes auslösender oder verstärkender Faktor für elterlichen Leidensdruck ist, werden Problemsituationen, Trauergefühle, Schmerz, Enttäuschung und Wut und der Umgang mit ihnen häufig im Mittelpunkt stehen und damit Ausgangspunkt der Selbstexploration sein. Das Gespräch wird häufig Umstände der realen Situation zum Thema haben, die Lösungen erfordern oder Wünschen und Hoffnungen der Eltern Grenzen setzen. Es wird einerseits um das betroffene Kind mit seinen Eigenarten, Beschwerden und Defiziten, andererseits um Sorgen, Befürchtungen und die Erschöpfung seiner Eltern kreisen. Während der Therapie oder Beratung kann es Phasen geben, in denen diese Inanspruchnahme durch Alltagsforderungen überwiegt. Die Auseinandersetzung mit diesen „Symptomen" kann ferner nicht dem Therapiebeginn zugeordnet werden, da sie je nach Entwicklungsverlauf oder neuer Komplikation unabhängig vom Therapiefortgang für die Eltern erneut in den Vordergrund rückt. Erst wenn der Klient sein Augenmerk nur noch auf Entwicklungsdefizite oder Verhaltensstörungen richtet und weder Betroffenheit noch Selbstexploration zeigt, weicht er vermutlich seinen Gefühlen aus, wodurch seine Schwerpunktsetzung auf das Kind als Abwehr sichtbar wird.

Bewältigung von Behinderung bedeutet nicht nur intrapsychische Auseinandersetzung mit den durch die Behinderung des Kindes ausgelösten Gefühlen, sondern auch Neuorientierung im sozialen Lebensraum. Prozesse der Annäherung und Konfrontation zwischen Partnern und Suche nach neuen, angemessenen Rollen im Freundes- und Verwandtenkreis nehmen einen wichtigen Teil in Therapie oder Beratung mit Eltern behinderter Kinder ein. Hier werden Themen wie Abschied von verloren gegangenen, ehemals nahe stehenden Personen, Kontaktsuche und Vertrauensbildung oder beschwerliches Erlernen neuen Rollenverhaltens angesprochen.

Anlass zu Verwirrung, Ärger oder neuem Kummer geben vielfältige Berührungen mit anderen Behandlern. Diese werden zum Angelpunkt der Therapiegespräche, wenn bestätigende Diagnosen, konträre Behandlungsvorschläge oder gut gemeinte Ratschläge Emotionen zur Folge haben, die die Klienten erneut auf persönlich bedeutsame Fragestellungen zurückwerfen.

3.1 Trauer und Trauervermeidung

Trauerarbeit nimmt einen großen Raum im Bewältigungsprozess ein. Psychotherapeutisches Arbeiten mit Eltern behinderter Kinder zum Thema Trauer erfordert deshalb vom Therapeuten Bereitwilligkeit, sich selbst mit den Themen Abschied und Verlust auseinander zu setzen, Äußerungen von Traurigkeit, Enttäuschung und Verlusterleben in hohem Maße wahrnehmen, ansprechen und aushalten zu können. Trauerprozesse kehren entsprechend der Kontinuität psychischer Belastungen durch die Behinderung zyklisch wieder, sodass sich dem Therapeuten manchmal das Gefühl vermittelt, mit seinem Klienten in einer sich unendlich hinziehenden, nicht absehbaren einzigen Trauer zu stecken – übrigens genau das Gefühl, das Eltern behinderter Kinder auch haben. Zudem muss er die Gewissheit ertragen können, dass es bei der vorliegenden Behinderung keine Besserung, keine Heilung geben wird.

Anders als bei vielen Krisen, wird man in der Begegnung mit Behinderung ähnlich wie Tod oder Krankheit einem schicksalhaften Ereignis gegenübergestellt, das ganz überwiegend schuldlos erlitten wird. Damit entfällt die Möglichkeit, etwas durch Einsicht in eigene Fehler, Änderung eigenen Verhaltens und Entschuldigung wieder gutzumachen. Auf die selbstquälerische Frage „Warum gerade ich?“, der Suche nach persönlicher Schuld, wird auch der Therapeut keine erlösende Antwort geben können. Diese häufig lang anhaltenden Grübeleien muss er verstehend begleiten, Sinn und Geschichte selbstzerstörerischer, entwertender und bestrafender Selbstzweifel, Selbstanklagen und Verurteilungen allmählich aufdecken.

Zum Trauern bleibt wenig Raum und kaum Verständnis, denn oft wenden sich ehemalige Bezugspersonen ab oder bagatellisieren den Traueranlass. Trauergefühle gehen auch im Stress von Pflege- und Therapiemaßnahmen unter. Sie werden aber auch abgewehrt oder aus Rücksicht auf den Partner unterdrückt. Eltern behinderter Kinder können es zudem schuldhaft erleben, über ein Kind zu trauern, das lebt, atmet, glücklich und traurig sein kann und sich auf seine Weise entwickelt. Trauern bedeutet dann also, sich der eigenen Enttäuschung zu nähern, Erwartungen und Idealvorstellungen loszulassen, die man als Elternteil von seinem Kind phantasiert hat, und Abschied von dem Platz, den man sich im Lebenszyklus gegeben hatte. So eigennützig zu empfinden wird dann oft wiederum schuldhaft erlebt und lässt die Person sich gegen ihre Trauer sperren.

Die Bearbeitung der Trauer

Aus der Perspektive der Personzentrierten Psychotherapie wird die Einzigartigkeit jedes Individuums und seines Erlebens betont. Deshalb kann es in der Trauerarbeit keine abzuarbeitende Schrittfolge geben. Jeder Trauerprozess wird in Verlauf und Inhalt unterschiedlich sein; Ziele können nicht allgemein gültig, sondern nur individuell wachsen, vor allem wird der Kummer um die Behinderung des Kindes nie enden. Sinnvolle Therapieschritte liegen also darin, Trauer überhaupt erst zu ermöglichen und die Betroffenen später zu unterstützen, sich mit neuer Lebensenergie auf andere Impulse einzulassen (Nijs 1999). Erst im gemeinsamen Bemühen von Therapeut und Klient wird also deutlich, welcher Art die für den Betroffenen relevanten seelischen Erschütterungen, Schmerzen und Leiden genau sind. Das Trauerthema kann sich in der Beziehung zwischen Klient und Therapeut auf verschiedene Art abbilden. Im einfachsten Fall wissen und spüren beide, dass es um Trauer geht – dem Klient gelingt es, sie auszudrücken und zu durchleben, vom Therapeuten einfühlsam bestätigend und anerkennend begleitet. Im Fall verdeckter Trauer spürt nur der Therapeut das Gefühl oder es ist beiden klar, dass Trauer im Spiel ist, aber es gelingt dem Klienten noch nicht, sie sich einzugestehen. In der dritten Möglichkeit ist die Trauer überdeutlich, sodass der Therapeut irgendwann das Gefühl bekommt, der Klient ertrinke in seiner Trauer, sei in ihr festgefahren. Schließlich kann passieren, dass beide das Thema, obwohl vorhanden, nicht wahrnehmen.

Trauer bestätigen

In der Personzentrierten Psychotherapie stellt die Suche nach Verständnis für das innere Bezugssystem des Klienten die einzige Leitlinie psychotherapeutischen Verhaltens dar. Der Therapeut akzeptiert den Klienten mit seinen Gefühlen und seiner Sicht der Dinge in unbedingter Wertschätzung. Er vermittelt sein Verständnis in empathischer Form, die eine angstfreie und damit stützende Gesprächsatmosphäre schafft, den Klienten zu genauerer und tieferer Erforschung und Darstellung seiner Befindlichkeit motiviert. Das bedingungsfreie Akzeptieren soll dem Trauernden entgegenkommen, dessen Hoffnungen auf ein gesundes Kind zunichte wurden und der angesichts dieses Verlustes ein Bedürfnis nach Anerkennung und Angenommenwerden spüren lässt (Finke 1994). Damit wird dem Betroffenen vermittelt, dass seine Trauer berechtigt, normal und gesund ist, dass sie eine spontane, natürliche und selbstverständliche Antwort des Organismus, der ganzen Person auf Verlust ist (Canacakis 1987).

Diese Vorgehensweise lässt die Personzentrierte Psychotherapie gerade der speziellen Situation Trauernder besonders gerecht werden. Der personzentrierte Gesprächsrahmen erlaubt, dass auch sozial negativ sanktionierte Gefühle wie Aggressionen oder nach eigenen Wertvorstellungen als unangenehm empfundene Gefühlsregungen wie Angst erregende und beunruhigende Aspekte – etwa tabuisierte Gefühle des Zweifels, das Kind annehmen zu können, von Ablehnung und Scham – artikuliert werden dürfen, ohne dass sich der Klient unverstanden oder abgewiesen erleben muss. Ziel der Personzentrierten Trauerarbeit ist es, dem Klienten zu ermöglichen, über seinen Schmerz hinaus auch alle beunruhigenden und Angst erregenden Seiten seiner Trauer als Bestandteile seines Selbstkonzeptes integrieren zu können (Jerneizig et al. 1991).

Therapiegespräch *Trauerarbeit*

Frau L., die Mutter eines viereinhalbjährigen, schwer geistigbehinderten Jungen, hatte vor einem Jahr die definitive Diagnose erhalten. Seit etwa einem halben Jahr kommt sie zu therapeutischen Gesprächen, weil sie sich, nach eigenen Worten, mit der Behinderung nicht abfinden könne. Die folgende Passage entstammt aus dem 20. Gesprächskontakt.

Frau L. (mit unbewegter Miene): Ich fühle gar nicht mehr ... ich bin nicht da, wo ich bin ...
Therapeut: ... Sie sind so entfernt von allem, auch von sich selbst.
Frau L.: Ja. Wenn ich abends ein Buch lese, weiß ich nach ein paar Zeilen nicht mehr, was ich eigentlich gelesen habe. Da bleibt nichts übrig.
Therapeut: Da sind Sie in Gedanken immer woanders ... immer bei ihrem Sohn?
Frau L. (mit Tränen in den Augen): Ja ... dann frag' ich mich, wieso das so sein muss.
Therapeut (leise): Es tut so weh ...
Frau L. (weint still vor sich hin): Das Leben geht einfach weiter, als sei nichts geschehen ... der Haushalt ... die Kinder ...
Therapeut: Das kommt Ihnen so unwirklich vor ... so ... gemein?
Frau L.: Ich steh dann wie neben mir, wie in Watte gepackt ... ich funktionier' dann nur noch automatisch ...
Therapeut: ... Der Schmerz füllt Sie so aus. Alles andere wird dann so belanglos ...
Frau L. (weint): Es hört nicht auf.
Therapeut: Es ist wirklich ganz traurig und Sie sind im Moment voller Trauer. Sie können sich gar nicht vorstellen, dass Sie irgendwann einmal anders empfinden werden.
Frau L.: Immer wieder kommen Bilder, die nicht mehr sein werden, wie ich es mir gewünscht hätte, so für seine Zukunft ...

Der Therapeut bestätigt die Trauer, er versucht weder zu trösten noch zu beschwichtigen. Er begleitet seine Klientin in ihrem Prozess und gibt ihr Worte in ihrer Sprachlosigkeit. Mit der Thematisierung von Ungerechtigkeit hätte die Klientin sich in ihrem noch nicht angesprochenen Zorn angenommen fühlen können. Aber dieses Gefühl kann sie sich gegenwärtig noch nicht zugeben. Vielmehr ist sie mehr mit Vorstellungen über ihr Kind beschäftigt, sodass sich zum Schluss der Sequenz ein Ausgangspunkt ergibt, ihre enttäuschten Wünsche für den behinderten Sohn anzusehen und zu bearbeiten.

Da Trauern nicht nur Gefühle spüren und ausdrücken, sondern Abschied nehmen heißt, können mit der Bearbeitung vielfältige Empfindungen von Trennung, Alleingelassen-Werden, Enttäuschungen oder Überforderung erinnert werden, die den Lebensweg des Betroffenen geprägt haben. Trauerarbeit heißt dann, sich auch diesen Reminiszenzen zu stellen, die der Therapeut einfühlsam verstehend verbalisiert. Allmählich ins Leben zurückzufinden kann neue Ängste ausbrechen lassen, da mit dem Neuanfang die Endgültigkeit des Verlustes unübersehbar wird.

Fallbeispiel *Erschwerte Trauer*

In der Therapiestunde erzählt die 40-jährige Mutter eines sechsjährigen, geistigbehinderten Mädchens von einem Zwischenfall bei einer Besprechung mit Müttern und Therapeuten im Kindergarten. Aufgefordert zu sagen, was sie sich für ihre Tochter im nächsten Halbjahr wünsche, habe ihr die Stimme versagt, und sie habe vor Angst kein Wort herausgebracht. Sie habe noch nie locker in der Öffentlichkeit sprechen können, das sei so peinlich gewesen. Sie ist wütend auf sich, dass sie diese Situation so wenig meistert, wo sie doch andererseits überall bewundert werde, wie nett sie mit ihrem Kind umginge und wie gut sie mit dessen Behinderung zurechtkäme.

Es stellt sich heraus, dass Anerkennung ihr sehr wichtig ist. In Kindheit und Jugend habe man sich über sie lustig gemacht. Überhaupt habe sie das Gefühl, dass sich keiner aus der Familie so richtig für sie interessiert habe. Die während der Gesprächsrunde gefallene Frage nach dem Wunsch für das Kind hat nun den sensiblen Punkt der Behinderung getroffen und Gefühle ausgelöst, die nicht zu ihrem Bedürfnis passten, geachtet zu werden. In der Therapiestunde kann sie sich schon eher zu spüren erlauben, dass sie eigentlich auf die Frage nur hätte laut losheulen können. Es wird deutlich, dass sie ihre Trauer oft aus Angst zurückhält, nicht mehr als stabile und zuversichtliche Person geschätzt zu werden. Das, was ihr die Sprache verschlagen hat und in ihr den Selbstvorwurf auslöste, war die Erinnerung an die alte Erfahrung, nicht traurig sein zu dürfen, weil man dann nicht mehr verstanden wird. Sie hält ihre Traurigkeit zurück aus Angst, in den Augen der anderen dann an Achtung zu verlieren.

Die Trauer um die Behinderung des Kindes kann dann erschwert sein, wenn Schuldgefühle ‚hinter' der Trauer liegen. Je stärker der Selbstvorwurf, desto weniger kann die Trauer abgeschlossen werden, da man sich ansonsten mit der Beschuldigung auseinander setzen müsste. Schuld und Trauer blockieren sich gegenseitig und halten die Person in einem Zustand von Erschöpfung und Ausweglosigkeit. In der Personzentrierten Arbeit mit Eltern behinderter Kinder wird der Therapeut mit Wertschätzung und Akzeptanz auch dann Konstruktionen seines Klienten ernst nehmen, wenn sie ihm wirklichkeitsfremd erscheinen. Erst das sichere Gefühl, sich in seiner persönlichen Schuldzuschreibung verstanden zu fühlen, wird dem Klienten allmähliche Distanzierung erlauben und danach den Weg zur Trauer frei machen.

Verdeckte Trauer

Der Therapeut muss imstande sein, unausgesprochene Trauer zu erspüren, und sich zutrauen, sie zu thematisieren – etwa indem er vom eigenen Erleben ausgehend kommentiert, wie traurig ihn das soeben vom Klienten Berichtete mache und er sich frage, wo der Klient denn seine Trauer spüre. Er geht von seiner Einfühlung aus und äußert, wie verloren, verletzt, mutlos oder versteinert sich der Klient vermutlich fühle. Oft muss er zunächst überhaupt Kontakt zum Klienten herstellen, wenn dieser sich von der Außenwelt zurückzieht.

Therapiegespräch *Stumme Trauer*

Frau E. hat vor einiger Zeit über ihre körperbehinderte Tochter erfahren, dass auch eine erhebliche geistige Behinderung vorliegt.

Frau E. (schaut vor sich auf den Boden).
Therapeut: Sie haben jetzt eine ganze Weile geschwiegen und ich frage mich, wie Ihnen zumute ist?
Frau E.: ... Ich ... ich kann so schwer in Worte fassen, was ich denke.
Therapeut: ... Es ist noch gar nicht fassbar. Ich möchte Ihnen so gerne helfen, aber ich habe keine Chance, das zu tun, was für Sie eine wirkliche Erlösung wäre.
Frau E.: Nein, niemand kann sie gesund machen.
Therapeut: Ich kann Ihnen nur anbieten, hier mit Ihnen zu bleiben ...
Frau E.: Sie können mir auch nicht helfen!
Therapeut: Sie haben Recht. Sie sind ganz verbittert, und ich kann Ihnen nichts entgegnen.
Frau E. (schweigt).
Therapeut: Sie sind so voller Kummer und wollen ihn doch gar nicht zeigen ...
Frau E.: Ich spüre gar keine Traurigkeit, ich spüre ... gar nichts.
Therapeut: Die Diagnose hat Ihnen so wehgetan, hat alle Gefühle aus Ihnen herausgeschlagen ...
Frau E.: ... Ich fühl' mich nur leer ... und müde ...
Therapeut: Sie sollen gar nichts anderes machen. Es ist so schwer, sich zu orientieren, wenn man wie vor den Kopf gestoßen ist.
Frau E.: Ja. Das hat mir einen Schlag versetzt, ich denke manchmal: Davon erholst du dich nie wieder!
Therapeut: Es kommt Ihnen jetzt mit der neuen Diagnose obendrauf alles so sinnlos vor, wie ein endgültiges Urteil.

Frau E.: Ja. Wie ein Verurteilter fühl' ich mich. So weit weg von allem Leben!
Therapeut: So wie wenn jetzt alles aufhören würde in diesem Traurigsein, in diesem Gram …
Frau E. (unglücklich): Ich hätte nie gedacht, dass mich das noch 'mal so runterzieht. Ich hab' doch schon so viel mitgemacht!

Der Therapeut kann ansprechen, wie oft der Gesprächspartner in sich gekehrt wirke, niedergeschlagen oder kummervoll ausschaue, aber dass die Traurigkeit wohl noch keine Worte finde und sich keine Träne zeigen dürfe – wie sehr sich der Klient bemühe, seine Trauer unter Verschluss zu halten. Er wird jedoch eher auf die Beweggründe hinlenken, die es dem Klienten erschweren, Trauer zuzulassen, als darauf zu drängen, Trauer zu zeigen. Entscheidend ist bei jeder Intervention, dass sich die Person akzeptiert und in ihrem Tempo, Erleben und Ausdruck geachtet fühlt. Vor allem wird er Eltern auch dann akzeptierend begleiten, wenn sie Trauer hinter einem Aktivitätsschwall für das Kind verstecken.

Therapiegespräch *Versteckte Trauer*

Die lebhafte, burschikos wirkende Mutter eines mehrfachbehinderten, siebenjährigen Jungen setzt sich sehr für ihr Kind ein und spricht selten von ihrer Trauer. Sie kommt wegen ihrer Erschöpfung durch Versorgung und Behandlung des Sohnes zur Therapie.

Frau N. (aufgeregt): Ich habe ihn dann von der Krankengymnastik abgeholt, wo er auch zum ersten Mal alleine geblieben ist, in einer ziemlichen Hetze, aber es ging eigentlich ganz gut, ich hab' alles geschafft!
Therapeut: Da waren Sie genauso stolz auf sich wie auf Ihren Sohn.
Frau N.: Ja, wirklich! Ich war überrascht, irgendwie hätte ich eher damit gerechnet, dass er weint und … dass er nichts mit sich machen lässt.
Therapeut: Das lässt Sie so innehalten, dass er doch nun schon älter ist und Sie gar nicht mehr so zu brauchen scheint?
Frau N. (nachdenklich): Ja, er ist jetzt schon bald sieben, und wenn er dann in die Schule kommt, da weiß ich nicht …
Therapeut: Das scheint Ihnen bei aller Freude überhaupt nicht geheuer.
Frau N.: Das ist übertrieben. Aber es bleibt so ein Gefühl … er wird immer größer und älter …
Therapeut: Das macht Sie dann doch ein bisschen traurig, so an die Zukunft zu denken … da sind Sie auch schon wieder ein Stück mehr von ihm getrennt …
Frau N.: Na ja, ich hab' ja noch die Kleine. Die haben wir dann zusammen vom Kindergarten abgeholt, deswegen ja der ganze Stress!
Therapeut: Da hatten Sie dann Ihre Zwei zusammen!
Frau N. (ruhig): Das war wirklich schön! Die kamen dann alle angerannt, um Sebastian zu begrüßen … und dann er inmitten der Kinderschar, er

hat auch irgendwie gelacht, so ein bisschen sein Gesicht verzogen. Das hat ihm gut getan …

Therapeut: Dieses Bild … die Kinder, die um ihn im Rollstuhl herumspringen und ihn zum Lächeln bringen …

Frau N.: … Jaa …

Therapeut: Ich fühle da auch so einen Schmerz drin …

Frau N. (kämpft mit ihrer Fassung): Es ist schon schwer, wenn man beide so nebeneinander sieht.

Therapeut: Es ist immer so schwer für Sie, zu spüren, dass Sebastian nicht so ist wie Marie, zu sehen, wie stark behindert er ist …

Frau N. (sehr leise): Ja.

Mitunter scheint es, als wolle der Klient den Therapeuten auf die Probe seiner Bereitschaft zur bedingungslosen Akzeptanz stellen, wenn dem Therapeuten offenkundig exotische oder wissenschaftlich bedenkliche Methoden mit grotesken Erlösungserwartungen vorgetragen werden. In allen diesen Fällen jedoch führt das Insistieren auf einem Trauergefühl, das zu diesem Zeitpunkt noch nicht gespürt werden kann, beim Klienten zu umso hartnäckiger verteidigten Behelfslösungen.

Bei Eltern behinderter Kinder, denen der Zugang zur Trauer komplett verstellt ist, kann man ein über die Trauervermeidung hinausgehendes weiteres Motiv vermuten, z. B. ein unbearbeitet fortwirkender früherer Verlust, etwa aus der Kindheit. Zum Zeitpunkt dieses Trauerfalles hatte die Person keine einfühlsame Unterstützung, vielleicht Verleugnung, Bestrafung oder Existenzängste erfahren, sodass sie sich ihre Trauer verbot (Coffeng 1993).

Im Fall einer zwiespältigen Einstellung zur eigenen Trauer wird mit *Selbstkonzeptbezogenem Verstehen* (Finke 1994) auf das Selbstideal Bezug genommen, das ein Zulassen trauriger Gefühle als unpassend oder unschicklich erleben lässt, und damit eine Auseinandersetzung mit der wertenden Instanz angebahnt. Im *Organismusbezogenen Verstehen* (Finke 1994) wird ein zum Selbstkonzept konträres Erleben angeprochen. Hier würde der Therapeut die Zwiespältigkeit als eine Bedürftigkeit verbalisieren, die etwas in ihm anrühren wolle, sich aber immerzu verhärte.

Therapiegespräch *Trauervermeidung*

In einer längeren Psychotherapie ist schon gemeinsam erkannt worden, wie schwer es Herrn O. fällt, seine Trauer über die Behinderung des fünfjährigen körperbehinderten Sohnes vor sich und anderen zuzugeben. In der 25. Stunde berichtet der Vater von einem Spaziergang mit der ganzen Familie in der Stadt. Seine Wahrnehmung von Passanten, die ihn anschauen, während er den Rollstuhl schiebt, wird zum Auslöser, der das Thema Trauer erneut berührt.

Herr O. (entrüstet): Unmöglich! Die sollen doch nicht sehen, wie traurig ich bin!

Therapeut: Auf keinen Fall darf man Ihnen etwas anmerken, das nach … Schwäche? … aussieht.

Herr O.: Nein! Da werde ich ganz stur und verzieh' keine Miene.

Therapeut: Da spüren Sie ganz deutlich, wie Sie sich zumachen … so wie wenn Sie da etwas befürchten …

Herr O. (heftig): Ja, wenn die mich traurig sehen würden, wenn man mir das ansehen würde, dann wär' ich doch blamiert!

Therapeut: Sie werden schon bei dem bloßen Gedanken daran wütend. Die Wut darf man sehen!

Herr O.: Ja. Ärger ist erlaubt … Aber das andere … das ist schlimmer …

Therapeut: Was bedeutet das für Sie, wenn einer etwas Schwaches, Trauriges an Ihnen erkennen würde?

Herr O. (überlegt): Ich kann mir das kaum vorstellen.

Therapeut: Das klingt fast so, als sei sowas noch nie passiert?

Herr O. (zögernd): … Hm … na ja … ich kann mich wirklich nicht erinnern …

Therapeut (leise): … Dass man Sie lächerlich gemacht hat … beschämt hat?

Herr O.: … Doch … das schon. Wenn Sie das so sagen … Aber davon will ich nicht reden.

Therapeut: Da gibt es auch etwas zwischen uns, was es für Sie schwierig macht.

Herr O.: Hm … ich weiß nicht recht …

Therapeut: Vielleicht, dass Sie sich auch hier etwas unsicher sind, ob ich Sie wirklich ganz ernst nehme … Sie nicht auch auslache.

Herr O.: Auslachen bestimmt nicht! Aber … Es ist komisch, aber es geht jetzt nicht, ich kann da nicht über meinen Schatten springen!

Therapeut: Jetzt spüren Sie auch hier ganz lebhaft, wie groß Ihre Sorge ist, nicht richtig ernst genommen zu werden.

Herr O.: Ja. Das wäre für mich das Schlimmste.

Therapeut: Und jetzt zweifeln Sie auch, ob Sie mir so trauen können, ob Sie sich auf mich verlassen können, dass ich Sie nicht bloßstelle.

Herr O.: So ein Gefühl ist jetzt da. Das stimmt! So ein Misstrauen. Wie wenn die Angst wieder da wär.

Therapeut: … Sie haben auch oft Angst gehabt …

Herr O. (leise): Ja.

Therapeut: … Das hat Ihnen wirklich zu schaffen gemacht! …

Herr O.: Ja … die Angst, blamiert zu werden … das Peinliche, wenn man so beschämt dasteht … Es gibt so eine Familiengeschichte, die immer wieder erzählt wurde … wo ich schon immer Angst vor hatte … Und die immer wieder ein Lacherfolg war, wo ich gute Miene zum bösen Spiel machen musste. Also – ich wohnte damals bei meinen Großeltern und als ich von ihnen zum Kindergarten gebracht wurde …

An diesen Einfall schließt sich eine ganze Folge von Therapiestunden an, in denen sich Herr O. an seine Trennung von den Eltern nach deren Scheidung und an den Aufenthalt bei den Großeltern, wo er anschließend wohnte, erinnert. Dort sei er sehr geliebt worden und er hat diese Zeit immer für besonders glücklich gehalten. Wichtigster Punkt ist nun seine Erkenntnis, dass seine Erinnerung die Traurigkeit über den Abschied von den Eltern versteckt hat.

Unendliche Trauer

Bei manchen Eltern behinderter Kinder entsteht im Bewältigungsprozess allgegenwärtige, permanente Trauer. Oft geht die bedrückte Stimmung mit negativem Selbstbild, übertriebener Selbstkritik, Selbstvorwürfen oder Minderwertigkeitsgefühlen einher. Mit der unlösbaren, tiefen Trauer kann sich der Trauernde immer wertloser empfinden, sodass ihm auch die Fortsetzung der Therapie aussichtslos vorkommen mag.

Therapiegespräch *Unendliche Trauer*

Die 30-jährige Mutter eines schwer mehrfachbehinderten Fünfjährigen ist bereits anderthalb Jahre in Therapie, um ihre Trauer zu bearbeiten. In den Gesprächen findet sie allmählich Zugang zu ihren Gefühlen und kann sie mitteilen. Als ihre Traurigkeit unverändert bleibt, beginnt sie zu resignieren. Sie hat bereits angekündigt, die Therapie zu beenden.

Frau D. (traurig): … Es ist alles so sinnlos … es hilft mir einfach nichts. Auch wenn ich noch so viel über meine Gefühle rede: Es wird sich nichts daran ändern, dass er behindert ist … Das Reden macht ihn auch nicht wieder gesund! …

Therapeut: Jetzt zweifeln Sie auch daran, dass unsere Gespräche irgendwie hilfreich sein könnten.

Frau D.: … Es kommt mir so makaber vor, so unwirklich, wenn ich hier über mich rede und genau weiß, ich kann damit nichts ausrichten, nichts ändern … (weint) … dass alles so bleibt, wie es ist …

Therapeut: … Dass sich nichts bewegen lässt, das entmutigt Sie sehr.

Frau D.: Ja.

Therapeut: Sie sind auch enttäuscht, dass Ihnen die Therapie nicht so weitergeholfen hat, wie Sie gehofft haben?

Frau D.: Nein. Das hat nichts mit Ihnen zu tun. Es ist … ich glaube, mir kann gar keiner helfen.

Therapeut: Sie fühlen sich in Ihrem Leid ganz allein.

Frau D.: Ja. Ich muss allein damit fertig werden … Deshalb … will ich auch die Therapie beenden.

Therapeut: Sie haben ganz Recht: Unsere Gespräche können die Behinderung nicht heilen. Aber bislang hatte ich das Gefühl, sie wären wenigstens für Sie eine kleine Entlastung.

Frau D.: Das schon … aber was nützt es, wenn es nichts ändert. Ich gehe nach Haus', und der ganze Jammer beginnt von vorne. Nein, es hilft nichts. Es hört nie auf.

Therapeut: Es genügt nicht, wenn es Ihnen ein bisschen hilft, aber dem Kind nicht.

Frau D.: Ja. Ich hab' dann das Gefühl, es ist nichts wert ... es ist so hoffnungslos ...

Therapeut: Und wenn es so aussichtslos ist, dann ziehen Sie sich wieder zurück. Dann wollen Sie mit ihrem Kummer am liebsten alleine fertig werden.

Frau D.: Ja. Alles andere kommt mir so belanglos vor ...

Therapeut: Es ist das alte Muster, das wir schon kennen. Dass Sie sich dann nicht helfen lassen wollen ... dass Sie sich dann gar nicht mehr so wichtig vorkommen ...

Frau D.: Bin ich denn so wichtig, wenn es C. so schlecht geht?

Therapeut: Es kommt Ihnen so vor, dass Sie sich bei Ihrem großen Leid um C. selber gar nicht so ernst nehmen dürfen ...

Frau D.: Ja ... Ich nehme mich nicht mehr sehr wichtig ... Manchmal denke ich auch, ich fang' wieder damit an, mich zu isolieren ...

Therapeut: Es ist so verständlich, dass man keinen Lebenssinn mehr spürt, wenn man mit dem Kind so mitleidet ... dass man sich am liebsten aufgeben will ...

Frau D. (weint): ... Mir wird nur geholfen, wenn ... C. wieder gesund wird ...

Therapeut: Ich kann die Behinderung auch nicht ungeschehen machen ... und Ihnen Ihr Leid nehmen, so gern ich das möchte ... aber ich möchte Ihnen gern anbieten, Sie weiter zu begleiten, weil Sie wichtig sind, um etwas für Sie zu tun ... da zu sein ... trösten ...

Frau D. (schluchzt).

Therapeut: Ich würde Ihnen so wünschen, dass Sie sich noch ein bisschen öffnen können ... dass Sie davon loskommen, sich zu verschließen ... dass Sie meinen, alles allein ertragen zu müssen ...

Da Frau D. dazu neigt, in schwierigen Lebenslagen den sozialen Umgang zu kappen und sich ganz auf sich zurückzuziehen, schien es hier wichtig, den Kontakt aufrechtzuerhalten. Ihre Enttäuschung über die Therapie ist spürbar, kann aber noch nicht ausgedrückt werden. Sie traut sich noch nicht, Zorn zu spüren, sich gegen ihr Schicksal zu empören. Selbst stellvertretend will sie sich nicht gegen den Therapeuten wenden, sondern richtet Aggression gegen sich, indem sie sich entwertet. Aus ihrer Lebensgeschichte war bekannt, dass sie nur wenig Bestätigung von den Eltern bekommen hatte, in Beziehungen schwer Zutrauen fasste, eher verstummte und sich verschloss.

Zur endlosen Trauer gehört es oft sich dafür zu entschuldigen, unaufhörlich zu weinen und zu trauern. Manchmal zeigt eine selbstironische Floskel, wie ambivalent diese Klienten zu ihrer Trauer stehen und sie doch nicht ganz annehmen können. Der Therapeut spricht diese Ambivalenz an, so wie er sie selbst erlebt (*Selbsteinbringung*) oder thematisiert die

Bedeutung des Klientenverhaltens in der therapeutischen Beziehung (*Beziehungsklärung*). Er merkt etwa an, sich geschont zu fühlen, als ob die Trauer nicht zumutbar wäre, wenn der Klient sie nicht ein wenig aufhelle. Oder dass er, der Therapeut in der immerfort wiederkehrenden Trauer des Klienten spüren könne, wie sehr bedürftig der Klient nach Zuwendung und Trost sei, wie wenig der Klient dies bislang in seinem ganzen Leben gespürt haben mag. Im Bewältigungsprozess, den Eltern behinderter Kinder durchleben, findet die Trauer im Abschied von unrealistischen Hoffnungen, Erwartungen und Anstrengungen ihr vorläufiges Ende – das bisherige familiäre Beziehungsgleichgewicht verändert sich. Ein Verharren steht dann für Festhalten der Trauer, Vermeidung kontrolliert die Angst vor neuer Freiheit, vor für Selbstverwirklichung frei werdendem Potenzial oder vor erweitertem Handlungsspielraum.

Therapeutenreaktionen

Fühlt sich der Therapeut in die Erlebniswelt von Eltern behinderter Kinder ein, beginnt er möglicherweise, die Trauer seiner Klienten unmerklich mit gleichen oder komplementären Strategien zu bewältigen. Vielleicht beginnt er, sich während der Behandlung der Mutter eines schwer mehrfachbehinderten Kindes hilflos und ausgebrannt zu fühlen. Solche Eindrücke können ihn emotional ganz nah an die Situation heranführen, die diese Mutter selbst erlebt, wenn es ihr nicht gelingt, ihrem Kind Erleichterung zu verschaffen. Am eigenen Hilflosigkeitsgefühl kann er das Ausmaß ihrer Verzweiflung erahnen.

Oder er fühlt und leidet voll tiefer Empathie mit und versinkt in mitfühlender Trauer. Verzweiflung, Traurigkeit und Zukunftsangst seines Klienten gehen ihm so nahe, als bestehe keine persönliche Distanz mehr. Hier kann er spüren, wie sehr der Klient den Kontakt zu ihm braucht, um nicht unterzugehen. Andererseits erkennt er, dass er die Mobilisierung konstruktiver und progressiver Anteile ganz aus den Augen verliert. Schließlich mag er am eigenen Zorn über die permanente Konfrontation mit Machtlosigkeit, Unveränderbarkeit und endloser Anstrengung bei geringer Resonanz und Gratifikation die unterdückte Wut des Klienten im Erleben seiner Trauer wahrnehmen und verstehen können. An seinem Impuls, ihn aufzumuntern, kann er ermessen, wie übermächtig Schmerz und Trauer sein müssen, dass sie so rasch wie möglich aus der Welt geschafft werden sollen.

3.2 Abwehr

Mitunter trifft der Therapeut auf enorme Selbstbeherrschung, mit der Gefühle im Zaum gehalten werden, um angepasst und unbeschwert zu wirken. Oft wird nicht nur der Zugang zu Angst, Trauer oder Ärger versperrt, sondern die Tatsache der Behinderung überhaupt negiert. Stattdessen sind die Eltern von ihrer Suche nach wirksameren Behandlungsmethoden völlig ausgefüllt, erschöpft davon, zeitaufwändige Therapien in ihren Tagesablauf einzubinden, oder von Verhaltensstörungen des Kindes ganz in Beschlag genommen.

Fallbeispiel *Einnässen statt trauern*

Eine Familie hatte den sechsjährigen, älteren Bruder einer anderthalbjährigen Schwester mit M. Down wegen Einnässen vorgestellt. In den Familiengesprächen schildern sich die Eltern als ausgeglichene, unbelastete Familie. Das Symptom des stillen und angepassten Ältesten sei unerklärlich. In der Familie habe niemand Grund zu Kummer. Die Behinderung sei längst akzeptiert, die Tochter im Familienkreis integriert und der erste Schock längst überwunden. Gerade der Große spiele ausdauernd und geduldig mit der Jüngeren.

Die Eltern konnten offenbar ihre Verletzung noch nicht zugeben, das Problem hatte sich auf den Ältesten verschoben. Es stellte sich heraus, dass beide aus normorientierten Herkunftsfamilien stammten, in denen wenig, über Gefühl gar nicht, gesprochen wurde. Einzig als Sorge um das Problem des Sohnes konnten sie sich Beunruhigung, Aufregung und Leid gestatten. Die Kooperation der Eltern war deshalb nur so lange sicher, wie ausschließlich über die Lage des Sohnes gesprochen wurde. Selbst als der Therapeut dies verstanden hatte, führte jedoch genau dieses Vorgehen wieder auf die Grundproblematik zurück. Als nämlich die Beziehung zwischen Eltern und Kindern thematisiert wurde, zeigte sich, welche Erwartungen sie an den Großen richteten. Dieser Schritt ängstigte die Eltern so sehr, bedrohte ihre Abwehr so stark, dass sie den Kontakt abbrachen.

Psychische Abwehr ist eine gesunde Maßnahme, die den Organismus schützt, bedrohliche Inhalte kognitiv oder emotional wahrzunehmen, und ist deshalb Bestandteil von Bewältigung. Für die Bearbeitung sind abgewehrte Inhalte nicht verloren, da neue Belastungserlebnisse immer wieder auf sie aufmerksam machen. Der Schutzmechanismus wird dann dysfunktional, wenn innere Spannungen zunehmen, Handlungsspielräume in zwischenmenschlichen Beziehungen und bei Erledigung von Alltagsaufgaben eingeengt werden (Sachse 1996).

Therapiegespräch *Galgenhumor* (Ehepaar A. 1. Teil)

Claudia ist ein 2;9-jähriges, schwer mehrfachbehindertes Mädchen mit Anfällen, das nach der Geburt infolge eines Hirnschlags in einen lebensbedrohlichen Zustand geriet. Anlass zur stationären Eltern-Kind-Woche ist die Hilfsmittelversorgung, aber auch der Umstand, dass C. seit dem neunten Monat nicht mehr durchschlafe – immerzu bei der Mutter im Bett. Die Mutter habe jederzeit ein Auge auf die Tochter und wache beim geringsten Geräusch auf. Die Sorge um das Kind begründet Frau H. mit ihrer Angst vor Anfällen, obwohl C. im letzten Jahr nur zwei, davor allerdings einen je Monat hatte. Herr H. drängt seine erschöpfte Frau, doch etwas loszulassen, räumt aber gleichzeitig lachend ein, dass er die Tochter im Schlaf bestimmt nicht hören würde. Beide Eheleute neigen zu einem aufgesetzt unbekümmerten Umgangsstil, der immer fröhlicher zu werden scheint, je schwer wiegender die angesprochenen Themen werden, aber die bitter-selbstironische Tönung nur notdürftig verdeckt.

Herr H. (über seine Frau): Immer, wenn es dem Kind schlecht geht, geht es ihr auch schlecht.
Frau H.: Ja! (lacht).
Herr H.: Meine Frau ist pessimistisch, C. müsse immer Fortschritte machen.
Frau H.: Ja, das stimmt! (lacht).
Herr H.: Meine Frau sagt schon 'mal, die Kleine wäre besser nicht geboren.
Frau H. (lacht).

Das hier abgewehrte Thema ist die Angst vor der Lebensgefahr für das Kind, die Angst, die Tochter könne sterben. Zugleich ruft der tiefe Kummer über die schwere Behinderung solche Gedanken geradezu hervor. Diese Vorstellungen sind so bedrohlich, dass sie nur neutralisierend, selbstentwertend, scheinbar spaßig offenbart werden können. Auf diese Weise können sowohl die Angst vor dem Tod des Kindes als auch das Leid über seine Behinderung vermieden werden; auch Schlafarrangement und Erschöpfung dienen dieser Abwehr – und verraten sie zugleich. Der Mann fördert diese Konstellation, klagend zwar, aber auch keine Verantwortung übernehmend.

Im Prozess allmählicher Eskalation wird häufig abgewehrt. Eltern kämpfen unausgesetzt gegen beunruhigende Beobachtungen von Entwicklungsbesonderheiten beim Kind an. Abwehr kann auch indirekt sein, wenn Eltern zwar diagnostischen Maßnahmen zustimmen, deren Ergebnisse aber nicht zur Kenntnis nehmen. Möglicherweise befürchten sie, ihre Beziehung zum Kind zu gefährden. Insofern wäre Verleugnung ein wirksamer Schutz der emotionalen Beziehung (Schlienger 1990). Dahinter steht die Angst vor Veränderung und ihrer Implikationen, die Überzeugung, dass Veränderung keinen Sinn für das System ergibt.

Erscheinungsformen der Abwehr

Eine Reihe unterschiedlicher, kommunikativer Verhaltensweisen dienen der abwehrenden Intention. Sie prägen das Bild, das der Klient von sich präsentiert oder treten im Dialog über ein beunruhigendes Thema auf. *Ausweichen* vor bestimmten Themen, etwa als Themawechsel („Was ich noch fragen wollte ...") oder durch Betonung von Nebensächlichkeiten, kann deshalb Abwehrverhalten sein. Beim *Ignorieren* werden alle mit dem belastenden Thema in Beziehung stehenden Aspekte übergangen. Im *Leugnen* wird eine gefühlte Bedrohung ausgeblendet, der bedrohliche Umstand, etwa diagnostische Hinweise auf eine Behinderung, vollkommen, mitunter aggressiv, abgestritten. Beim *Bagatellisieren* wird das beunruhigende Thema in seiner Bedeutung und Tragweite geschmälert; beim *Intellektualisieren* äußert die Person gefühlsmäßig bewegende Inhalte so, als sei sie emotional nicht berührt, während beim *Abspalten* über das belastende Ereignis in einer Weise gesprochen wird, als beträfe es eine andere Person.

Verkennungen sind Umdeutungen eigener Gefühle und Beobachtungen, etwa wenn Verhaltensstörungen des behinderten Kindes beklagt, nicht aber der Wunsch, die Behinderung möge weniger damit zu tun haben, thematisiert wird. Oft werden etwa Leistungen des behinderten Kindes in Form einer *Idealisierung* aufgewertet, beschönigt oder übertrieben positiv gedeutet. *Ins Gegenteil verkehr*t wirkt eine Reaktion, wenn anstelle der normalerweise erwarteten Gefühlsregung deren Kehrseite erscheint (s. Fallbeispiel Galgenhumor). Eine *Flucht nach vorne* als Abwehr liegt dann vor, wenn Eltern alle Hinweise als Behinderungszeichen ansehen und sich in unzählige Abklärungen stürzen.

Andererseits darf man die Annäherungstendenz nicht unterschätzen, die eine Person zur Weiterentwicklung bewegt, sich mit ihren bedeutsamen Themen auseinander zu setzen (Sachse 1996). Annäherung und Vermeidung verursachen Ambivalenz, Gespräche sind dann wirklich zugleich erwünscht wie auch gefürchtet. Abwehr oder Ambivalenz stehen als Motiv oft hinter dem von Eltern vorgebrachten Wunsch nach immer wieder neuen Untersuchungen.

Zum Umgang mit Abwehr

Für den Personzentrierten Psychotherapeuten steht der innere Bezugsrahmen des Klienten im Mittelpunkt, also das Bemühen, die Sicht der Welt mit den Augen des Klienten in einer *bedingungsfrei akzeptierenden* Weise nachzuvollziehen. Dies bedeutet kein Hinnehmen und Repetieren persönlicher Anschauungen des Klienten, denn wenn er sich in den Klienten *einfühlend verstehend* hineinversetzt, vertieft er dessen emotionales Erleben und kognitiven Vorstellungsraum.

Therapiegespräch *Anerkennung (Ehepaar H. 2. Teil)*

In den ersten Beratungsgesprächen wurde also den Eltern mitgeteilt, wie sehr man einerseits die tiefe Erschöpfung der Mutter sehe, andererseits ihre aufopfernde Sorge um die Tochter spüre. Dem konnten beide Eltern sichtlich erleichtert zustimmen, froh, sich nicht gegen Vorschläge zur vermeintlichen Entlastung wehren zu müssen. Diese hatten sie ja schon im Vorfeld für undurchführbar erklärt. Es wurde Anteilnahme dafür ausgedrückt, dass die Erschöpfung bereits chronisch sei und die besorgte Frage angeschlossen, wie lange denn die Eltern meinten, diese Belastung noch aushalten zu können. Voller Überzeugung erklärte die Mutter, man habe sich darauf eingerichtet, dass dies die nächsten zwei Jahre so weiterginge. Als Mutter müsse man doch für seine Kinder da sein. An dieser Stelle konnte nun die Bereitschaft der Mutter gewürdigt werden, sich ohne Schonung für das Kind einzusetzen, wie auch die des Vaters – obschon er manchmal nörgele – im Grunde doch zu seiner Frau zu halten. Beide fühlten sich bestätigt und konnten obendrein zustimmen, wie gut es ihnen wohl täte, sich einmal in ihren Bemühungen anerkannt zu fühlen.

Therapeut: Ihr Einsatz dauert jetzt ja schon fast drei Jahre. Sie mussten ja damals so sehr auf C. aufpassen, als sie als Baby so krank war.

Frau H. (sehr ruhig): Ja. Zuerst war sie auf Intensiv, und dann kamen noch die Anfälle dazu.

Therapeut: Damals fing es an, dass Sie sich so große Sorgen machen mussten.

Frau H.: Die haben uns seitdem nicht mehr verlassen. Im Gegenteil, manchmal denk' ich, es wird nur noch schlimmer.

Herr H.: Weil du ja auch wirklich bald nicht mehr kannst. Wir kommen ja kaum am Wochenende 'mal unter Leute, weil du so müde bist!

Therapeut: Die Sorgen haben nicht mehr aufgehört, seit C. zu Ihnen gekommen ist. Sie haben sie so lieb, aber Sie haben auch so viel Angst um sie gehabt!

Frau H. (schluckt): Damals ist sie fast gestorben. Sie war erst zwei Tage alt. Wir dachten, sie überlebt das nicht ... (beginnt leise zu weinen).

Herr H. (legt den Arm um sie): Jetzt reg' dich nicht auf ... ist schon gut ...

Therapeut: Das hat so eine Angst um Ihre Tochter ausgelöst, die man sich gar nicht vorstellen kann ...

Frau H.: Ich konnte gar nichts mehr denken, ich weiß gar nicht, wie ich das überhaupt geschafft habe. Ich seh' mich nur immerfort hinter dieser Scheibe sitzen und nach dem Kind schauen. Wenn sie mich überhaupt in die Nähe gelassen haben ...

Therapeut: Diese Todesangst von damals ... die ist so lebendig geblieben und sitzt Ihnen immer noch im Genick.

Herr H. (unruhig): Meine Frau regt sich immer so leicht auf. Vielleicht sollten wir doch eine Pause machen ... (zu seiner Frau) Was meinst du?

Frau H.: Es stimmt ja alles. Es geht schon wieder ... ja, machen wir eine Pause.

Therapeut: Das sind Erinnerungen, die schwer auf Ihnen beiden lasten ... (zu Herrn H.) Deshalb ist es schön zu sehen, wie gut Sie auf Ihre Frau aufpassen, dass sie sich nicht übernimmt. Sie sorgen sich auch sehr um Sie!

Interventionen, die den Eltern Schritte zu einer Entlastung nahe gelegt hätten, wären mit Sicherheit abgeblockt worden. Schließlich hätte dies bedeutet, dass die Tochter ein wenig aus der elterlichen Kontrolle hätte gegeben werden müssen. Man hat sich also schon auf die nächsten zwei Jahre eingestellt. Vielmehr ist die Anstrengung der Eltern anzuerkennen, sich aus Sorge um ihr Kind aufzuopfern. Wird dies zum Ausdruck gebracht, können die Eltern entspannen und sich verstanden fühlen. Die Idee, nach der Zukunft zu fragen, wie auch die spürbare Erleichterung aufzugreifen – die nicht immer existierte – machte es einfach, sich dem Ursprung der leidvollen Erfahrungen zuzuwenden: den Geburtsumständen.

Auf diese Rückbesinnung kann sich Frau H. besser einlassen als ihr Mann. Er versucht sie zweimal, vom Thema abzubringen, das bei beiden Angst und Kummer über die Behinderung auslöst. Der Therapeut versucht deshalb, beide in seinem letzten Satz miteinzubeziehen und Herr H.s Aktivität zu würdigen, um zu vermeiden, dass sich bei ihm eine Opposition gegen die aus seiner Sicht für seine Frau möglicherweise schädlichen Gespräche aufbaut. Die Anerkennung seiner Sorgen über seine Frau kann er annehmen und sie in der Folge etwas bereitwilliger sprechen lassen. Von hier aus konnte sich als gemeinsames Thema entwickeln, wie beide die damalige Krisensituation erlebt hatten.

Mit seinem Vermögen, Abwehr und Ambivalenz zu respektieren, prägt der Therapeut die Vertrauensbasis zum Klienten ganz grundlegend. Da sich Abwehr immer in einer Beziehungssituation vollzieht, ist der Therapeut auch jederzeit interaktionell einbezogen und damit auch von der Abwehr „gemeint“ (Finke 1994). Erscheinungsbild oder Verhalten können den Klienten an wichtige Bezugspersonen erinnern und hemmen. Negative Lebenserfahrungen, etwa dass zu viel Vertrauen in Beziehungen schade, Beziehungen trügerisch seien oder Offenheit ausgenutzt werde, blockieren. Entsprechend könnte der Therapeut seine Verwunderung zum Ausdruck bringen, in den Gesprächen mit ihm werde immer nur von positiven Erlebnissen mit dem Kind berichtet; oder er verbalisiert seinen Eindruck, dem Klienten könnte es gerade ihm gegenüber schwer fallen, auch von seinem Lebensgefühl zu erzählen.

Mitunter ist aktiveres Verhalten des Therapeuten mit konfrontierenden und interpretierenden Interventionen sinnvoll. Der Prozess besteht dann aus einem abgestuften Vorgehen, das den Klienten mit seiner Abwehr in kleinen Schritten vom Hinweis auf ihr Auftreten bis zum Ansprechen ihrer Intention vertraut macht. Eine wenig konfrontative Verbalisierung würde etwa ausdrücken: Man höre, das Kind könne eigentlich alles, was es solle, und die Eltern seien ganz zufrieden mit ihm, hätten eigentlich gar keine Schwierigkeiten mit dem Kind. Oder: Die Eltern seien mit ihrem Kind eigentlich voll und ganz zufrieden, wunderten sich aber, was anderen an ihm auffalle. Oder: Anfangs hätten sie sich wirklich große Sorgen um die Entwicklung ihres Kindes gemacht – jetzt aber seien sie vollkommen davon überzeugt, dass die Verzögerung mit der Frühförderung aufgeholt werde. Oder: Die Eltern malten sich so viele positive Einzelheiten über die Zukunft ihres Kindes aus, dass es gar keinen Raum für irgendwelche Zweifel gäbe.

In der zweiten Stufe der Abwehrbearbeitung werden die Konsequenzen der Abwehr angesprochen. Es soll also verdeutlicht werden, was eigentlich passiert, wenn die Abwehr wirksam ist. Der durch die Abwehr entstehende Gewinn soll erhellt, ein Gespür dafür bekommen werden, dass unerwünschten Gefühlen ausgewichen wird. Etwa: Der Klient erzähle so viel Positives über sein Kind, wirke aber wie gehetzt dabei, komme gar nicht zur Ruhe. Oder: So normal, wie das Kind geschildert werde, lasse es gar keinen Zweifel aufkommen, dass etwas nicht stimmen könnte. Oder: Man nehme gern die Strapaze auf sich, mit dem Kind täglich zwei Stunden zusätzlich zu lernen, auch wenn vieles dabei zu kurz käme.

In der dritten Stufe wird schließlich die Intention der Abwehr angesprochen. Es wird in abgeschwächter Formulierung bezeichnet, wogegen die Abwehr schützen soll. Dem gehetzt wirkenden Klienten könnte etwa gesagt werden, dass eine Atempause schmerzhafte Erinnerungen oder unerträgliche Gefühle hochkommen lassen könnte. Demjenigen, der das Kind als vollkommen normal schildert, könnte mitgeteilt werden, welche Panik auftauchende Zweifeln auslösten. Derjenigen, die sich als ausdauernde Lehrerin für ihr Kind engagiert, welche Angst sie vor dessen schulischem Versagen, dem Prestigeverlust oder ihrer Enttäuschung habe.

Fallbeispiel *Testserie*

Nach mehreren Beratungsgesprächen spricht der Therapeut die Mutter eines 7;6-jährigen, geistigbehinderten Jungen auf die von ihm erlebte Diskrepanz an, wenn sie von unerfreulichen Testbefunden berichte, zugleich aber betone, wie gut es ihr gehe. So konnte sich nun herausstellen, dass sie von seiner geistigen Behinderung keinesfalls überzeugt sei, vielmehr meine, dass er mehr Zuwendung und Nachsicht brauche. Und obwohl sie sich mit ihrem Freund nicht sehr wohl fühle, bleibe sie mit ihm zusammen, weil er sich mit dem Jungen so gut verstehe.

An dieser Stelle wird sie für ihr Verständnis für den Sohn vom Therapeuten gelobt, was sie sichtlich erleichtert. Auf die Verbalisierung, dass sie, was ihren Freund angehe, die Interessen des Kindes über die eigenen stelle, und zeige, wie sehr sie sich für sein Wohl einsetze, vielleicht aber auch, welche Sorgen sie sich um seine Entwicklung mache, kann sie einräumen, dass die Diagnose des Sohnes sie doch mehr beschäftige. Schließlich spricht sie eine andere große Befürchtung an, die sie im Zusammenhang mit M.s Behinderung nicht zur Ruhe kommen lässt. Es ist die Frage, ob eine familiäre Veranlagung existiere, da zwei Onkel keine Schulbildung hätten und Analphabeten seien. Zudem sei ihr ältester Bruder bereits als Neugeborenes an Gehirnkrämpfen gestorben. Es falle ihr sehr schwer dies zu fragen, denn im Grunde genommen wolle sie über ihre Gefühle nicht sprechen. Sie fühle sich da in einer Weise befangen und viel zu unsicher, wie sie es sonst an sich nicht kenne.

Mit ihrer Frage hat sie in der Beziehung zum Therapeuten eine Wendung vollzogen. Nun erst scheint sie sich von ihm so weit ernst genommen zu fühlen, dass sie ihm ein belastendes, peinliches Familiengeheimnis im Zusammenhang mit der Behinderung ihres Sohnes mitteilen kann. Ihre Abwehrhaltung gegen die Diagnose wird damit verständlicher, und zugleich erlaubt sie mit ihrem Vertrauensangebot, das Gespräch fortzuführen, nicht ohne zu signalisieren, dass sie eine sehr verletzliche Person sei.

Sofern der Therapeut einschätzt, dass Abwehr zur aktuellen psychischen Stabilisierung beiträgt, wird er sie akzeptieren und respektieren. Dies gilt vor allem beim Angebot eines therapeutischen Kontaktes, wie er im Rahmen interdisziplinärer Zusammenarbeit vermittelt wird. Die therapeutische Haltung, Abwehr zu respektieren, stößt dann oft auf Unverständnis bei anderen Berufsgruppen, die eine Veränderung zugunsten des Kindes herbeiwünschen.

Fallbeispiel *Urlaub (Frau B.)*

Frau B. hat einen anderthalbjährigen, schwer mehrfachbehinderten Sohn mit multiplen Missbildungen innerer Organe. Seine Lebenserwartung ist gering. Der Vater des Kindes hat sich von der Familie getrennt. Das Kind soll krankengymnastische Hilfsmittel bekommen. Ferner erwartet Frau B. einen Rat zur Fortführung der Sondenernährung. Die behandelnde Krankengymnastin ist besorgt über unrealistische Hoffnungen, Erschöpfung und immer wieder hervorbrechende Trauer. Das Angebot von psychotherapeutischen Gesprächen lehnt Frau B. mit dem Argument ab, gerade zufrieden und voller Zuversicht aus einem dreiwöchigen Urlaub mit ihrer gesamten Ursprungsfamilie zurückgekehrt zu sein. Dieses Gefühl wolle sie nicht zerstören, indem sie über die Behinderung ihres Sohnes spreche. Die Physiotherapeutin des Kindes kann sich mit dieser Erklärung nicht zufrieden geben, da sie die Mutter immer wieder niedergeschlagen und verzweifelt erlebt. Mehrfach spricht sie mit ihr und versucht sie zu psychologischen Gesprächen zu motivieren, bis Frau B. den Kontakt abbricht.

Nach Personzentrierter Auffassung bestimmt der Klient Tempo und Richtung in seinen Kontakten mit Helfern. Mit der Zustimmung zum therapeutischen Gespräch hat die Person bereits eine ernsthafte Leistung in der Auseinandersetzung mit Ängsten und Abwehr hinter sich gebracht. Diese Anstrengung wird oft genug viel zu wenig gewürdigt.

Therapiegespräch *Selbstvorwurf*

Die Eltern des sechsjährigen Olaf wirken sehr besorgt und angespannt, finden dennoch genug Geduld, auf das umtriebige Verhalten ihres Sohnes einfühlsam, aber bestimmt einzugehen. Ihr großer Kummer ist O.s Sprachentwicklung – die mehrfach mitgeteilte Diagnose einer schweren geistigen Behinderung streiten sie ab.

Therapeut: Diese Diagnose anzunehmen verlangt einfach zu viel, alles sträubt sich in Ihnen dagegen. Und trotzdem kämpfen sie mit sich und es geht Ihnen sehr nah.

Frau Sch. (errötet tief): Ich kann die Fassung hier ja wohl auch nicht verlieren! Meinem Mann gelingt das besser, der kann immer irgendwie abschalten, ich nicht.

Herr Sch. (verlegen): Ja ... es hilft ja alles nichts!

Therapeut: Da beneiden Sie manchmal Ihren Mann, dass der die Spannung so wegstecken kann. Ihnen gelingt das nicht, Sie grübeln ... und leiden da richtig ... innerlich?

Frau Sch.: Ja, zuhause hab' ich oft das Elend. Ich kann einfach nicht verstehen, warum es keine Diagnose für O.s Behinderung gibt. Wenn ich eine bekommen könnte, wäre es für mich viel verständlicher. Er hat sich doch ganz normal entwickelt!

Therapeut: Sie könnten es eher annehmen, wenn es eine Erklärung gäbe ...

Frau Sch. (unterbricht): Ja, genau!

Therapeut: ... Machen Sie da vielleicht auch jemandem einen Vorwurf, wegen der Keuchhustenimpfung? (Aus der Anamnese war bekannt, dass sich O.s Gesundheitszustand nach einer Keuchhustenschutzimpfung im Alter von zwei Jahren dramatisch verändert und zu häufigen Infekten und Hautausschlägen geführt hatte).

Frau Sch.: Nein, ich will niemandem etwas vorwerfen ... Da hat keiner Schuld ... Wenn überhaupt einer schuld ist, dann bin ich das ja wohl selbst ...

Herr Sch.: Nein, du bist nicht schuld!!

Therapeut: Das tröstet Sie nicht, was ihr Mann sagt ...?

Frau Sch. (aufgeregt): Nein. Es war ja meine Idee gewesen. Ich habe die Impfung entschieden und ich hab' das durchgesetzt ...

Therapeut: Das ist es, womit Sie sich quälen und was Ihnen keine Ruhe lässt?

Frau Sch.: ... Ja.

Therapeut: Dass Sie denken, Sie sind schuld an seiner Behinderung?

Frau Sch.: ... Es kann schon sein, dass ich selbst einen Psychologen brauche, das hat mir jedenfalls auch schon 'mal einer gesagt ... Aber jetzt mach' ich erstmal die Stoffwechseluntersuchungen, hat mir mein Arzt gesagt ...

Therapeut: Jetzt hab' ich ein bisschen mehr von Ihrem inneren, anstrengenden Kampf verstanden, der es Ihnen auch so schwer macht, mit anderen überhaupt über Ihre Sorgen wegen O. zu reden ...

Frau Sch. ist wieder sehr erregt, hält sich aber mühsam unter Kontrolle. Sie beschließt, das Gespräch zu beenden. Der Therapeut stellt abschließend auch klar, wie sehr ihm die Art und Weise imponiere, wie beide Eltern mit O. umgehen, auch wenn sie von der Diagnose nichts hielten. Es sei genau die richtige Art, mit einem Kind umzugehen, das viel Struktur und Lenkung brauche. Sie würden ihr Kind ganz richtig einschätzen.

Es fällt eine deutliche Diskrepanz auf zwischen dem sehr gut auf die Bedürfnisse des geistigbehinderten Jungen abgestimmten Erziehungsverhalten der Eltern und ihrer Einstellung zu seiner Diagnose, besonders bei Frau Sch. Dieser Kontrast zeigt gewissermaßen den Grad der Spannung, in dem sie sich bewegt. Obwohl sie sich schon längst auf die geistige Behinderung ihres Sohnes eingestellt hat, lehnt sie das dazugehörige Etikett ab. Etwas hindert sie daran, den Befund anzunehmen. Trotz allem Widerstreben scheint Frau Sch. in diesem insgesamt siebten Gespräch ein – vielleicht für ihre Verhältnisse – großes Maß an Vertrauen gefasst zu haben. Zum ersten Mal hatte sie ja ihr Leiden an der Situation angesprochen, während sie zuvor nur ihre Abwehr signalisierte. Mit dem Aufgreifen des Schuldthemas geht sie noch einen Schritt weiter, indem sie den Selbstvorwurf offenbart, der ihr keine Ruhe gibt. Sie macht sich für die Behinderung verantwortlich. Die Frage nach der Schuld an der Behinderung des Sohnes scheint nun aber genau das Gefühl zu sein, das sie im Innersten belastet und welches sie sich nicht mit der Diagnose abfinden lässt. In einer Reihe von Gesprächen wurde das Thema weiterbearbeitet. Mit der Zeit konnte deutlich werden, dass sich hinter der Weigerung, die Diagnose anzunehmen, auch heftige Angst verbarg, ihrer Verwandtschaft, besonders aber ihrem Vater vor Augen zu treten. Damit war ein altes Thema von Schuld und Angst vor Strafe angesprochen, das ihr von ihrer Erziehung in einem strengen Elternhaus her gut vertraut war.

Therapeutenreaktionen

Die Spannung, ein abgewehrtes Thema oder Gefühl zu erahnen und (noch) nicht einbringen zu dürfen, wird für den Therapeuten oft schwer auszuhalten sein. Immer wieder wird er die Neigung spüren, den Klienten auf die vermuteten sensiblen Punkte hinzuführen. Diese Regung kann ihn auf das Ausmaß der Angst des Klienten oder auf Machtwirkungen, gegen die dieser sich vielleicht schon immer wehrt, hinweisen. In einem einfachen Fall der Reaktion auf den Klienten zweifelt der Therapeut ebenso wie dieser an der Existenz des Gefühls. Aus der Intensität der eigenen Abwehr kann er auf die seines Klienten schließen. Manchmal wird der Therapeut den Impuls spüren, dem Klienten keine *Konfrontationen* zuzumuten. Er fürchtet, sein Anliegen werde aggressiv zurückgewiesen oder der Kontakt abrupt beendet. Unsicherheit und Impulse, den Klienten zu schonen, können ihm anzeigen, dass hier ein Thema möglicherweise mit Aggression belegt ist oder dass bei diesem bestimmten Klienten eine gefühlsmäßige Auseinandersetzung mit aggressiven Inhalten ansteht. Anstatt das Thema zu umgehen, wird der Therapeut die vermutete Neigung zu Kampf und Verteidigung, sich zu wehren oder zurückzuschlagen, ansprechen.

In einer fortgeschrittenen therapeutischen Beziehung können Stärke und Hartnäckigkeit des Klienten, mit der er an seiner Realität festhält, thematisiert, positiv wertschätzend formuliert und als besondere Fähigkeit des Klienten herausgestellt werden. Mit dem Verweis auf viele andere Personen, die möglicherweise in seinem Leben bereits versucht haben, ihm etwas anderes als das, was er glaube, einzureden, eröffnet ihm der Therapeut eine Gelegenheit, seine Einstellung zu hinterfragen, ohne sie sofort verteidigen zu müssen. Dies kann er dann entweder im Hinblick auf die gegenwärtige Situation tun, in der er spüren könnte, wer oder was ihn zu dieser Kompromisslosigkeit (seine Einstellung zur Behinderung, Belastung, Enttäuschung) motiviert, oder im Hinblick auf Lebenserfahrungen von Bedrohung oder erzwungener Anpassung.

Schließlich kann die Dringlichkeit des Wunsches, den Klienten zu konfrontieren, den Therapeuten auch auf ein gewisses eigenes Aggressionspotenzial hinweisen. Hier wird er sich fragen, ob er negative Gefühle gegen den Klienten richtet, ob er sich provoziert, verletzt oder verärgert fühlt. Sein Ärger, sich dem Klienten nicht nähern und ihn nicht verändern zu können, resultiert dann aus einer Kränkung, die auch umgekehrt der Klient als Bedrohung durch Zurückweisung empfindet.

3.3 Ablehnung und Scham

Ablehnung berührt ein weites Spektrum von Gefühlen, Einstellungen und Verhaltensweisen, die in unterschiedlicher Intensität und Transparenz auftreten. Sie umspannt den mit Schuldgefühlen und Scham erlebten negativen Impuls oder Gedanken gegen das behinderte Kind oder eine seiner Besonderheiten bis hin zu offensichtlich werdender Missachtung und Gewalt in psychischer oder physischer Vernachlässigung, Misshandlung oder Missbrauch. Schuldhaft erlebte Ablehnungsgefühle können kompensatorisch zu verwöhnendem oder überprotektivem Erziehungsverhalten führen. Sie werden dann quasi entschuldigend im realen Interaktionsverhalten in eine dem Kind vermeintlich wohltuende Erziehungshaltung umgesetzt. Ablehnende Gefühle treten auch als kontinuierliche Klagen über Verhaltensstörungen in Erscheinung. Die als unkontrollierbar und provozierend wahrgenommene Unfolgsamkeit des Kindes kann bei der Elternperson aggressive Impulse freisetzen, die diese als kaum beherrschbar erleben kann und die Ablehnung begründet erscheinen lassen. Die aufsteigende Reizbarkeit gibt Anlass zu heftigen Selbstwertzweifeln, Scham und Schuldgefühlen.

Fallbeispiel *Zorn und Scham*

Die Mutter zweier Jungen im Alter von vier- und sechseinhalb Jahren meldet sich zum stationären Eltern-Kind-Aufenthalt an. Der ältere, ein Kind mit Lernbehinderung, leide unter Hyperaktivität und störe das ganze Familienleben. Man habe bereits mehrere erfolglose Behandlungsversuche hinter sich, selbst die medikamentöse Therapie mit Ritalin habe kaum etwas verbessert. In den Einzelgesprächen beschreibt sie unter Tränen ihre Verzweiflung. Sie habe mittlerweile einen derartigen Zorn auf den Jungen, der nicht auf sie höre, dass ihr schon mehrfach die Hand ausgerutscht sei. Kurz vor der Anmeldung sei ihr der Hass so in den Kopf geschossen, dass sie sich gerade noch habe beherrschen können, das Kind aus dem Fenster zu werfen. Sie schäme sich für diese Gefühle und brauche Hilfe, sowohl für sich als auch für den Jungen.

Auch in Befürchtungen über möglicherweise zu erwartende zukünftige Probleme kann sich eine jetzt schon vorhandene Ablehnung ausdrücken. So berichtet die Mutter eines siebenjährigen, geistigbehinderten Jungen, der wegen Verhaltensstörungen in Spieltherapie ist, dass sie Angst vor seiner späteren Gewalttätigkeit habe. Gefühle einer in die Zukunft projizierten, erwarteten Auswegslosigkeit zusammen mit aktuellen tiefen Hilflosigkeitsgefühlen können erste Anzeichen einer Ablösung vom Kind signalisieren. Der Distanzierungswunsch wird von der Elternperson sogleich als schuldhaftes Versagen erlebt und verstärkt den inneren Selbstvorwurf. Im Gespräch können diese Trennungsabsichten lange kaum zugegeben werden.

Misshandlung

Die mit zusätzlichen Belastungen einhergehende Behinderung überfordert oft durch finanzielle Notlagen, soziale Isolation, Stress oder niedriges Selbstgefühl gefährdete Familien, ihre Gewaltbereitschaft zu kontrollieren.

Fallbeispiel *Vernachlässigung*

Die vierjährige, schwer mehrfachbehinderte Melanie ist zum wiederholten Mal mit ihren Eltern stationär aufgenommen. Die Eltern wollen Beratung zur Hilfsmittelversorgung, Gespräche mit der Psychologin lehnen sie diesmal ab. Die Krankengymnastin berichtet, dass M. offene Wunden zwischen den Fingern habe und so ungepflegt rieche, dass man sich nach jeder Behandlung die Hände waschen müsse. Der Kontakt zwischen Mutter und Kind sei spärlich, beschränke sich auf Nahrungsaufnahme. Der Mutter habe sie schon so oft ins Gewissen geredet, jetzt habe sie es aufgegeben. Aus der Vorgeschichte war bekannt, dass die Eltern mitunter die Früherzieherin zurückschickten, weil das Kind angeblich schlafe. Heute stelle man fest, dass M. kaum gewachsen sei und Körpergewicht verliere. Auf der Station wird beobachtet, dass kaum zu spüren sei, zu welchen Eltern M. gehöre. Manchmal finde man das Kind vor offenem Fenster in kalter Zugluft. M.s Mutter halte sich mit Sicherheit immer woanders auf, als wolle sie gar nichts mit dem Kind zu tun haben – „... als wolle man das Kind loswerden“, äußert eine Praktikantin.

Resignation macht sich im behandelnden Team breit, ansonsten tatkräftige Leute wirken gelähmt und deprimiert. Langsam verdichtet sich der Eindruck, als ob man das Kind abschaffen, sterben lassen wolle. Eine verdeckte Tötungsabsicht könnte im Spiel sein, das reale Verhalten der Eltern komme einer Kindesmisshandlung gleich. Ihnen sei der vermutete zerstörerische Hass auf ihr Kind nicht anzumerken. Der Krankengymnastin wird jetzt klar, dass da etwas war, was ihr die Energie nahm und sie hat still werden lassen: „... damit die Aggressionen nicht hochkommen ...". In der Familie scheint also hinter der Vernachlässigung das Thema Hoffnungslosigkeit und Todeswunsch zu stehen. Berührt und erschreckt hat das Team die Abwehr der Aggression zuerst übernommen. Genauso wie die Eltern die Hoffnung aufgegeben haben, hat das Team die Familie aufgegeben. Der nächste therapeutische Schritt wird nun sein, initiativ zu werden, die Beobachtungen mit den Eltern anzusprechen und sie zu fragen, wie es ihnen überhaupt in ihrer Situation geht.

Zum Umgang mit Ablehnung und Aggression

Das Vorgehen in Beratung oder Psychotherapie hängt vom Kontext ab, in dem Ablehnung zur Sprache kommt – ob Aggression verdeckt ist, sich noch kaum äußert oder sich bereits in manifester Misshandlung oder Vernachlässigung zeigt. Ist das Kind unmittelbar gefährdet, muss der Schutz des Kindes gewährleistet werden. Zeitweilige Fremdunterbringung des Kindes steht zur allgemein befürworteten Leitlinie einer Kooperation mit den Eltern in keinem Widerspruch (Körner/Sitzler 1998), stationäre Aufnahme des behinderten Kindes mit paralleler Beratung der Eltern in enger Zusammenarbeit mit dem Jugendamt und anderen eingeschalteten Helfersystemen hat sich in misshandelnden und missbrauchenden Familien als gangbare Intervention erwiesen (Bretz et al. 1994).

Ablehnende Gefühle gegenüber dem behinderten Kind können Bestandteil der elterlichen Auseinandersetzung mit der Behinderung sein. Da sie schuldhaft und voller Scham erlebt werden, können sie oft erst im Beratungsverlauf geäußert werden. Der Personzentrierte Psychotherapeut schafft auch bei ablehnenden, restriktiven und aggressiven Äußerungen des Klienten eine Situation bedingungsfreier Akzeptanz. Je mehr der Klient erfährt, dass auch seine abfälligen, aufbegehrenden und zerstörerischen Aussagen und Empfindungen gehört werden und als Ausdruck seiner Person und seines Leidens ernst genommen werden, desto mehr wird er diese Gefühle in der Therapie zulassen, sich ihnen stellen und sie relativieren können. Der Klient erwartet bereits selbst, sofort Restriktionen ausgesetzt zu werden oder Schuldgefühle zu spüren, da das behinderte Kind mit seiner Hilflosigkeit zugleich auch Schutzreflexe in ihm auslöst. Jede Bemerkung des Therapeuten in diese Richtung wird deshalb von ihm sensibel erspürt und aufgenommen. Er wird sich in Schuld und Unfähigkeit bestätigt fühlen und seine Äußerungsbereitschaft schwinden lassen.

In dieser Situation ist der Therapeut aufgefordert, zurückweisende, verächtliche, zornige und destruktive Gedanken und Gefühlsregungen nicht nur auszuhalten, sondern ihren Ausdruck gutzuheißen. Es soll ermöglicht werden, sich mit diesen Gefühlen nicht als minderwertiger Mensch zu sehen, sondern als einer, der mit ihnen eine Bereicherung erfährt, wenn er versteht, dass sie in der Situation oder der Lebensgeschichte begründet und deshalb berechtigt sind.

Fallbeispiel *Ablehnung und Trauer*

In der Therapie klagt die Mutter über das pausenlose Gezänk zwischen der neuneinhalbjährigen, geistigbehinderten Tochter und ihrer siebenjährigen Schwester. Das Verhalten der Kleinen finde sie boshaft und verletzend, wenn sie die Große als behindert bloßstelle. Sie wolle ausgleichen, Frieden stiften. Im Gespräch wird deutlich, dass die Mutter im Begriff ist, nicht nur das Verhalten der Jüngeren abzulehnen, sondern sich enttäuscht ganz von ihr zu distanzieren beginnt. Ihre Ansprüche werden umso höher, je mehr sie die Ältere in Schutz nimmt. Der Geschwisterzank offenbart sich als Konflikt ihres Mitleides mit der geistigbehinderten Älteren und ihren an die gesunde Jüngere gerichteten Erwartungen.

An diesem Punkt führt die Selbstexploration der Mutter in die eigene Kindheit. Immer angehalten, mit Stiefgeschwistern zu teilen, zur Mittlerin gemacht, habe sie wenig an sich denken dürfen. Das Unersättliche, das sie heute in der Jüngeren sieht, stoße sie ab, so wie damals ihre Wünsche abgelehnt wurden. Sie erwartet Verzicht, so wie sie sich hat fügen müssen. Ihre Ablehnung kann sie schließlich als Ankämpfen gegen Ansprüche verstehen, die ihr nicht gestattet wurden und die sie sich selbst schon lange nicht mehr erlaubt hat. So kann sie in ihrem Zorn auf das Kind die eigene Bedürftigkeit wieder entdecken und das fordernde Verhalten der Tochter mit mehr Verständnis sehen.

Um Stimmungen, die sich zu destruktiver Wucht aggressiver Gefühle aus Kränkungen oder Enttäuschungen steigern und sich manchmal auch gegen ihn richten, empathisch begegnen zu können, wird sich der Therapeut schützen müssen. Dafür muss er die Fähigkeit kultivieren, sich selbst mit den hassenden Augen des Klienten zu sehen, ohne dabei die Klarheit zu verlieren, dass das, was er sieht, nicht seine eigene Sicht über sich ist (Gutberlet 1990). In der Beziehung zum Klienten ist er aber tatsächlich „gemeint", und dies anzuerkennen wird ihn gegenüber dem Klienten glaubhaft machen (Finke 1999). Erst wenn sich der Klient in seinen, von ihm selbst ebenso wie von seiner Umwelt erwartetermaßen, verachteten Gefühlen verstanden fühlt, wird es ihm möglich sein, sich den dahinter liegenden Gefühlen der Einsamkeit, des Verletztseins und der Isolation anzunähern.

Keine Hilfe für aggressionsgehemmte Klienten ist es, jeden noch so geringen, auf Aggression hindeutenden Inhalt einer Aussage sofort aufzugreifen und akzeptierend zu verbalisieren. Dieses Vorgehen erregt Ängste, da der Klient seinen Ärger mit Grund so gering hält. Der Personzentrierte Psychotherapeut respektiert sein Bedürfnis nach Vorsicht und lässt ihm genau die Distanz, die er braucht, um sich sicher und ungefährdet zu fühlen (Höger 1995). Wird im Verlauf deutlich, wie massiv er aggressive Gefühle blockiert, kann es für den Klienten hilfreich sein, aggressive Gefühle in der Beziehung zum Therapeuten wahrzunehmen, ohne die Erfahrung zu machen, dadurch die Beziehung zu zerstören. Mit den Therapietechniken des *Selbsteinbringens* und *Beziehungsklärens* stehen dem Therapeuten Möglichkeiten offen, unterdrückte Gefühle ohne Schuldzuweisung anzusprechen oder auf die gemeinsame Beziehung zu lenken.

Auch die Haltung des Klienten, seine Ablehnung des Kindes ausschließlich in Beschwerden über sein Fehlverhalten mitzuteilen, nimmt der Therapeut ernst, um damit weitere Selbstexploration anzuregen. Im Schuldvorwurf an das Kind kann sich abzeichnen, ob sich Eltern ihm gegenüber benachteiligt oder überfordert fühlen, ob seine Verweigerungen kränken oder sie sich in dem Kind wieder finden, das sich elterlicher Gewalt beugen musste oder übersehen wurde. Der Therapeut wird versuchen, mit dem Klienten Situationen zu bearbeiten, in denen elterliche Aggression entsteht. Er wird dabei darauf achten, welche belastenden Gefühle, etwa Enttäuschung oder Trauer, sich ankündigen, aber nicht wahrgenommen oder nicht geäußert werden. In der Arbeit mit Eltern, deren Kindesmisshandlungen offenkundig sind, trifft der Therapeut entweder auf rigorose Leugnung, Bagatellisierung oder auf Täter-Opfer-Relation umkehrende Erklärungsversuche.

Therapiegespräch *Misshandlung*

Die in schwierigen sozialen Verhältnissen lebende Mutter eines geistigbehinderten Jungen, der wegen Verhaltensstörungen und Vernachlässigung stationär aufgenommen ist, fährt ihr zweieinhalbjähriges, ebenfalls entwicklungsverzögertes Mädchen während der Beratungsstunde mit voller Lautstärke an, weil sich die Kleine nicht zu ruhigem Spielen ermahnen lassen will. Unversehens schlägt sie ihr mit einer Kraft ins Gesicht, die das Mädchen zu Boden wirft.

Therapeut (noch fassungslos): ... Sie haben sie geschlagen ...!
Frau V. (schaut trotzig): Ja ... äh ..., wenn die so nervt! Die hat ja genervt bis zum Gehtnichtmehr!
Therapeut: ... Da haben Sie so gekocht ... da haben Sie sie einfach geschlagen!
Frau V.: Das macht der doch nichts! Die muss lernen, still zu sein!
(Das Kind liegt auf dem Boden und heult.)
Therapeut: Sie können sie ja aufnehmen und trösten.

Frau V. (beugt sich zum Kind, zieht es zu sich hoch): Ist ja gut ... du brauchst nicht mehr zu weinen!

(Frau V. hält das Mädchen etwas ungeschickt, distanziert auf ihrem Schoß. Aber es beruhigt sich.)

Therapeut: Das haben Sie schön gemacht ... das hat ihr gut getan!

Frau V.: Ich weiß schon, wie ich die wieder ruhig krieg'!

Therapeut: Ja, das ist jetzt ein schönes Bild! ... Vorhin sah das anders aus ...

Frau V.: Da war ich auch sauer! Da hat die ja genervt!

Therapeut: Ja, manchmal nerven die Kinder so unglaublich, dass man die Kontrolle verliert.

Frau V.: So was schadet der ja nicht!

Therapeut: Da bin ich anderer Meinung. Ich glaube, dass Kinder lieber nicht geschlagen werden wollen ... aber ich weiß auch, dass Eltern die Kontrolle verlieren, wenn sie im Stress sind und dann Dinge machen, die ihnen später Leid tun.

Frau V.: Ich hab' so viel Stress, das glauben Sie gar nicht!

Therapeut: Was macht Ihnen denn alles zu schaffen?

(Frau V. erzählt von der schwierigen Wohnsituation, dem Ärger mit dem Jugendamt, dem arbeitslosen Mann, der trinkt und sich herumtreibt.)

Therapeut: Sie haben es ziemlich schwer, wenn die ganze Verantwortung allein auf ihren Schultern lastet ... Sie machen das ziemlich gut, wie Sie trotzdem den Laden schmeißen ...

Frau V. (freut sich): Ja. Das ist nicht einfach.

Therapeut: Und immer wenn viel Stress zusammenkommt, wird's eng ... und dann können Sie sich nicht mehr bremsen, wenn das Kind auch noch nervt.

Frau V.: Genau so isses.

Therapeut: ... Dann kriegt es eben eine gescheuert, dass es in die Ecke fliegt ...

Frau V. (stutzt): Das hab' ich jetzt aber nicht gesagt! Ich find' das ja auch nicht so gut.

Therapeut: Irgendwie tut es Ihnen schon Leid, wenn es dazu kommt ...

Frau V.: Ja, natürlich! Ich hau' die doch nicht für gern!

Therapeut: Wie kann ich Ihnen dann helfen, dass Sie sich mehr in den Griff kriegen?

Frau V.: Ja, helfen! Ich weiß! Das Jugendamt will mir die Kinder wegnehmen! Schöne Hilfe!

Therapeut: Das finden Sie jetzt beschissen, dass die auch noch mit 'drin hängen!?

Frau V.: Genau. Ich lass' mir die Kinder nicht wegnehmen!

Therapeut: Dazu wird es auch nicht kommen, wenn wir an Ihrem Problem arbeiten.

Frau V.: An welchem Problem?

Therapeut: Dass Sie manchmal überfordert sind mit allem, dem ganzen Stress und so ... jeder wär' das ja! Und dass Ihnen dann vor lauter Frust die Hand ausrutscht ... das Problem, dass sie sich dann mit dem Kind nicht mehr bremsen können.

Der Therapeut bemüht sich, gerade keine Vorhaltungen zu machen, da er spürt, wie die Klientin darauf wartet. Er will zeigen, dass er ihr Verhalten nicht billigt, aber sie deshalb nicht als Person ablehnt. Er versucht, die von ihr vorgenommene Problemdefinition zu verändern, indem er sie auf ihr Verhalten in Stress-Situationen sensibilisiert. Dazu wechselt er den Bezugsrahmen immer wieder zwischen ihrer Perspektive und der eigenen Sicht.

Beratungsziel ist der Aufbau einer Arbeitsbeziehung, auf deren Grundlage dem Klienten vermittelt werden kann, dass er – wenn auch nicht mit seinen Übergriffen, so doch mit seinen persönlichen und sozialen Belastungen – akzeptiert und ihm ein aufrichtiges Hilfsangebot gemacht wird. Später wird versucht werden, im Misshandelnden das misshandelte oder vernachlässigte Kind zu verstehen, das dieser früher selbst war. Ist die Fremdunterbringung unausweichlich, lohnen sich lange gemeinsame Verhandlungen mit den Eltern, bis sie der Maßnahme zustimmen können. Damit hätten sie einmal weniger eine Wiederholung ihrer Opferrolle von Ohnmacht und Unzulänglichkeit erlebt. Vielmehr spüren sie im Gegenteil, dass man eines der wenigen Male in ihrem Leben nicht einfach über sie hinweggeht, sondern sie mit ihren Ansichten, aber auch ihren Grenzen ernst nimmt. Arbeitet der Therapeut im auch die misshandelten Kinder betreuenden Team, wird er von seinen dem Schutz des Kindes verpflichteten Kollegen oft unter heftigen Druck gesetzt, den Täter so rasch wie möglich zu überführen oder nachhaltig zu verändern. Ein langsames und auf Empathie aufbauendes therapeutisches Vorgehen führt zu Teamkonflikten, in denen sich die Spaltungen und Loyalitäten im Familiensystem des Klienten spiegeln.

3.4 Objektive Belastungen

Die reale Belastung muss vom Therapeuten gesehen und gegenüber dem Patienten gewürdigt werden. Viele Eltern behinderter Kinder sind auf Durchhalten eingestellt und schämen sich für ihre Erschöpfung. Zu lernen, dass man zugeben darf, ausgelaugt, entnervt oder mutlos zu sein, kann „tiefer“ liegende Gefühle zugänglich machen, die mit den gerade schwer zu ertragenden Belastungsfaktoren zusammenhängen. Hier ist also die *Solidarisierung* mit dem Klienten gefragt.

Fallbeispiel *Zuspruch*

Für die eher ängstliche, selbstunsichere, stark opferbereite Mutter zweier Kleinkinder mit Epilepsie war es ein tief berührendes Erlebnis, vom Therapeuten einmal fast nebenbei die kleine, wenig inhaltsschwere Bemerkung zu hören, dass sie sich so viel Mühe gebe und es mit zwei behinderten Kindern wirklich schwer sei. Mehrfach kam sie auf ihre Freude und tiefe Beruhigung zurück, die durch diese Äußerung ausgelöst wurden. Lange schon kämpft sie mit ihrem Anspruch, Stress auszuhalten, Belastung nicht wahrzunehmen und Schwäche als Versagen zu bewerten.

Sich einzuräumen, dass man Unterstützung braucht und auch annimmt, kann ein wichtiger Lernschritt sein. Ist die betroffene Person imstande, ihre Notlage wahrzunehmen, beginnt sie zugleich, sich gegen die Haltung entmutigter Schicksalsergebenheit aufzulehnen. Jetzt kann ein Bedürfnis nach Lösungen entstehen, das der Therapeut oft gegen Selbstvorwürfe, sich egoistisch das Leben erleichtern zu wollen, unterstützen und verteidigen muss. Obwohl sich an den Belastungsinhalten wenig ändern lässt, können sie nun anders erlebt werden und Veränderungsimpulse auftauchen.

Fallbeispiel *Lösungen*

Familie St. stand lange Zeit auf dem Standpunkt, dass es aussichtslos sei, bei Verwandten um Aushilfe bei der Betreuung ihrer geistigbehinderten Tochter nachzufragen. Erst als in der Beratung untersucht wurde, welche Gründe hinter dieser Ansicht standen, und deutlich wurde, dass teils ein Bestreben, anderen nicht zur Last zu fallen, teils aber ungeprüfte Meinungen über deren Intoleranz im Weg standen, konnte man auch zu spüren beginnen, wie wenig Zeit eigentlich füreinander und die gesunden Geschwister blieb. Es wurde Mut gefasst und ein sondierendes Gespräch geführt. Unerwarteterweise ließ sich eine Wochenendbetreuung organisieren, die die Familie zur Entspannung nutzen konnte.

In einer anderen Familie wurde bereits seit längerem in Beratungsgesprächen die Erschöpfung der Mutter eines schwer mehrfachbehinderten Sechsjährigen thematisiert. Die Eltern hatten selbst die Adresse einer Einrichtung für Kurzzeitpflege in der Nähe des Wohnortes ausfindig gemacht, scheuten allerdings davor zurück, von dieser Möglichkeit Gebrauch zu machen. Im Gespräch kamen nun Ängste zum Vorschein, das Kind könnte anderswo schlechter als zuhause behandelt werden, man könne es nicht verstehen und würde falsch mit ihm umgehen. Es stellte sich heraus, dass die Mutter sich gar nicht berechtigt fühlte, das Kind auch nur für zwei Tage wegzugeben. Erst als ihre tiefe Bindung an den Jungen und ein damit verknüpftes, bislang verborgen gebliebenes Schuldgefühl angesprochen wurde, konnte sich die Familie diese Form der Entlastung gönnen.

Im stagnierenden Prozess wird eigenes Leiden an konkreten Umständen nicht mehr geäußert, vielmehr treten stellvertretend Symptome auf, die ein Spüren emotionaler Not abwehren.

Besonderheiten im Verhalten des Kindes

Viele Verhaltenseigenheiten behinderter Kinder entstehen aus ihrer psychophysischen Konstitution wie Entwicklungspotenzial, Erregbarkeit oder Kontaktfähigkeit und nicht aus dem Familiensystem: exzessives Essverhalten, zornige und zwanghafte Verhaltensweisen beim Prader-Willi-Syndrom, Hyperaktivität, Perseverationen, geringer Blickkontakt beim Fragilen-X-Syndrom. Bei autistischen Kindern überwiegen soziale Zurückgezogenheit, soziale Passivität und aktive, aber sonderbare Interaktionen. Späte Selbstständigkeitsentwicklung fordert mehr elterliche Präsenz. Trennungsängste können sehr ausgeprägt sein – Furcht vor unvertrauten, unüberschaubaren Situationen erzeugt anklammernde Suche nach Nähe und ruft schützendes elterliches Verhalten hervor. Entwicklungsverzögerte Kinder zeigen verändertes Bindungsverhalten, oft jedoch wegen neurologischer Störungen (Epilepsie, zerebrale Bewegungsstörung), nicht als Ausdruck gestörter Eltern-Kind-Beziehungen (Pipp-Siegel et al. 1999).

Für manche Eltern ist es schwer zu ertragen, wie wirkungslos ihr pädagogischer Einsatz beim geistigbehinderten Kind ist, auch wenn sie es nicht sogleich zugeben. Anderen Eltern fällt es schwer, stabile Bindungen zu irritablen Kleinkindern mit flüchtigem Interesse und begrenzter Aufmerksamkeitsspanne herzustellen. Dies gilt besonders, wenn beim schwer mehrfachbehinderten Kind mangelnde Reaktivität bis zum fehlenden Blickkontakt die Kontaktaufnahme vollends einseitig macht. Körperkontakt genießende Eltern reagieren auf ein Kind enttäuscht, das diesen ablehnt. Soziale und emotionale Verhaltensweisen behinderter Kinder sind schwerer lesbar (Spiker/Hopmann 1997), sodass sie die intuitive Elternschaft (Papousek 1996) erschweren. Schwere Enttäuschung kann die Erwartung auslösen, das eigene müsse wie alle Kinder mit Down-Syndrom soziabel und pflegeleicht sein (Cahill/Glidden 1996).

Auch hier werden sich Eltern verstanden fühlen, wenn der Therapeut ihre Verunsicherung über die Eigenarten ihres Kindes als reale Belastung ernst nimmt und nicht sofort als Ausdruck gestörter Interaktionen oder Familienbeziehungen begreift. Es wird hilfreicher sein, gemeinsam eine Interpretation der Verhaltensweisen des Kindes zu erarbeiten, mit der man dem Problemverhalten einen subjektiven Sinn unterstellt – etwa das Kind wolle mit seiner Eigenart eine Botschaft kommunizieren (Barth 1998).

Bei der Beschreibung spezieller unangenehmer Verhaltensstörungen wie Ruminieren, Kotschmieren, Koprophagie oder physischer Entstellungen des Kindes können sich beim Therapeuten Unbehagen, Antipathie oder Ekel einstellen. Solche Gefühle werden den Therapeuten verunsichern, weil er sich als Personzentrierter Psychotherapeut dem Therapieprinzip des *Bedingungsfreien Akzeptierens* verpflichtet fühlt und von sich eher Mitgefühl als Ablehnung gegenüber hilfsbedürftigen Menschen erwartet. Er wird Scham und Befangenheit empfinden, an seiner Fähigkeit zur Empathie zweifeln und damit an seiner Eignung. Sein *Interaktionsbezogenes Verstehen* lässt ihn massive aversive Gefühle beim Klienten erahnen, den vielleicht schuldhaftes Versagen belastet oder auch unausgesprochene Rückzugswünsche, vielleicht als innerlich vollzogener oder beabsichtigter Beziehungsabbruch oder manifester Trennungsabsicht vom Kind. Merkt er, dass ihm das behinderte Kind – von den Eltern so häufig in den Mittelpunkt gestellt – emotional immer näher kommt und er deren inneren Bezugsrahmen verlässt, scheint er von Gefühlen, Themen seines eigentlichen, erwachsenen Klienten abgelenkt zu werden. Spürt er Mitleid mit dem einem rigiden erzieherischen Eingriff ausgesetzten Kind, der ihm vom Klienten berichtet wird, stellt er sich den Klienten als Kind – ähnlichen Maßnahmen ausgeliefert – vor. Er kann ihn auf Geltungswünsche oder Ängste vor Machtverlust ansprechen oder darauf, welche Menschen in seinem Leben jemals Mitgefühl für ihn hatten.

Spürt der Therapeut wie er allmählich in eine innere Rolle als omnipotenter Erzieher gerät, in Gedanken Erziehungsstrategien verbessert, erahnt er vielleicht, wie sehr sein Klient die Elternrolle verweigert. Mischen sich in seine Gefühle für das behinderte Kind plötzliche Ängste vor Bedrohung, Ablehnung oder Abschiebung, kann dies distanzierende, abschiebende, geringschätzige Haltungen anzeigen, eine Bereitschaft, das Kind zu verlassen, sich von ihm zu befreien – bzw. damit einhergehende Gewissensnöte und Selbstvorwürfe. Auch eine tief empfundene Ausweglosigkeit mit suizidaler Gefährdung könnte sich andeuten, so gut verborgen, dass der Therapeut davon erst in seinem Gefühl für die Verlassensangst des Kindes etwas ahnt.

Einschränkungen im sozialen Leben

Familien mit einem behindertem Kind werden mit offener Diskriminierung und Unsicherheit von Freunden und Verwandten konfrontiert. Nicht wenige sehen sich plötzlich mehr oder weniger sozial isoliert; oft ziehen sich Eltern auch selbst aus Beziehungen zurück, wenn sie spüren, dass die Auffälligkeiten ihres Kindes zunehmend auf Unverständnis stoßen.

Eine extreme Belastungsprobe stellt für Eltern behinderter Kinder etwa die Mitteilung der genauen Diagnose an die eigenen Eltern, Verwandte oder Freunde dar. Damit zusammenhängende Ängste und Hemmungen sind oft Beratungsthema. Sie berühren Kindheitskonflikte, wie etwa Befürchtungen negativer, verständnisloser Reaktionen oder Hoffnungen auf Unterstützung und liebevolle Anteilnahme. Tatsächliche oder phantasierte Begegnungen mit Fremden und ihren Reaktionen auf das behinderte Kind geben Anlass zu Sorgen und Beunruhigungen. Manchmal lösen klare, noch nicht einmal boshaft gemeinte Fragen („Warum wird der große Junge noch im Kinderwagen geschoben?") Verunsicherung, Ängste oder Wut aus, was voller Scham als eigenes Versagen registriert wird. Mitunter wird im Rahmen einer positiv verlaufenden Bewältigung der Behinderung von der Mutter festgestellt, dass erst das körperbehinderte Kind es geschafft habe, sie von einer zaghaften, schüchternen Person in eine selbstbewusste Frau zu verwandeln, die vehement für die Rechte des Kindes und eigene Ziele eintritt.

Fallbeispiel *Diskriminierung*

Frau J. kommt fassungslos von einem Spaziergang – den körperbehinderten, tetraplegischen Sohn im Kinderwagen – aus dem nahe gelegenen Einkaufszentrum zurück. In einer langen Reihe an der Kasse stehend habe sie mitgehört, zweifelnd, ob sie sich nicht verhöre, wie eine ältere Frau einer anderen zutuschelte: Damals habe es das nicht gegeben!

In den Gesprächen wird aus ihrer Sprachlosigkeit zuerst tiefe Niedergeschlagenheit. Sie fühlt sich selbst angegriffen, beginnt sich zu Tode zu fürchten. Sie ist so entsetzt über die Bösartigkeit der Leute. Noch mehr erschreckt sie die eigene Hilflosigkeit. Wie gelähmt habe sie dagestanden, unfähig, etwas zu erwidern. So schutzlos habe sie sich empfunden, sie hätte sich nicht verteidigen können. Erst an diesem Kontrast zwischen indirekter Morddrohung und Schwäche wird ihr langsam bewusst, wie empört sie eigentlich ist. Eine Flut von Aggression steigt hoch, sie empfindet die Vorstellung als hilfreich, sich ihre Wut als Waffe gegen diese und kommende Übergriffe zu bewahren. Erst danach findet sie noch einmal zu ihrer Trauer über die Behinderung und darüber, um wie viel schwerer ihr Leben überhaupt geworden ist.

Die durch soziale Vorurteile ausgelösten Vereinsamungsgefühle, Auflehnung gegen Verständnislosigkeit, Selbstunsicherheit in Konfliktsituationen oder enttäuschte Kontaktwünsche, berühren die eigene Einstellung zur Behinderung. Sie führen zu bedeutsamen früheren Erfahrungen oder bringen lösungsorientiert Solidarität und Engagement hervor.

Physische Beanspruchung

Der Therapeut muss Erlaubnis signalisieren, dass Erschöpfung, Müdigkeit oder Kraftlosigkeit von Eltern, die ihre schwer mehrfach- oder körperbehinderten Kinder versorgen, ganz zu Recht angesprochen und beklagt werden dürfen. Er kann sich die seelische Belastung durch lebensbedrohliche Komplikationen, die Verstörung bei Ernährungs- oder Atemstörungen, die ständige Panik vor neuerlichen epileptischen Anfällen vorstellen. Er wird thematisieren, dass ein Zugeben von Erschöpfung nicht Ablehnung des behinderten Kindes oder Unvermögen bedeutet.

Fallbeispiel *Erschöpfung*

Frau K. hatte es lange Zeit als ihre alleinige Aufgabe empfunden, nachts mindestens alle zwei Stunden aufzustehen, um den schwerbehinderten Sohn zu versorgen, Schleim abzusaugen und ihn zu lagern. Erst nachdem sie bereit war, sich ihre Entkräftung einzugestehen, ließen sich auch Alternativen entwickeln. Erst jetzt konnte sie es zulassen, ihrem Mann wenigstens einmal am Wochenende die nächtliche Kinderpflege zu überlassen.

Oft erleichtert es Klienten, wenn ihr Betreuungsaufwand vom Therapeuten angesprochen wird und sie dadurch die Erlaubnis erhalten, über ihre Beanspruchung, ihr Leid oder ihre Wünsche zu reden. Ist ein Bedürfnis nach Erholung und Entspannung einmal zugegeben, kann gemeinsam nach Erleichterungen für den häuslichen Alltag, Kurzzeitpflege oder Kuraufenthalten gesucht werden.

Der Therapeut wird Lähmung und Hoffnungslosigkeit besonders mit Familien spüren, in denen andauernde Existenzangst um das schwer oder chronisch kranke Kind besteht, drohender Tod alle vitalen Strebungen überschattet und jede andere Lebensgestaltung relativiert. Vielleicht stellt sich manchmal ein Gefühl der Erleichterung bei der Vorstellung ein, wie erlöst sich sein Klient fühlen müsste, wären seine Sorgen, Belastungen und Einschränkungen wegen des behinderten Kindes verschwunden. Hier hat sich ihm möglicherweise ein Trennungswunsch mitgeteilt, da den Klienten Vorstellungen quälen, das Kind in ein Heim zu geben, sich aber noch nicht darüber zu sprechen traut. Der Therapeut nimmt seine Wahrnehmung zum Anlass, diese Distanzierungswünsche selbst behutsam ins Gespräch einzubringen.

Konflikte mit Behörden, Institutionen und Therapeuten

Oft leiden Eltern an ihrer Unentschiedenheit über die Wahl unvereinbarer, etwa krankengymnastischer Therapieformen oder fühlen sich mit ihrer Skepsis über vorgeschlagene diagnostische oder medizinische Verfahren unverstanden. Sie stehen unter Druck, am Therapiemisserfolg schuld zu sein, wenn sie den Vorgaben der Behandler nicht minutiös folgen, und vermeiden, sich der Expertenautorität zu widersetzen. In Auseinandersetzungen mit Behörden und Krankenkassen kommen Belastungen auf Eltern behinderter Kinder zu, weil sie sich dort mit ihren Wünschen nach Anerkennung der Pflegestufe, Bewilligung zusätzlicher Behandlungsmethoden oder Kostenübernahme von Hilfsmitteln behaupten müssen.

Fallbeispiel *Bündnis (Frau B.)*

In dem bereits erwähnten Beispiel (s. Kap. Abwehr, Fallbeispiel *Urlaub*) hat sich aus dem Zusammenspiel zwischen Psychologen, Krankengymnastin und der Klientin eine Konstellation ergeben, die zwar als Entgegenkommen und Unterstützung gedacht war, den Prozess jedoch im Grunde stagnieren ließ. Frau B. lehnte Kontakte mit der Psychologin ab, weil sie ihre Probleme lieber mit der Krankengymnastin besprechen wollte. Diese ging, durch das ihr entgegengebrachte Vertrauen geschmeichelt, darauf ein, bis sie Frau B.s zunehmende Depressivität immer mehr entmutigte. Nun jedoch meinte sie, das in sie gesetzte Vertrauen zu enttäuschen, wenn sie einräumte, nicht weiterhelfen zu können. Schließlich thematisierte sie ihre Überforderung in der Supervision, wo eine seit längerem bestehende Rivalität zwischen ihr und der Psychologin aufgedeckt wurde. Die Spannungen hatten eine Kooperation von Anfang an verhindert. Aufgabe der Krankengymnastin sollte sein, die Mutter über andere Hilfsangebote zu informieren und dabei zuzugeben, wie gerne sie sich für sie eingesetzt habe, nun aber nicht mehr weiterhelfen könne.

Nimmt Ärger über Institutionen allen Gesprächsraum ein, scheinen andere Gefühle oder Themen abgewehrt zu werden. Andererseits werden sich eher gehemmt-ängstliche Personen gerade mit Konflikten und dem Durchsetzen ihrer Forderungen schwer tun. Hier wird es zur Aufgabe des Therapeuten, von diesen konkreten Situationen auszugehen, an den Ursachen der Hemmung zu arbeiten, um Selbstbehauptung zu stärken. Konflikterlebnisse enthalten elementare Reaktionsbereitschaften, denen frühere Erlebnisse zugrunde liegen.

3.5 Aufopferung und Schuld

Eltern, die ihr Leben ausschließlich um das Kind herum organisieren, es ins Zentrum der familiären Aufmerksamkeit stellen, begrenzen ihre Optionen. Aufopfernde Familien lassen auf starke Motive schließen, den gegenwärtigen Zustand festzuhalten, Veränderung zu verweigern. Spüren Eltern nun irgendwann auch selbstbezogene Bedürfnisse, so wird dies als beunruhigend, weil egoistisch abgelehnt. In diesen Familien bestehen Phantasien, dass mit Veränderungen in Rollen-, Aufmerksamkeitsverteilung und Bedürfnisbefriedigung Chaos oder Zerfall eintritt. Zielte das Aufopferungsideal auf ein Ungeschehenmachen der Behinderung, so müsste jetzt deren Unbehebbarkeit anerkannt werden.

Fallbeispiel *Abnabelung*

Die Mutter einer fünfjährigen schwer mehrfachbehinderten Tochter sagt von sich selbst, sie könne sich von dem Kind nicht abnabeln. Jede Gelegenheit nehme sie wahr, das Mädchen nicht in den Kindergarten zu schicken. Sie traue denen dort nicht. Wenn die Kleine nicht zuhause sei, laufe sie „wie Falschgeld“ herum. Der Tagesablauf ist auf das Kind eingestellt, Mutter und Tochter unzertrennlich.

Ihr Mann lasse ihr freie Hand. Der Vorteil sei, sie könne alles selbst entscheiden. Wenn sie jedoch etwas von ihm wolle, sage er, sie mache ihm ein schlechtes Gewissen. Streit gehe sie aus dem Weg. In ihrer Kindheit habe sie genug davon erlebt, das Verhältnis zur Mutter war ganz schlecht. Diese Nähe zur Mutter – die kenne sie gar nicht.

Fallbeispiel *Konfrontation mit den eigenen Grenzen*

Mit ihrem Ehemann lebt Frau F., 28-jährige Mutter dreier Kinder, etwas zurückgezogen im gerade fertiggestellten Eigenheim. Sie hat ihre Tätigkeit als Kinderkrankenschwester nach der Geburt des geistigbehinderten, autistischen Ältesten aufgegeben. Dessen Provokationen zermürben die Familie. Immer wieder zerstört er Spielzeug oder Einrichtungsgegenstände und lässt sich nicht davon abbringen, seinen Willen durchzusetzen. Mitunter ist es für sie nicht einfach, diesen Zustand auszuhalten. Seine Behinderung sieht sie als ihre Aufgabe an, der sie sich stellen muss. Dabei an ihre Grenzen zu geraten, ist ihr peinlich.

20. Therapiegespräch

Frau F.: Ich hab' richtig Angst vor den Schulferien. Michael ist den ganzen Tag zuhaus, Krach ist da vorprogrammiert. Ich werde schon wieder ganz unruhig, wenn ich daran denke, dass er wieder seine Tobsuchtsanfälle kriegt. Manche Dinge muss ich ihm einfach verbieten, da führt kein Weg 'dran vorbei!

Therapeut: Da schwingt so ein Bedauern mit: Wenn Sie ihm nichts verbieten müssten, kämen sie prima miteinander aus.

Frau F.: Genau! Wenn ich ihm seinen Willen lasse, können wir sogar ganz lieb miteinander spielen. Aber kaum kommt eines der Geschwister dazwischen … geht das Theater los!

Therapeut: Das ist dann der Punkt, wo Sie's nicht mehr aushalten und eingreifen … müssen?

Frau F. (nachdenklich): Es ist wirklich oft, wenn die Kinder aneinandergeraten, dass ich … ich mein', Michael ist für sein Alter ziemlich kräftig und wenn er dann so rabiat zuschlägt …

Therapeut: Dann wollen Sie die anderen beschützen!?

Frau F.: Oft ist es so, dass ich schon auf 180 bin, wenn ich nur laute Stimmen höre.

Therapeut: Dass Sie, schon bevor die Aggression kommt, alarmiert sind?

Frau F.: Ja. Ich meine immer, ich muss so einen Streit gleich schlichten … Abwarten, ob etwas passiert, fällt mir sehr schwer.

Therapeut: Sie hätten so gerne, dass Frieden herrscht und sich die Kinder gut vertragen.

Frau F.: Ja. Das wäre ein schöner Traum … friedliche Kinder! Kein Gezanke, keine Wutausbrüche!

Therapeut: Es ist Ihnen nicht egal, was die Kinder treiben ... Sie fühlen sich verantwortlich, sorgen sich um sie und lassen da nicht locker.

Frau F. (lacht): Ich hab' da auch meine peniblen Seiten! Da soll's schon ordentlich zugehen! Aber im Ernst: ... ich hab' sie lieb und sie nerven mich! Beides!

Therapeut: Dass Sie das auch über Michael sagen können ... da hat sich schon 'was verändert!

Frau F.: Ja, es ist trotz allem entspannter geworden. Manchmal denke ich ... ich hab' die altmodische Einstellung, dass die Mutter zu den Kindern gehört.

Therapeut: Jetzt fangen Sie an, daran zu zweifeln?

Frau F.: Nein, eigentlich nicht. Aber ich habe doch Beruf und Arbeit für die Familie beiseite geschoben, und so glücklich bin ich auch nicht ... vielleicht will ich die Kinder ja auch nicht loslassen (traurig). Aber vielleicht hab' ich Angst, dass sie mir aus den Händen gleiten.

Therapeut: ... und Sie damit auch einsamer werden?

Frau F.: Ja. Es ist mir schon viel wert, mit den Kindern zusammen zu sein. ... Es ist wohl wieder dieses Bedürfnis nach Geborgenheit. ... Männer kann man viele haben, Kinder nur die eigenen.

Therapeut: Dass Sie spüren, wie viel Geborgensein gerade die Kinder Ihnen geben?

Frau F.: Ja. Meine Eltern haben wieder so erwartungsgemäß verständnislos reagiert mit ihrem Vorschlag, dass Michael aus dem Hause müsse. Es ist immer wieder dieses Lieblose, die Kälte von zuhause.

Therapeut: Und zur Zeit haben sie dieses warme Nest, in dem sie sich wärmen für die Kälte, die sie erlebt haben?

Frau F.: Ja, auch dann, wenn die Kinder zu mir ins Bett kommen.

Therapeut: Sie haben sehr viel Bedürfnis nach Wärme, und vielleicht, Sie tun sich immer noch sehr schwer damit, so ein Bedürfnis auch zu zeigen?

Diese Sequenz führt zu einer überraschenden Wendung von dem eher erzieherischen Thema „Geschwisterstreit“ zu einem tiefen persönlichen Bedürfnis. Eine weitere Facette ihrer Involviertheit mit Michael's Aggressionen wird deutlich. Es ist nicht nur die Angst vor seinen Ausbrüchen, die sie an den Jähzorn des eigenen Vaters erinnern, sondern zugleich ihre Sehnsucht nach Geborgenheit, die sie hemmt, dem Sohn entgegenzutreten. Die aktuelle Situation erfüllt so, obwohl heikel und nervlich belastend, ein verborgenes Bedürfnis, das sie auch für Übergriffe anfällig macht.

Die in Autonomiewünschen enthaltene Distanzierung vom hilfsbedürftigen Kind führt zu Kindheitserinnerungen von Verlassenheit, aber auch Verboten von Selbstständigkeit und Bedürfnisverzicht, von Unfolgsamkeit und Bestrafung. Die Auseinandersetzung mit Schuld an der Behinderung erfüllt oft ein Bedürfnis nach Sinngebung, das lieber Selbstanklagen in Kauf nimmt als ein unfassbares, schicksalhaftes Geschehen. Insofern schützen Schuldgefühle nicht nur vor Trauergefühlen, sondern weisen auch auf Selbstbezichtigung als Bewältigungsstil bei seelischer Verletzung hin.

3.6 Erziehungsprobleme

Mit Erziehungsproblemen behinderter Kinder stellen Eltern im Grunde Interaktionsstörungen vor. Entweder sind sie mit Aufklärung zu beheben, berühren die Bewältigungsthematik oder basieren auf einer familiären Beziehungsstörung.

Verhaltensauffälligkeiten und Bewältigung

Verhaltenseigentümlichkeiten behinderter Kinder verunsichern, ängstigen oder lösen andere Gefühle aus, in denen sich die enttäuschten Hoffnungen ihrer Eltern spiegeln.

Fallbeispiel *Leistungsdruck*

Für den leistungsorientierten Vater stellen die Verhaltensauffälligkeiten seiner lernbehinderten Tochter eine extreme Herausforderung dar. Er hat immer den Eindruck, das Kind könne mehr, als es tatsächlich in der Schule leiste. Ihre Nachlässigkeit bei der Körperpflege (Waschen, Zähneputzen, Haarebürsten), ihre Unzuverlässigkeit, Unpünktlichkeit bringen ihn zur Weißglut; ihre Flucht in Phantasiewelten, wo sie als Prinzessin von allen hofiert und allen anderen überlegen ist, lehnt er ab. Verzweifelt sucht er nach Möglichkeiten, dem Kind mehr vom Ernst des Lebens beizubringen. Oft fühlt er sich schwer provoziert und kann seinen Zorn nicht bremsen. Konflikte mit seiner Frau, die das Kind in Schutz nimmt, bleiben nicht aus. Er sagt selbst, er könne sich mit der Behinderung nicht abfinden.

Hier scheinen die Verhaltensauffälligkeiten anzuzeigen, dass die Eltern noch nicht in der Lage sind, Gewissheit und Ausmaß der Behinderung adäquat einzuschätzen. Die Brücke vom Erziehungsproblem zum Bewältigungsthema zu schlagen bedeutet, erstmalig oder erneut der Abwehrhaltung der Person, ihrer Enttäuschung oder Trauer zu begegnen. Wenn sich die Person nicht darauf einlassen will, die Erziehungsschwierigkeiten mit ihrer Haltung zur Behinderung zu verknüpfen, wird der Therapeut diese Weigerung ernst nehmen, aber auf eine noch nicht recht fassbare, große persönliche Not hinweisen, die es schwer macht, über die Behinderung zu sprechen. Er kann sich auf ihren Wunsch einlassen und Ratschläge geben, soweit sein Repertoire reicht. Bald wird sich herausstellen, dass auch ihm die Einfälle ausgehen – und die Erfahrung gemeinsamen Scheiterns kann nun Gefühle freigeben, die vorher zu viel Angst auslösten.

Therapiegespräch *Verweigerung*

Therapeut: Ich weiß mir jetzt auch nicht mehr zu helfen … wir haben so viel ausprobiert und nichts hat geholfen … Peter hat diese Verweigerung immer noch 'drauf! …

Vater: Wie? Wollen Sie damit sagen …? Sie sind doch der Therapeut! Wenn Ihnen nichts mehr einfällt?!

Therapeut: Ja, es tut mir Leid. Aber ich bin mit meinem Latein am Ende. Ich fürchte, ich kann Ihnen keine weiteren Ratschläge geben.

Mutter: Heißt das, dass Sie uns nicht mehr weiterhelfen können?

Therapeut: Ich habe das Gefühl, dass wir seine Verweigerung nicht ändern, dass wir da etwas akzeptieren müssen, was nicht geht …

Mutter: … dass Peter sich nie ändern wird?

Therapeut: Er hat uns alle auflaufen lassen … es scheint, er will diese Dinge nicht lernen … und wenn wir uns auf den Kopf stellen.

Vater: Ja! Das stimmt eigentlich. Ich hab' manchmal auch schon das Gefühl, dass er es einfach nicht begreift …

Mutter (heftig): Aber ich gebe die Hoffnung nicht auf! Es muss doch einen Weg geben, wie man ihm beibringen kann, sich wenigstens ordentlich auszuziehen!!

Therapeut: Sie wollen ja schon gar nicht mehr so viel verlangen … das wäre schlimm, wenn sich auch noch diese Hoffnung zerschlagen würde …

Mutter (heftig): … Ich kann mir das nicht vorstellen …

Therapeut: Sie erschrecken, wenn Sie sich das vor Augen halten … und doch ahnen Sie es schon lange.

Vater (traurig): Ja. Das kann ja nur bedeuten, dass er wirklich sehr, sehr eingeschränkt ist, also, dass er wirklich sehr wenig kann …

Therapeut: Das tut dann sehr weh, wenn man sich das von seinem einzigen Kind sagen muss …

Erst mit seinem Eingeständnis, nicht weiterzuwissen, gibt der Therapeut ein Modell dafür, dass es möglich und zumutbar ist, Scheitern zuzugeben. Damit kann er die Eltern motivieren, auch den eigenen Misserfolg anzuschauen und sich ihrem Schmerz zu nähern.

Fallbeispiel *Das Mittelpunktskind*

M. wird von seinen Eltern wegen Mikrozephalus und aggressivem Verhalten vorgestellt. Das Einzelkind besucht die erste Klasse der Sonderschule für Geistigbehinderte, beide Eltern sind Pädagogen.

Die Schwierigkeiten mit M. treten mittlerweile überwiegend im Zusammensein mit anderen Kindern auf. Wenn ein anderes Kind ihm etwas wegnehme oder er einen Wunsch nicht sofort erfüllt bekomme, greife er mit Kratzen und Haarenziehen an. M. bekomme viel Liebe, vieles versuche man ihm verbal zu vermitteln. Er habe Entscheidungsmöglichkeiten, wahrscheinlich werde er auch ein bisschen verwöhnt. In kritischen Situationen allerdings greife man sofort ein: „Deswegen muss ich ständig bei ihm sein", erläutert Frau U. Man sei schon ziemlich am Ende, es gehe so nicht mehr weiter. Herr U. macht sich Hoffnungen auf neurochirurgische Operationen der Mikrozephalie, um die geistige Behinderung zu kurieren. Die Eltern konzipierten ein häusliches Förderprogramm, das die Mutter durchführt. Täglich steht ein anderer Fähigkeitsbereich im Vordergrund. Herr U. meint, dass sich in der Familie eben alles um M. drehe. Seine Frau leide schon sehr. Es würde ihr guttun, halbtags arbeiten zu gehen.

Für M. bedeutet dies, in einer Familie aufzuwachsen, die ihm alle Entfaltungsmöglichkeiten bietet. Genau dieses positive, häusliche Arrangement erspart ihm jedoch Frustrationen und verhindert, sich damit auseinander zu setzen. Die Anwesenheit anderer Kinder genügt, die gewohnte zentrale Position in einer Weise zu bedrohen, der er ohne aggressive Selbstbehauptung nicht gewachsen ist. Als weitere, angenehme Konsequenz ruft er sofort Aufmerksamkeit und blitzartiges Eingreifen seiner Mutter hervor. Er stellt sozusagen die ihm vertraute Situation wieder her, in der er Mittelpunkt ist und die Eltern für ihn sorgen. Damit verstärkt er nicht zuletzt auch den engen Kontakt zur Mutter.

Das Elternpaar sucht trotz allen Wissens über M.s Behinderung immer noch Orientierung. Auch Frau U.s intensiver Einsatz zielt darauf, die Behinderung ungeschehen zu machen, so sehr sie dies auch selbst als Illusion bezeichnen mag. Nach einigen Kontakten wurde den Eltern eine Zusammenfassung der wichtigsten Leitsätze ihrer Familienorganisation mitgegeben:

1. M. steht im Mittelpunkt unserer Familie.
2. Wir tun alles, um M. ein liebevolles Zuhause zu geben und ihn selbstbewusst und damit durchsetzungsfreudig zu machen (und wir haben großen Erfolg damit!).
3. Wir haben wenig Zeit für uns und für einander.
4. Frau U. tut nur etwas für sich, wenn es auch für M. gut ist.
5. Herr U. macht sich Sorgen um seine Frau.

M.s Verhalten bessert sich nach einem Schulwechsel, die Eltern trauen der Entwicklung noch nicht. Es stellt sich heraus, dass sich ihre Ängste auf Auseinandersetzungen mit anderen Eltern – insbesondere Verwandte – beziehen, wo sie wenig Verständnis oder Rückhalt finden. Die eigene Mutter werfe Frau U. vor, an M.s Behinderung schuld zu sein. Seit M.s Geburt habe sie sich verändert, früher sei sie lebhaft und lebendig gewesen. Nun tritt Trauer über die Behinderung zutage, und die Eltern beginnen sich ihren Gefühlen zu stellen, auch im Bewusstsein, dass unterschiedliche Reaktionen sie einander entfremdet haben. Die Stärkung der Partnerschaft empfinden beide nun als ein vordringliches Ziel.

Prozesse verdeckter Trauer, stillen Leidens oder trotzigen Aufbegehrens lassen besondere Interaktionsformen mit dem behinderten Kind, aber auch zueinander entstehen. Gelingt es den Eltern, ihre Trauer zu bejahen, gewinnen sie eine realistischere Einschätzung ihres Kindes und können deshalb zu konstruktiven Interaktionen finden. Indirekt spiegelt sich das Bewältigungsthema bisweilen auch im Verhalten von Geschwistern.

Fallbeispiel *Die Konkurrenzmutter*

Die 6;4-jährige Dagmar ist ein intelligentes, dominantes Mädchen, das seit den Geburtskomplikationen den ganzen Leidensweg der anderthalbjährigen, mehrfachbehinderten Schwester einschließlich ihrer Krampfanfälle miterlebt hat. Sie scheint bei der kleinen Schwester Mutterfunktionen zu übernehmen, gibt ihr die Flasche und beharrt gegen Einwände der Mutter darauf, zu entscheiden, wann die Jüngere genug hat. Sie schiebt sie im Kinderwagen umher und macht Lockerungs- und Bewegungsübungen mit ihr. Die Mutter berichtet von ständigen Machtkämpfen mit der Älteren, die sich einfach weigere, nicht an der Schwester herumzuzerren. In Anwesenheit Dritter stehe Dagmar wie unter Zwang, sich als Mutter der Jüngeren aufzuspielen. Mit Sicherheit komme die Große zu kurz, man habe einfach keine Zeit für sie. Über die Behinderung habe man mit ihr noch nicht gesprochen, man betone, was die Kleine alles lerne.

In den Gesprächen merkte die Mutter, wie groß ihr Ärger über die Ältere ist. Sie fühlt sich auf eine Weise angegriffen, gegen die sie machtlos ist. Erst die Idee, ob dieser unerklärliche Wutimpuls auch etwas von einer ohnmächtigen Empörung über die Behinderung der Jüngeren – ein Zorn, warum gerade sie betroffen sei – enthalte, schien sie zu berühren. Tatsächlich stellte sich jetzt heraus, dass sie sich nicht mit der Behinderung abfinden könne und sehr leide. Es gelang ihr, diese Trauer zu spüren und sich damit etwas zu entlasten.

So offensichtlich die Behinderung auch ist, ringen die Eltern doch damit, die Behinderung endgültig anzunehmen, wie es sich in der hinhaltenden Aufklärung der Tochter andeutet. Mitten im Prozess zu stehen – und nicht, wie Dagmars Mutter meinte, alles schon hinter sich zu haben – bedeutet dann auch, dass immer wieder Gefühle kommen, die abgewehrt werden müssen. Die aggressive Auflehnung gegen die Behinderung verschob sich hier in die Interaktion mit der Älteren.

Familiäre Beziehungsstörungen

Verhaltensauffälligkeiten können aber auch Ausdruck tieferer Störungen der Eltern-Kind-Beziehung sein, wenn innere Konflikte der Eltern den Umgang erschweren. Autonomiebestrebungen des behinderten Kindes berühren sensible Themen der Lebensgeschichte der Erwachsenen und geraten mit deren Verhaltensnormen aneinander. Verstrickung der Eltern in Rivalität oder Schuldgefühl führt zu Einschränkung, Ablehnung oder Misshandlung; häufiger jedoch zu weniger sichtbaren Interaktionsformen, die auf sublime Weise Zurückweisung, Missachtung, Forderung oder Enttäuschung ausdrücken, um das beunruhigende Verhalten des Kindes zu beherrschen. In der Folge führt die Konfrontation beider Verhaltensimpulse zur Eskalation. Den Beitrag des Kindes bezeichnen Eltern dann als

Verhaltensstörung, die sie zum Beratungsanlass nehmen und ausschließlich als Problem des Kindes ansehen. Die Schwierigkeiten ‚Erziehungsprobleme' zu nennen würde bereits ihre Mitbeteiligung enthalten.

Fallbeispiel *Elternkonflikt*

Hasan ist ein etwa fünfjähriger, schwer mehrfachbehinderter, autoaggressiver türkischer Junge. Seine Mutter hofft fest darauf und ihr Mann sei ganz sicher, dass Hasan noch alles lernen werde. Im Gespräch wirkt sie bedrückt, resigniert und traurig, spricht mit leiser Stimme, zeigt kaum Mienenspiel. Den Sohn umarmt sie ab und zu oder fährt liebkosend über sein Haar. Während der Gespräche bricht sie häufig in Tränen aus. Trotz Arbeitslosigkeit kümmere sich ihr Mann wenig. Er werfe ihr vor, der Sohn sei wegen ihres Rauchens behindert. Sie könne sich mit ihm nicht unterhalten, sie werde immer gleich nervös. Am Gesprächskreis im Kindergarten nähme sie nicht teil, weil sie zu müde sei.

Sie befindet sich in tiefer Trauer, zugleich aber voller Vorbehalte gegenüber der ganzen Tragweite der Behinderung ihres Sohnes. Diese angespannte und belastende Situation ist für sie unauflösbar, da sie nicht nur den Lebensunterhalt der Familie erwirtschaften, sondern sich auch gegen den Mann behaupten muss. Möglicherweise befürchten beide Ehepartner, ihre derzeitige Lebenssituation vollends zu destabilisieren, würden sie die Behinderung als unabänderlich anerkennen und gemeinsam trauern. So verstellt ihr die Trauer, die sie in sich behält, den Blick auf die Bedürfnisse des Kindes, das zwar Geborgenheit, jedoch adäquat stimulierende Anregungen in geringerem Maße bekommt.

Zum Abschlussgespräch hat sie ihren Mann mitgebracht. Von der Notlage der Frau bewegt, wird er ermahnt, sich an der Erziehung und Förderung von Hasan zu beteiligen, seiner schwangeren Frau zu helfen. Sofort fühlt er sich angegriffen, fragt seine Frau mit unterdrücktem Zorn, woher die Leute das denn wissen, ob die Leute ihn denn für dumm hielten. Die Situation ist auch nicht mehr mit der Beteuerung zu retten, dass es nicht um Schuldzuweisungen gehe, sondern einzig allein um optimale Entwicklungsmöglichkeiten für Hasan. Sie weint, er bleibt versteinert.

Das Gespräch endet unbefriedigend, weil die nur aus den Schilderungen seiner Frau bekannte, persönliche Situation des Mannes außer Acht gelassen wurde. Mit gewisser Wahrscheinlichkeit wird man annehmen, dass auch sein Selbstgefühl durch Arbeitslosigkeit, das behinderte Kind mit ungewisser Zukunft und mutmaßliche Ehekonflikte leidet. Mit der Kritik wiederholt sich die Kränkung. Stattdessen hätte seine Bereitschaft, am Gespräch teilzunehmen, anerkannt werden müssen – mit der Bitte, die Situation aus seiner Sicht zu schildern. Beider Thema ist Stärkung des Selbstwertgefühles.

Auch in Gesprächen über Erziehung bedeutet eine *wertschätzende* und *empathische* Haltung, die Welt aus der Perspektive der Klienten zu verstehen, hier also nachzuvollziehen, aus welchen Gründen die Eltern der festen

Überzeugung sind, ihr Kind zeige von sich aus störende Verhaltensweisen. Die Gewissheit, mit der Eltern ihre Definition ernst genommen fühlen, entscheidet über Vertrauensbildung und weitere Kooperation. Allmählich vermittelt sich dann eine individuelle Perspektive über den Kontext, der zu dem Verhaltensproblem führt – und die von den Eltern gegebene Bedeutung wird klarer, je mehr deren persönlicher Geschichte bekannt wird.

Sich auf den Bezugsrahmen des Klienten einzulassen bedeutet für den Berater, für lange Zeit das Kind und seine Störung im Gesprächszentrum zu akzeptieren, wie es die Definition der Eltern vorsieht. Dies wird insbesondere dann notwendig, wenn der Berater merkt, dass die Eltern jedem Hinweis, jeder Nachfrage nach dem persönlichen Erleben im Umgang mit dem Kind ausweichen. In diesem Stadium ist es noch nicht angebracht, nach Alternativen zu fragen oder zu thematisieren, was das Kind wohl mit seinem spezifischen Verhalten ausdrücken möchte. Auch hier kann die *Selbsteinbringung* des Beraters, mit seinem Latein am Ende zu sein und sich gar nicht vorstellen zu können, wie er der Familie weiterhelfen könnte, auf die Eltern entlastend wirken und sie dazu bewegen, sich ebenfalls persönlicher zu äußern. Dies mag für fordernde ebenso wie für wenig selbstbewusste, resignierende oder wenig Grenzen ziehende Eltern Anstoß sein, das Gesprächsangebot weiter zu nutzen und zu ihren Gefühlen gegenüber den Kindern zu finden. Im Fall gereizter und überkritisch-ablehnender Elternpersönlichkeiten kann die Feststellung, dass man auch als Therapeut angesichts bestimmter Verhaltensweisen des Kindes Ärger und Wut empfindet, schon ein erster Schritt in die Richtung sein, die eigene aggressive Reaktionsbereitschaft und ihre biografischen Wurzeln zu spüren. Verwöhnende, überpermissive oder überprotektive Eltern können sich sehr verstanden fühlen, wenn man ihre allgegenwärtige Sorge um das Wohlergehen ihres behinderten Kindes und ihren übergroßen Wunsch anerkennt, diesem Kind so viel Gutes wie möglich zu tun, indem sie es so wenig wie nur möglich einschränken. Bei der Präsentation von Beschwerden über das Kind geht es gelegentlich um unterschwellige Wünsche nach Bestätigung, das Versagens- oder Minderwertigkeitsgefühle, oft gegen ein übermächtig erlebtes Kind, ausgleichen soll.

Ihre Gefühle gegenüber den Kindern – sofern sie nicht bedingungslos wertschätzend sind – als Symptome einer nicht optimalen Beziehung zu diesem Kind anzusehen (Lezius-Paulus 1998) bedeutet eine erhebliche Relativierung der ursprünglichen Schuldzuweisung. Im nächsten Schritt würde nun ein Konsens gesucht, dass unabhängig vom Symptom des Kindes Lebensschwierigkeiten auf der Elternebene bestehen.

Fallbeispiel *Hyperaktivität*

Die 29-jährige Mutter zweier Kinder stellt den älteren Sechsjährigen wegen Hyperaktivität und nächtlichem Einnässen vor. Sie gibt freimütig zu, mit seiner Erziehung überfordert zu sein. Der Junge besucht die Förderschule, seine Schwester ist zwei Jahre jünger. Sie klagt, dass die Kinder sie wahnsinnig machen, nicht folgen, laut sind, sich prügeln – kurz, ihr auf der Nase herumtanzen. Die gemeinsame Suche nach Handlungsmöglichkeiten bleibt ergebnislos. Der Fokus erweitert sich, als sie klagt, vom Ehemann allein gelassen zu werden, für dessen Ruhebedürfnis sie sich zudem zuständig fühlt. Sie hat Angst, ihn gegen sich aufzubringen und verlassen zu werden.

In weiteren Gesprächen wird thematisiert, wie es ihr in einem Leben geht, in dem sie sich so viel gefallen lässt, und wie viel Respekt ihr bislang in ihrem Leben entgegengebracht wurde. Erinnerungen über Entwertungserfahrungen ihrer Lebensgeschichte mit Stiefeltern und sexuellem Missbrauch folgen.

Dieser Beratungsverlauf bewegte sich von einem konkreten, unlösbaren Erziehungsproblem zu einem Ehekommunikationsthema, für das sich neuer Handlungsspielraum fand. Der Ausblick zum Thema ‚Respekt' gab Hinweise auf noch tiefer liegende Lebensthemen mit Ängsten vor Alleinsein und Auseinandersetzung sowie Sehnsucht nach Harmonie nach den traumatischen Kindheitserlebnissen. Im spiralig verlaufenden Behandlungsprozess ließen die Auffälligkeiten der Kinder nach, wenn sich die Mutter mehr auf ihre Lebenssituation konzentrierte. Zwischen den Eltern brach jedoch der lange aufgeschobene Konflikt über eine Rollenreorganisation los, der mit Nervenzusammenbrüchen und angedrohten Trennungen eskalierte. Erst nach dieser Phase des Kräftemessens gelang im Paargespräch eine Neuorientierung.

Fallbeispiel *Probleme des nichtbehinderten Geschwisters*

Frau Ch. befindet sich nach der Trennung von ihrem Mann in einer akuten, emotionalen Krise. Die fünfjährige, geistigbehinderte Kyra provoziert mit Spucken, Zerstören, Distanzlosigkeit und fordert so ständige Aufmerksamkeit. Der neunjährige Sohn hält der Mutter vor, sie bevorzuge die Tochter.

In den folgenden Gesprächen orientiert sich der Therapeut genau am Bezugsrahmen von Frau Ch.s persönlichen Bewertungen. Ihr wird versichert, dass ihre Situation sehr belastend sei und sie mit ihrem Durchhalten einen erstaunlichen Kraftakt vollbringe. Es wird betont, dass Kyra auch hier die beschriebenen Verhaltensweisen zeige, die auch hier nicht ohne weiteres zu kontrollieren oder verändern seien und von den ‚Experten' gleichfalls ein hohes Ausmaß an Geduld und Toleranz erfordern. In gemeinsamen Beobachtungssituationen mit beiden Kindern und der Mutter wird der ältere Sohn immer mehr zur Schlüsselfigur. Er stellt die Schwester bloß, indem er sie anstiftet, sich auffällig zu benehmen. Er stachelt sie an, immerzu das gleiche Wort zu wiederholen, aus dem Fenster zu klettern, sich mit dem Finger im Hals zum Erbrechen zu reizen.

Mit seinen Provokationen scheint der Sohn die Schwester der Umwelt als besonders behindert und gestört ‚vorführen' zu wollen und ihre Auffälligkeit als Signal für das eigene, emotionale Anliegen zu brauchen. So beschafft er sich Zuwendung, die ihm aufgrund der schwierigen familiären Situation im Moment fehlt. Schließlich mag er den Eltern auch unwillentlich anzeigen wollen, endlich zu registrieren und zu akzeptieren, wie schwer geistigbehindert die Schwester ist.

Im Abschlussgespräch wurde noch einmal hervorgehoben, wie sehr sich Frau Ch. um die Tochter bemühe und wie viel Anstrengung sie aufbringe, ihre Familie durch die schwierige Phase zu bringen. Betont wurde aber auch, dass es im Moment ihre Kräfte übersteige, sich um beide Kinder gleichermaßen zu kümmern, zumal auch der Sohn sehr unglücklich sei und eine heftige Reaktion auf Vaterverlust und Behinderung zeige. Sie könne nicht für alle da sein, sie dürfe die nächste Zeit ganz allein für sich beanspruchen und versuchen, selbst wieder Boden unter die Füße zu bekommen. Dafür dürfe sie auch die Hilfe einer Beratung am Wohnort in Anspruch nehmen, die vielleicht auch ein Angebot für den Sohn habe.

3.7 Partnerschaftskonflikte

Partnerschaftskonflikte bei Paaren mit behinderten Kindern sind multifaktoriell bedingt und in Wechselwirkung mit aktuellen und früheren Ursachen verwoben. Sie treten als Belastungsfolge erst im Laufe der Auseinandersetzung mit Behinderung und veränderter Lebenssituation oder als Ergebnis bereits bei Beginn der Partnerschaft angelegter Beziehungskonflikte auf (Textor 1998).

Paare mit behinderten Kindern müssen lernen, auf welche Weise sie sich am besten gegenseitig beim Erlernen und Ausüben der Elternrollen und der Stressbewältigung unterstützen können. Sie müssen ihren Lebensstil verändern und ihr soziales Netzwerk umgestalten. Sie müssen Erziehungsverantwortung und -aufgaben im Konsens aufteilen und über die Berufstätigkeit der Partner entscheiden. Sie müssen aushandeln, wie Familie und Beruf, Privat-, Sexual- und soziales Leben miteinander vereinbart werden sollen; und immer wieder wird sie der Entwicklungsverlauf des Kindes zwingen, auf die Partnerschaft verwendete Zeit und Energie neu zu ordnen. Wenn der daraus resultierende Konfliktstoff unangesprochen bleibt, werden mit gegenseitigen Vorwürfen Enttäuschung und Resignation, schließlich starre Beziehungshaltungen entstehen.

Typische Szenarien

Die besonderen Partnerschaftskonflikte bei Eltern behinderter Kinder beruhen entweder auf Diskrepanzen im Bewältigungsprozess oder in der

Kinderbetreuung. Hier hat sich ein Umgangsstil eingespielt, der verhindert, dass sich die Partner in ihrem Schmerz verstehen, bei der Pflege des Kindes ergänzen und sich als Person gegenseitig unterstützen. Bis hinein ins Schulalter des behinderten Kindes wird man etwa folgende typische Paarkonflikte finden:

- Die Frau verstärkt die sorgende und behütende Mutterrolle, der Mann fühlt sich vernachlässigt, klagt z. B. über fehlendes/ausbleibendes sexuelles Interesse seiner Frau (Polarisierung der Partner).
- Der Mann verstärkt den Ernähreraspekt seiner Vaterrolle, arbeitet übermäßig, die Frau fühlt sich zu wenig beachtet.
- Einer der Partner erlebt durch die Behinderung eine seelische Krise, ist deprimiert, trauert, reagiert aggressiv, zieht sich zurück und verschließt sich, entwickelt eine Anpassungsstörung, der andere fühlt sich dadurch beunruhigt und hilflos.
- Es entwickelt sich Zusammenspiel, bei dem der eine leiden darf und der andere stark und besonnen bleiben muss.
- Beide Partner meinen jeder für sich, sich zusammenzureißen, sachlich und unbeugsam bleiben zu müssen und den Kummer bei sich zu behalten, um den anderen nicht zu belasten.
- Beide Partner leugnen die Behinderung des Kindes und daraus resultierende Auswirkungen. Sie sind als Paar gut stabilisiert, bis das Kind plötzlich Schwierigkeiten macht, sich etwa überfordert fühlt.
- Beide Partner leugnen die Behinderung des Kindes und daraus resultierende Auswirkungen. Jedoch die Spannung, in der beide leben, um die Verleugnung aufrechtzuerhalten, macht sich in ihrer Kommunikation oder bei für das Kind erforderlichen Problemlösungen in Form von Reizbarkeit und Uneinigkeit bemerkbar.
- Beide Partner engagieren sich angestrengt für Pflege, Therapie und Förderung des behinderten Kindes, zentrieren ihr Leben um das Kind, verlieren sich aber als Paar zunehmend aus den Augen.
- Zu ähnlichem Ausgang führen unausgesprochene Vereinbarungen, dass die Frau alle mütterlich-pflegenden Aktivitäten übernimmt, um den Vater wegen seiner beruflichen Verpflichtungen zu entlasten (Frau schläft mit dem behinderten Kind im Ehebett, der Mann übernachtet im Kinderzimmer).
- Mit der gemeinsamen Sorge um das behinderte Kind wird ein Partnerschafts- oder Familienkonflikt verdeckt (Umleitung des Paarkonfliktes in elterliche Sorge).
- Ein Partner beschuldigt den anderen, er trage Schuld an der Behinderung des Kindes.
- Der eine wirft dem anderen vor, sich zu wenig (oder zu viel) um das behinderte Kind zu kümmern.

- Nach Ansicht eines Partners erziehe der andere das behinderte Kind falsch (zu streng, zu verwöhnend, überbehütend, nachgiebig, distanzlos).
- Die Partner sind sich uneinig über die Wahl des Kindergartens oder der Schulform (vermutlich unterschiedliche Bewältigung der Behinderung).
- Der eine verhält sich nachsichtig und protektiv mit dem Kind, der andere fordernd und ehrgeizig.
- Die Aufbauphase der Partnerschaft wurde versäumt, da das erste Kind überraschend kam und mit seiner Behinderung das Paar abrupt in die Elternrolle brachte.

Das folgende Beispiel zeigt, wie eine ursprünglich diagnostische Fragestellung zur Thematisierung von Partnerschaftsproblemen führen kann.

Therapiegespräch *Beschwerden*

Frau Q. stellt ihre 4;11-jährige Tochter K. wegen einer leichten Entwicklungsverzögerung im Rahmen der stationären Mutter-Kind-Woche vor. Sie wirkt verbittert und starr. In den Gesprächen ist sie voller Vorwürfe über Abläufe auf der Station, Kinderbetreuung und Essen. Mit knappen Worten schildert sie scheinbar unbeteiligt eine wegen vieler Umzüge und berufsbedingter Trennungen der Eheleute komplizierte familiäre Lage. Mit der Tochter erlebe sie vor allem Machtkämpfe. Der Therapeut spricht die Anspannung an, die er bei Frau Q. spürt: Ob sie sich wohl viel größere Sorgen um K.s Entwicklung mache, als sie sich bislang zugegeben habe. Es bricht aus ihr heraus, dass sie bereits seit zwei Jahren Angst vor dem Zeitpunkt habe, wenn die Jüngere K. überrunden werde.

Therapeut: Da setzen Sie sich unter Druck, ihr zu helfen.
Frau Q.: Ich versuche zu fördern, ohne dass K. es direkt merkt. Wenn es nach ihr ginge, würden wir nur Memory spielen.
Therapeut: Und das bringt sie wiederum auf die Palme, obwohl sie ihren Ärger im gleichen Moment ablehnen.
Frau Q.: Dann geraten wir aneinander. Ich werde so sauer und K. macht dann gar nichts mehr …
Therapeut: Da werden Sie ganz verzweifelt. Und nur noch hartnäckiger. So ein Zwang kommt hoch, gegen diese Weigerung anzukämpfen …
Frau Q. (sehr betroffen, lässt aber keine Tränen zu): … Im Grunde kämpfe ich die ganze Zeit schon dagegen an. Mit meinem Mann kriege ich wegen jeder Idee Streit. Er sagt immer, lass' doch das Kind in Ruh'! Ich kann's schon nicht mehr hören!! Man kann es doch nicht so treiben lassen!
Therapeut: … Eigentlich spüren Sie schon lange, dass K. langsamer ist und große Schwächen hat. Dann bekommen Sie Angst, was denn aus ihr werden soll, dass Sie auch den Streit mit ihrem Mann in Kauf nehmen.
Frau Q.: Wir streiten uns ja nicht nur um K.s Förderung … Es gibt nichts, worüber wir nicht streiten … ich weiß auch nicht, wie es weitergehen soll.

Therapeut: Auch mit ihrem Mann sind Sie eigentlich ... viel unglücklicher, als es zunächst den Anschein hatte. Da finden Sie auch keine rechte Stütze ...

Frau Q.: Im Grunde hab' ich die Hoffnung schon aufgegeben. Er ist ja eh die ganze Woche über weg ... da kann ich auch allein sein ...

Therapeut: Sie fühlen sich ziemlich allein gelassen in ihrem Kampf um K.s Förderung ...

Frau Q.: Ja ... Wir vertragen uns nicht mehr.

Das Gespräch wechselt zu ihrer Enttäuschung. Schon seit einiger Zeit besteht eine massive Ehekrise mit Trennungsabsichten. Eine Wendung erfolgt, als sich herausstellt, dass beide Ehepartner wohl eine andere Art haben, mit der drohenden Behinderung der Tochter umzugehen. Vor allem wird deutlich, dass sie ihrem Mann zwar oft Unverständnis vorgeworfen, ihm aber noch nie ihre Sorgen und Ängste gezeigt hat. Im Abschlussgespräch kann sie dies mit ihm ansprechen, und die Überlegungen zur Wahl der Schulform lösen bei beiden Betroffenheit aus, die sie zum ersten Mal gemeinsam erleben.

Bei der Therapie eines Paares mit Partnerschaftskonflikten, das auch ein verhaltensgestörtes Kind hat, neigt man oft dazu, die Verhaltensstörung als Symptom der partnerschaftlichen Beziehungsstörung, das Kind als Symptomträger zur Aufrechterhaltung eines dysfunktionalen Gleichgewichtes anzusehen und die Belange des Kindes als therapeutischen Exkurs zu thematisieren, der immer wieder auf die Beziehung der Eltern zurückführt und damit deren Konstruktion der Wirklichkeit illustriert (Limacher/Willi 1998). Dagegen ist hier die Beschäftigung mit dem Kind und seiner Behinderung als realer Gegebenheit und damit eigenständigem Inhalt unverzichtbar. Dabei darf der Personzentrierte Psychotherapeut nicht übersehen, dass das Paar für die Förderung ihres Kindes meist schon mehr getan hat, als in seinen Kräften stand (Kassebrock 1998). Ein Teil der therapeutischen Arbeit wird deshalb auch die Würdigung der geleisteten Anstrengung und die Anerkennung elterlichen Engagements beinhalten.

Je nach individueller Thematik und Problemlage der Beziehungskonstellation wird das Gespräch also zwischen den drei Zugängen – Erlebnisweisen der Einzelperson, Beziehungsgestaltung und Wahrnehmung des behinderten Kindes – alternieren. Dies entspricht einem Wechsel zwischen individuumsorientierter Selbstexploration, Exploration von Beziehung und Kommunikation sowie Beschreibung der Probleme auf der Verhaltens- und Interaktionsebene. Der Therapeut wird dafür Sorge tragen, dass sich seine Zuwendung gleichmäßig auf beide Personen verteilt, auch wenn sich das Gespräch während einer Sitzung auf eine Person zentriert. Er achtet auf Chancengleichheit beider Partner (Schmitz-Schretzmair 1997). Seine Gesprächsführung unterscheidet sich hierbei nicht von einem Einzelkontakt. Allerdings wird er am Ende der Einzelarbeit den zuhörenden anderen zu Meinungs- oder Gefühlsäußerung über das Gesagte ermuntern.

In submissiv-dominanten Partnerschaftskonstellationen wird der Therapeut auf den schweigenden Partner eingehen und sich selbst einbringen. Als Beispiel: „Ich könnte mir denken, dass ich mich ärgern würde, wenn mein Mann mir das vorwerfen würde? ...“ Oder: „Ich frage mich, wie Ihnen zumute ist, immerfort zu hören, Sie kümmern sich nur noch um die behinderte Tochter?“ Oder: „Was hören Sie eigentlich, wenn Ihre Frau Ihnen vorhält, Sie hätten keine Zeit für die Familie?“ Oder: „Wenn Ihre Frau erzählt, wie sie die ganze Woche von einer Therapie zur anderen läuft und sich abends so stumpf fühlt ... was will sie Ihnen sagen? Wie mag es ihr gehen?“ Dem Therapieprinzip Echtheit, insbesondere den Techniken *Konfrontieren* und *Selbsteinbringen*, kommt mehr Bedeutung zu – weniger jedoch dem *Beziehungsklären* zwischen Therapeut und Klient (Tasseit 1997). Sobald Beziehung und Kommunikation thematisiert werden, wird der Therapeut auf ein gewisses Gleichgewicht der Beiträge achten und gegenseitige Anschuldigungen nicht eskalieren lassen. Ein gewisses Eindämmen überbordender Gefühle wird von einigen Therapeuten empfohlen, da ansonsten konstruktive emotionale Abgrenzung nicht ermöglicht wird und eine eigenständige Erwachsenenposition nicht gefördert werden kann (Ebert 1995). Hier ist mitunter mehr direktives therapeutisches Verhalten gefordert, da der Therapeut seine Verantwortung zum Schutz der Klienten wahrnehmen muss.

In der ersten Phase wird eine Problemerweiterung formuliert oder mit beiden Partnern das Problem gemeinsam neu definiert. In dieser Stufe könnte sich also die Anklage, die Frau verschließe sich gegenüber ihrem Mann, zu einem Thema verbreitern, dass beide Partner keine Zeit mehr füreinander haben. Geht es bei den Paarkonflikten zunächst um Einschränkungen und Belastungen, unter denen die Eltern wegen der Behinderung leiden, kann nach pragmatischen Handlungsalternativen gesucht werden. Da es sich bei den hier behandelten Klienten um Personen mit real erlebtem Trauma und objektiv erschwerter Lebenssituation handelt, läuft es der psychotherapeutischen Haltung des Therapeuten nicht zuwider, in personzentrierter, nichtdirektiver Weise auch konkrete Hilfestellungen gemeinsam mit den Klienten zu erarbeiten (Tausch 1997). Dieses Vorgehen eignet sich zudem sehr gut, auf einer verhaltensnahen und dem Anliegen der Eltern nahe kommenden Ebene Kommunikations- und Umgangsstil des Paares kennen zu lernen. Die Verhandlung darüber, organisatorische Abläufe im Alltag zu ändern, eine Pflegeperson für das Kind zu Hilfe zu nehmen, eine andere Behandlungsmethode auszuprobieren oder mehr Freiraum für die Partner zu schaffen, demonstriert Problemlösefähigkeiten, Eingehen auf geäußerte Bedürfnisse, Direktheit der Kommunikation und bietet Hypothesen über mögliche tiefer liegende Bedingungsfaktoren des Konfliktes. Vertiefend wird erfragt, wie bestimmte Haltungen vom anderen erlebt werden. Nun kann thematisiert werden, wie die gerade zur Diskussion stehende Umgangsform vor Geburt des behinderten Kindes erlebt wurde, welchen Platz sie in der Beziehung hatte oder wie zufrieden man früher überhaupt mit der Beziehung war, wie mit Trauer umgegangen wurde, welche Hilfe man sich vom anderen wünscht oder wie die Behinderung die Partnerschaft verändert hat.

In weniger optimal laufenden Fällen wird der Therapeut trotz hohem Leidensdruck häufig feststellen, dass die gemeinsam gefundenen Alternativen alltäglicher Routinen vom Paar nicht umgesetzt werden. Starke Ängste vor Veränderung lösen hier Abwehr aus. Möglicherweise stehen Schuldvorwürfe wegen der Behinderung, Distanzierung der Partner oder unausgesprochene Trennungsabsichten im Hintergrund. In resignierendem Stillstand eskaliertes Verhalten kann der Therapeut *sich selbst einbringend* so kommentieren, dass sich die gegenseitigen Vorwürfe im Streit wahrscheinlich oft auf diese Weise hochschaukeln und er sich frage, wie sich denn jeder genau jetzt ganz im Inneren fühle? ... oder: Welchen Gewinn sie davon haben? ... oder: Ob der Kampf denn gewöhnlich so ausgehe, dass einer von beiden gewinne? ... oder: Was sich beide denn mit ihrer gegenseitigen Unnachgiebigkeit beweisen wollten? Auch eine *Interpretation* kann zur Deeskalierung und erneuter Problembearbeitung führen: „Wenn ich Sie jetzt beide sich so anschweigen sehe, wundere ich mich, wie sehr Sie einander vor schlimmen Wahrheiten schützen wollen ...“ Oder: „Wie sehr Sie davor zurückschrecken, festzustellen, wie weit Sie sich bereits voneinander entfernt haben ...“ Oder: „Wenn es jetzt so laut zwischen Ihnen zugeht, denke ich mir, dass Sie beim anderen noch immer eine Menge Gefühle auslösen können.“

Die biografische Dimension von Paarkonflikten

In die Partnerschaft werden aus lebensgeschichtlichen Erfahrungen der Person entstandene, überdauernde Beziehungserwartungen eingebracht. In den komplexen Begegnungen mit wichtigen Bezugspersonen sind innere Beziehungskonzepte entstanden, die Sicherheit, Ängstlichkeit, Vermeidung und Ambivalenz in Bindungen regulieren. Nach Personzentrierter Auffassung sind sie Bestandteil des *Selbstkonzeptes.* Es enthält Wünsche, Ängste und Vorstellungen darüber, wie viel Nähe gebraucht und wie viel Distanz zugelassen wird, wie Bedürftigkeit gezeigt werden kann, wie viel Vertrauen man dem anderen zu schenken bereit ist, welche Gegenleistung man für sein Engagement erhofft, wie viel Offenheit man erträgt, wie selbstständig man mit dem anderen bleibt, wie viel Anerkennung man braucht oder geben kann.

Je nach den individuellen Beziehungserwartungen werden sich Partner eher ergänzen oder in mehr oder minder andauernden Machtkampf geraten. Im Paarkonflikt stoßen zwei Personen mit *Inkongruenzen* aufeinander, wobei diese thematisch entweder gleichartig gelagert oder einander konträr gegenüberstehen können. So wird etwa die Fähigkeit zu trauern bereits in früher Kindheit gehemmt, wenn das Kind meint, mit seiner Trauer die Eltern zu belasten, das Trauern-Dürfen kann nicht integriert werden. Erwartet der andere Partner nun aber – um sich in der Beziehung sicher und anerkannt zu fühlen – gerade in der Trauer vom anderen verstanden und angenommen zu werden, so fühlen sich beide angegriffen und vom anderen enttäuscht.

Gerade mit der Erschütterung durch das Krisenereignis einer Behinderungsdiagnose und unter der Belastung im Bewältigungsprozess kann ein solcherart mühsam aufrechterhaltenes Gleichgewicht zusammenbrechen. Entweder werden nun bislang vernachlässigte oder vermiedene Wünsche und Gefühle an den Partner herangetragen, die diesen verunsichern, verärgern oder verschrecken. Oder aber der Konflikt führt zu inneren Spannungen, deren Wahrnehmung verweigert wird und Symptome entstehen lassen.

Die Personzentrierte Psychotherapie betont bei der Arbeit mit Paaren einerseits das Wachstum jeder Einzelperson, andererseits das ihrer Beziehung (Esser/Schneider 1989). Interventionen können individuums- oder beziehungsorientiert sein, die therapeutischen Kommunikationen bestehen im *Akzentuieren*, *Klären von Reaktionen*, *Konfrontieren* und *Interpretieren*.

Richtet sich die Paartherapie auf die Einzelpersonen, so wird eine Veränderung des Selbsterlebens des Klienten angestrebt, die ihn Kontakt und Umgang mit sich sowie Bewertung seiner selbst besser verstehen lässt. Der Therapeut wendet sich den Äußerungen beider Partner gleichmäßig wertschätzend und einfühlend zu und versucht sie durch diese Form der Begegnung in einen Prozess der Selbstexploration zu bringen. Da die Partner einander zuhören und an der Auseinandersetzung des anderen mit sich selbst Anteil nehmen, erweitern sie ihr Verständnis der Beziehung und gelangen allmählich zu deren Neudefinition. Ziel der beziehungsorientierten Paartherapie ist die Förderung offener Kommunikation zwischen den Partnern, indem der eine für die Wahrnehmung des anderen sensibilisiert wird. Oft wird man sich erst einen gewissen Freiraum erarbeiten müssen, bevor man sich Verlassenheitsängste, Desillusionierungen oder Antipathien zugibt und sie dann auch noch dem anderen offenbart. Der Therapeut hat hier die wichtige Funktion, durch die Verwirklichung der *akzeptierenden* und *einfühlenden* therapeutischen Haltung – die gegebenenfalls aber auch einen der Klienten vor dem anderen beschützt – diesen Spielraum zu schaffen. In der entstehenden Offenheit der partnerschaftlichen Auseinandersetzung kann es dann geschehen, dass Bedingungen des Zusammenlebens neu verabredet werden oder sich Trennung als beste Möglichkeit des Weiterlebens herausstellt.

3.8 Zukunftsängste

Sorgen über weitere Entwicklung und Zukunftsaussichten des behinderten Kindes stellen eine weitere Belastungsquelle dar. Eltern quälen sich oft mit Gedanken, welche Fertigkeiten ihr Kind irgendwann einmal erlernen, welchen Grad an Selbstständigkeit es erreichen oder wie lange es in der Familie bleiben kann. Sich für eine Trennung vom Kind zu entscheiden, bedeutet für die Eltern schmerzliches Abschiednehmen und Konfrontation mit Versagensgefühlen und Vorwürfen. Für denjenigen, der das Kind mehr betreut hat, führen Überlegungen dieser Art oft in eine Selbstwertkrise, da er sich fragt, ob jemand anderes das Kind so gut verstehen und versorgen können wird wie man selbst. Die Loslösung vom Kind berührt erneut Bindungserfahrungen in ihrer lebensgeschichtlichen Tragweite.

Befürchtungen hegen Eltern auch über die Entwicklung ihres Kindes in der Pubertät. Spekulationen über Erscheinungsbild und Verhalten lassen die eigene Position erkennen, die Eltern ihrem Kind gegenüber in dieser Periode einnehmen wollen, welche Art von Entfremdung sie erwarten und welche Vermutungen sie über seine Sexualität haben. Sorgen über mögliche Gefährdungen können auch auf Verstimmungen oder Konflikte in der gegenwärtigen emotionalen Vertrauensbeziehung oder auf Ablehnungsgefühle hinweisen. Schließlich finden sich die Eltern auch bei diesem Thema mit den eigenen Lebenserfahrungen und Wertvorstellungen konfrontiert.

Wenn Eltern weit in die Zukunft hinaus denken, wird sie das Problem der finanziellen Absicherung des behinderten Kindes und die Frage, ob und inwieweit die Geschwister sich sorgen werden, beschäftigen. Auch dieses Problem lässt zugleich das aktuelle Beziehungsgeflecht und seine Dynamik durchscheinen. Hier können Erwartungshaltungen oder Enttäuschungen über die gesunden Geschwister zum Vorschein kommen, die ihrerseits oft wieder mit Rollen der eigenen Kindheit verknüpft sind.

Wenn Eltern junger Kinder viele Sorgen über mögliche Komplikationen in ferner Zukunft äußern, zeigen sie damit ihre Verunsicherung angesichts der Unwägbarkeiten, die auf sie zukommen. Zugleich lassen sie erkennen, dass sie sich offenbar nicht zutrauen, zu gegebener Zeit schon selbst oder mithilfe anderer geeignete Problemlösungen zu finden. Für sie kann es schon hilfreich sein zu spüren, dass der Therapeut auf die von ihnen gefürchteten Problemkonstellationen gar nicht so panisch reagiert (Hammers 1998). Hinter hartnäckig vorgetragenen Zukunftsängsten kann sich auch eine noch nicht zum Vorschein gekommene Ablehnung des Kindes verbergen.

Die Auseinandersetzung mit der Frage der Familienplanung kann Partnerschaftskonflikte thematisieren, aber auch tief liegende Ängste mobilisieren. Der Kinderwunsch kann bei beiden Eltern die mit der Behinderung des Kindes erlebten Traumata wieder beleben und den Bewältigungsprozess erweitern. Er kann sich auch als Bedürfnis nach Kompensation bemerkbar machen und würde dann auf noch nicht bewältigte Enttäuschungen hinweisen. Mit der Phantasie über Familienzuwachs kommen auch Spekulationen über mögliche Rollenveränderungen sowohl bei Eltern als auch bei dem erwarteten Kind. Befürchtungen treten auf, nicht mehr genug Zuwendung für das behinderte Kind zu haben oder dem Nichtbehinderten mit dem Geschwister eine zu große Bürde mitzugeben.

3.9 Hoffnung

Widersprechen sich Hoffnung und realistische Einschätzung der Behinderung? Darf manchmal die Abwehr mitspielen, um dem Klienten die Hoffnung nicht zu nehmen? Kann nicht Hoffnung nur auf einer unverstellten Sicht der Wirklichkeit aufbauen? Hoffnung wirkt in Familien mit behinderten Kindern zweifach: Kind und Familie sollen sich positiv entwickeln.

Illusionäre Erwartungen an exotische Alternativtherapien, das Einspannen von Nachbarschaften in tag- und nachtzeitübergreifenden Betreuungssystemen, zeigen das tief liegende Bedürfnis nach Hoffnung ebenso wie die verzweifelte Konstruktion eines Bezugsrahmens gegen das Begreifen des Unfassbaren. Aktivitäten dieser Art könnten ebenso gut unter dem Begriff der Abwehr betrachtet werden. Es ist aber auch eine existenzielle Komponente angesprochen, die mit Abwehr zu kurzgreifend, als sinnstiftende Maßnahme aber gerechter beschrieben wäre.

Deshalb erscheint für den Umgang mit dieser Art zu Aktivität gewordener Hoffnung die Akzeptanz des Therapeuten dringend erforderlich. Die Haltung der Eltern soll als ein kämpferischer Weg verstanden werden, sich mit der Behinderung auseinander zu setzen. Mobilisierung von Tatkraft, von Unternehmungsgeist und unbeugbarem Willen sind positive, lebensbejahende Merkmale. Erst viel später kann in der Aufbietung aller Kräfte ein Aufbegehren erkannt werden. Erst dann wird die Funktion der Auflehnung verstanden, für eine Zeit lang grenzenlose Traurigkeit über das Schicksal des Kindes und drohende Passivität wegzuschieben. Auch hier klingen als tiefere, seelische Beweggründe lebensgeschichtliche Erfahrungen der Person an.

In diesem Sinne verstanden, ist Hoffnung eine Form von Abwehr. Als Stütze der Person anerkannt, steht sie auf einer verfehlten Interpretation der Wirklichkeit. Dem widersprechen die Äußerungen mancher Eltern behinderter Kinder, die bereits die Tragweite der Diagnose ihres Kindes vollständig erfassen und trotzdem, wie sie sagen, die Hoffnung nicht aufgeben. Manchmal scheint es, als sei der Abschied von den ersehnten Zukunftsbildern die Voraussetzung, dass Hoffnung ensteht, die sich auf gar kein konkretes Entwicklungsziel mehr richtet, sondern eher ein Vertrauen ist – dass es so, wie es ist, gut werden kann. Wenn eine solche Einstellung sich auch noch mit den anderen familiären und Lebensaufgaben vereinbaren lässt, die niemanden zu kurz kommen lassen, dann ist das Ziel der Bewältigung, der Akzeptanz der Behinderung des Kindes und seine Integration in die Familie wohl erreicht.

4 Behandlungen

Die hier mit Personzentrierter Einzel- bzw. Paartherapie psychotherapeutisch behandelten Eltern behinderter Kinder haben zum Therapeuten entweder selbst Kontakt aufgenommen oder wurden von den Behandlern des Kindes zu einem Gespräch motiviert. Innerhalb der ersten Termine wurde gemeinsam verabredet, ob die gemeinsame Arbeit eine Psychotherapie werden soll oder eine Beratung. Den Psychotherapie-Klienten war bewusst, dass diese Form der Behandlung die eigene Person und ihre Lebenserfahrungen weitaus mehr in den Mittelpunkt stellt als eine Beratung. Die psychotherapeutischen Kontakte begannen üblicherweise mit drei bis fünf Gesprächen, die zur Erhebung der Anamnese dienten. In diesem Rahmen wurde auch die Vorgeschichte des behinderten Kindes erhoben. Personzentrierte Gesprächsführung heißt hier, schematisches Abfragen von Informationen zu vermeiden und sich der Richtung, in die der Klient geht, anzupassen. Meist gibt der Therapeut mit einer Frage nach den frühesten Kindheitserinnerungen, zur Pubertät, Partnerwahl oder Behinderung des Kindes einen Anstoß. Der weitere Verlauf wird dann durch die Beiträge des Klienten bestimmt. Nach Abschluss dieser Diagnostikphase beginnt die eigentliche Psychotherapie. Der Klient weiß nun, dass nur er den Verlauf des Gespräches bestimmt und der Therapeut sich ganz von dem, was er sagt, leiten lassen wird.

Die Fallgeschichten sollen vor allem den Verlauf der Behandlung darstellen. Deshalb werden biografische und diagnostische Einzelheiten nur erwähnt, soweit sie zum Verständnis des Verlaufes beitragen. Die Dialoge sind aus Tonband- oder schriftlichen Aufzeichnungen übernommen. Hierzu wurden Beispiele ausgewählt, die Aspekte des Bewältigungsthemas zeigen. Die Darstellung des Behandlungsprozesses folgt dem Schema ‚Anlass und Lebenssituation' – ‚Behandlungsverlauf' – ‚Veränderung und Prognose'. Die Fallgeschichten zeigen auf eindrucksvolle Weise das Entwicklungspotenzial der Person, wenn ihr ein Gesprächsangebot im Rahmen einer unterstützenden und empathischen Beziehung gemacht wird. Jeder Falldarstellung ist eine Überschrift vorangestellt, die das bearbeitete Thema schwerpunktmäßig heraushebt. Interventionen des Therapeuten sind deutlich erkennbar, sofern keine direkte Rede wiedergegeben ist.

Selbstverständlich sind alle Namen von Personen, Kliniken und Institutionen, alle Jahres-, Altersangaben und sonstige Daten ebenso wie in allen vorhergehenden Kapiteln des Buches geändert, um die Anonymität der beschriebenen Familien zu wahren. Der besseren Lesbarkeit halber wurden fiktive Vornamen für die Kinder anstelle der gebräuchlichen Abkürzungen mit Buchstaben gewählt. Die ausführlichen Fallschilderungen folgen in leicht abgewandelter Form dem von Biermann-Ratjen et al. (1997) vorgeschlagenen Muster.

Fall „Angst" (Frau T.)

Anlass zur Behandlung und Lebenssituation

Frau T. macht sich große Sorgen um ihren dreieinhalbjährigen Sohn Thomas, der an einem Anfallsleiden erkrankt ist und sich psychomotorisch verzögert entwickelt. Sie fühlt sich unter Druck, überfordert und verzweifelt, weil er so wenig Fortschritte macht. Drei Monate nach der endgültigen Diagnosemitteilung trat zuerst ein Rauschen im Kopf auf, für das sich keine organische Ursache fand. Danach kamen Panikzustände mit Herzrasen und Todesangst, die seitdem schubweise, manchmal nur als flaues Gefühl, dann wieder mit Heftigkeit in unterschiedlichen Intervallen, etwa beim Autofahren oder Einkaufen, wiederkehren. Sie reißt sich dann zusammen, fühlt sich jedoch wie ein „gedeckeltes Pulverfass", hat Angst, vor Erschöpfung zusammenzubrechen. Phasenweise fühlt sie sich zu matt, um morgens aufzustehen. Sie muss viel grübeln, macht sich Selbstvorwürfe, ist oft traurig, kann aber nicht richtig weinen. Die Angst vor neuen Panikattacken lässt sie nicht los. Ein Trost ist die gute Beziehung zu ihrem Mann, der ihr viel Arbeit abnimmt, was aber ihr Misserfolgsgefühl verstärkt.

Frau T. ist 31 Jahre alt und bewohnt mit ihrem gleichaltrigen Mann und dem Sohn eine Etage im geräumigen Haus ihrer Eltern. Als Architektin graduiert, ist sie nun Hausfrau. Herr T. arbeitet nach Studienabbruch und Umschulung erfolgreich als EDV-Berater. Thomas besucht den integrativen Kindergarten, wo er als ausgeglichenes Kind gilt. Sie hatte vielleicht keine „ganz rosige Kindheit", aber nie ernste Probleme und eigentlich das erreicht, was sie sich wünschte. Auch Schwangerschaft und Geburt von Thomas waren komplikationslos. Als dann aber gegen Ende seines ersten Lebensjahres Fieberkrämpfe auftraten, kam „ein dunkler Schatten über ihr Leben". Lange Zeit wollte sie nicht wahrhaben, dass Thomas Epilepsie hat. Vor einem Jahr wurde die Diagnose zusammen mit dem Befund eines kognitiven Entwicklungsrückstandes auf sehr einfühlsame Weise mitgeteilt. Die Angstzustände kann sie sich nicht erklären, gewiss haben sie aber irgendetwas mit Thomas zu tun.

Behandlungsverlauf

Erster Eindruck

Frau T. wirkt im Gesprächskontakt zugewandt und bemüht, beschreibt differenziert, jedoch gefühlsmäßig stark kontrolliert. Oft weicht sie dem Blickkontakt aus, hält sich krampfhaft aufrecht, den Blick niedergeschlagen. Dem ersten Eindruck nach wirkt die blasse und unscheinbare Frau erschöpft und diszipliniert zugleich. Sie spricht mit leiser Stimme, die kaum Modulation erkennen lässt. Thomas' Krankengeschichte hat sie genau im Kopf und berichtet sie in sachlicher Weise. Sie lässt ihre Betroffenheit erahnen, signalisiert aber zugleich, dass sie ihre Gefühle nicht ansprechen lassen möchte. So wirken ihre Erlebnisse auf eine gewollte Weise neutral. Niemandem außer sich selbst sagt sie Negatives nach. Sie erlebt sich als Versagerin, quält sich damit, den eigenen hohen Ansprüchen nicht gerecht zu werden.

Überlegungen zur Diagnose und Genese der Erkrankung

Es bestehen keine psychischen oder organischen Vorerkrankungen, die Angstsymptomatik ist an keinen bestimmten Auslöser gebunden und hat sich noch nicht durch Vermeidungsreaktionen verfestigt. Bei einem etwas geminderten Antrieb und depressiver Verstimmung sind Denk- und Orientierungsleistungen nicht beeinträchtigt. Die Störung trat in enger Verbindung zu belastenden Lebensereignissen auf, wobei eine starke Ressource in der positiv erlebten Partnerschaft zum Ehemann besteht. Damit wird von einer Anpassungsstörung (ICD 10: F43.22: Angst und depressive Reaktion gemischt) ausgegangen.

Aus der Biografie ergeben sich Hinweise auf primäre Inkongruenz. Von früher Kindheit an haben genügsame und pedantische Eltern mit strenger Erziehung, Kontrolle und hohen Leistungserwartungen ein auf Perfektionismus und Unterordnung ausgerichtetes Selbstkonzept geprägt. Die sich entwickelnden Bewertungen blendeten die Gefühlswelt aus. Als jüngstes Kind mit vier Geschwistern in einer Arbeiterfamilie aufgewachsen, sah sie den verschlossenen, noch in Nebenerwerb tätigen Vater nicht oft und hing umso mehr an der Mutter. Diese war immer eine unglückliche und unzufriedene Frau, zu gehemmt wiederum, als dass sie etwas anderes aus ihrem Leben hätte machen können. Immerzu litt sie an irgendwelchen Beschwerden wie Herz-, Magen- und Kopfschmerzen und verlangte Schonung. Selten war ihr etwas gut genug, immer wusste sie alles besser, lobte wenig und hatte nie richtig Zeit; an Körperkontakt kann sie sich kaum erinnern. Man wurde gut versorgt, aber das Liebevolle fehlte. Zwischen den Eltern gab es nie offene Auseinandersetzungen, die Kinder wurden nicht geschlagen, aber zurechtgewiesen und mit Ironie gestraft.

Eine vertrauensvolle Bindung an die Mutter, in deren Rahmen Schutzbedürfnis und Affekte Geltung hatten, konnte sich deshalb nicht entwickeln, da diese – zu sehr mit sich beschäftigt – ihre Zuwendung unbeständig werden ließ. Damit konnte das Gefühl, vollständig angenommen zu sein, nur marginal integriert werden, und Selbstakzeptanz wurde erschwert. Die Mutter lebte ein Anpassungsideal vor, Schmerzen, Kummer und Unzufriedenheit ohne Auflehnung bereitwillig hinzunehmen. Die von der Mutter demonstrierte Rolle ließ keinen Raum für eigene Initiative oder Vorstellungen. Im Widerspruch dazu wurde von der Tochter verlangt, selbstständig und stark zu sein. Von den Eltern kaum bestätigt, waren Leistungen nie gut genug und Gefühle bespöttelt.

Die Schulzeit stellte sich für Frau T. als große Ressource heraus, da hier ihre Leistungsbereitschaft honoriert wurde, zu guten Erfolgen führte, sich eine Lehrerin um sie bemühte und den Übergang ins Gymnasium förderte. Im sozialen Kontakt zu Gleichaltrigen schüchtern und gehemmt, brauchte sie immer lange, um mit jemandem warm zu werden, und traute sich aus Angst vor Blamage und einer peinlichen Sorge, sie könne erröten, kaum etwas zu sagen. Sie kann sich nicht erinnern, dass ihr die Eltern jemals etwas Nettes über ihr Aussehen gesagt hätten. Sexualität war in der Familie Tabu.

So hat sich ein Selbstideal herausgebildet, das emotionale Verschlossenheit und Demonstration von Stärke nach außen signalisiert. Die Angst, abgelehnt zu werden, führte zu einer Haltung, sich nichts anmerken zu lassen und auf keinen Fall Bedürftigkeit zu zeigen. Ihre Partnerwahl entspricht dieser Idealvorstellung. Die selbst auferlegte Kontrolliertheit gegenüber eigenen Regungen, die sich das Kind schon früh zulegte, um dadurch elterliche Anerkennung zu finden, kollidierte im sozialen Umgang mit Wünschen und verursachte Hemmung, Unsicherheit und Selbstzweifel. So entwickelte sich das Selbstbild des schüchternen Mauerblümchens – immer unsicher, ob es von anderen gemocht wird. Minderwertigkeits- und Unterlegenheitsgefühle wehren die tiefe Sehnsucht nach Gesehen- und Angenommenwerden ab. Diese Verunsicherungen ihres Selbstvertrauens begleiteten Frau T. auf ihrem Bildungsweg ebenso wie in Liebesbeziehungen, ohne bislang eine Krise auszulösen. Positive Beziehungen zu Menschen, die imstande waren, ihre Gefühle anzunehmen und sie anzuerkennen (Großmutter, Lehrerin) haben die primäre Inkongruenz gemildert; auch das ‚Gutmütige' des Vaters trug zur Kompensation bei. Diese tief verwurzelten, positiven Erfahrungen gaben genug Stabilität, eine Partnerbeziehung aufzubauen und Leistungsstress zu bewältigen. In Distanz zum Elternhaus fand sie zu relativer Autonomie.

Erst das Krisenereignis der Behinderungsdiagnose überforderte ihre Widerstandsfähigkeit. Bereits die unerwartete Schwangerschaft gefährdete das labile Gleichgewicht zwischen Autonomiewunsch und Versagensangst, mit der Diagnose verschärften sich Einengungsgefühle, und Autonomieverlust drohte. Die Angst, das bedürftige Kind könne ebenso fordern wie die ablehnende und anspruchsvolle Mutter in der eigenen Kindheit, ließ einen Impuls entstehen, die Verantwortung für das Kind zurückzuweisen. Diesen Affekt kann sie nicht gelten lassen, weil er dem Selbstkonzept widerspricht. Er wird abgewehrt und kehrt als verzerrte Wahrnehmung im Angstsymptom wieder.

Frau T. erlebt einen inneren Widerspruch zwischen Anlehnungswunsch und Wunsch nach Entfaltung. Während das Anlehnungsbedürfnis seit früher Jugend abgewehrt wurde – da ein grundsätzliches, vor allem stabiles Angenommenwerden vonseiten der Eltern nicht verwirklicht werden konnte und als erlebter Mangel an Wertschätzung für die depressiven Anteile an Frau T.s Störung verantwortlich ist – konnte Autonomie zumindest in der Distanz vom Elternhaus realisiert werden. Zurzeit kann sie davon nur die bereits früher erfahrene und aktuell wiederholte Einengung durch die Mutter spüren, etwa in der Kritik ihres Lebenswandels und Erziehungsverhaltens. Die tief in ihr ruhende Verunsicherung im Angenommensein, die aus realen Entsagungen und einer Angst vor Liebesverlust resultiert, ist ihr nicht wahrnehmbar.

Verlauf

Phase der gefühlten Belastungen: Im Mittelpunkt der ersten Therapiephase steht Thomas' Vorgeschichte, der Schrecken nächtlicher Krampfanfälle, die Odyssee durch die Krankenhäuser und ihre Überforderung mit widersprüchlichen Empfehlungen. Diese Erinnerungen sind ihr präsent, ihre Darstellung kompakt und genau. Das Neue an dieser Erinnerungsarbeit ist, beim Erzählen die nichtwertende Anteilnahme des Therapeuten zu spüren, sodass ihre Berichte mit der Zeit den dokumentarischen Charakter verlieren. Sie beginnt allmählich, ihre Erschöpfung nicht nur zu berichten, sondern deren Ausmaß zu spüren.

6. Gesprächskontakt

Frau T.: Ich lade mir so viel auf. Ich habe angefangen, mir Kindergärten anzuschauen und Termine beim Homöopathen zu machen, dann war ich mit Thomas bei seinem neuen Ergotherapeuten, und selbst dafür fehlt mir die Ruhe.

Therapeut: Soviel Sie sich auch für Thomas einsetzen, es genügt Ihnen nicht. Immer bleibt ein Vorwurf, zu wenig zu tun.

Frau T.: Diese Angst vor seinen Krämpfen sitzt mir im Nacken. Ich würde so gern arbeiten gehen, aber mir fehlt die Kraft. Eigentlich bräuchte ich meine Ruhe.

Therapeut: Das spüren Sie jetzt schon genau, wie viel Ruhe Sie sich wünschen und wie wichtig es ist, sich Zeit zu nehmen. Aber es kommt nicht dazu …

Frau T.: Das haben Sie schon das letzte Mal gesagt, dass ich das spüre, und es hat mir gut getan. Aber ich kriege ein schlechtes Gewissen, wenn ich mich ausruhe … Thomas ist mein ganzer Lebensinhalt geworden.

Therapeut: Diese Angst, etwas Wichtiges für Thomas zu verpassen, das verschlingt ihre ganze Kraft.
Frau T. (leise): Ja. Man darf das nicht denken ... aber manchmal sage ich mir, ich habe mich wegen Thomas ganz aufgegeben ...
Therapeut: Da fühlen Sie so einen Widerspruch: Einerseits wollen Sie alles für Thomas tun, was Sie nur können ... andererseits ... fragen Sie sich, wo Sie denn bleiben ... manchmal können Sie einfach nicht mehr ...
Frau T. (ganz leise): ... ja ...

In dieser Phase wird ihr Erleben konkreter, sie wagt mehr Selbstexploration und beginnt, sich mehr Diskrepanz zu erlauben. Ihr Bedürfnis nach Ruhe und ihr Wunsch nach Verständnis für ihr Ruhebedürfnis bringt sie dazu, ihre Überforderung auch selbst mehr anzunehmen. Die im Ernstnehmen der Erschöpfung enthaltene Distanzierung ist für sie unerträglich, da sie so offensichtlich gegen das Leitbild, ausschließlich für den Sohn da zu sein, ihn zu fördern und versorgen, verstößt. Autonomiewünsche kommen so in ersten Ansätzen zum Vorschein, werden jedoch vom eigenen Leistungsanspruch noch vollkommen überdeckt. Beide Strebungen stehen sich diametral gegenüber. Sie erschrickt über egoistische Regungen, die sie kaum laut auszusprechen wagt, und registriert, wie sehr sie mit Schuldgefühlen kämpft.

Sie beginnt wahrzunehmen, wie sehr sie das Pflichtgefühl im mütterlichen Vorbild geprägt hat und wie wenig sie sich selbst wichtig ist. Sie spürt, dass sie sich dem zeitlichen Aufwand für die verschiedenen Behandlungen immer weniger gewachsen fühlt. Sie erzählt nun ihrem Mann mehr von sich und kann mitunter in seiner Gegenwart weinen. Die Angstzustände werden seltener, Herzrasen tritt kaum noch auf. Todesängste können realen Auslösern zugeordnet werden, etwa der Krebserkrankung einer Tante, womit die Ängste von ihrer Unbegreiflichkeit verlieren. Häufiger fühlt sie sich nun aber ganz schwach, entkräftet, so wie wenn „das Leben entweicht". Als weitere, nicht zu unterschätzende Belastung kommt nun das Zusammenleben mit den Eltern zur Sprache. Auch ihnen gegenüber verhält sie sich ihrem Ideal entsprechend distanziert und unzugänglich. Sie merkt, dass sie sich stärker zeigt, als sie sich fühlt, weder Wünsche noch Kritik äußert. Ihnen in der jetzigen Krisensituation Hilfsbedürftigkeit zu zeigen, erscheint ihr völlig absurd. Andererseits gewinnt sie in den Therapiegesprächen zunehmend Vertrauen und nimmt ihre Lage immer deutlicher wahr.

Phase der Konflikte: Als besonders schwierig erweist sich die Beziehung zur Mutter. Frau T. ärgert sich über deren Vorhaltungen über ihren Umgang mit Thomas. Wie in der Kindheit bekommt sie das Gefühl, ihr nichts recht zu machen.

15. Gesprächskontakt

Frau T.: Gestern hab’ ich plötzlich gemerkt, wie genervt ich bin, wenn Mutter ’rüberkommt. So deutlich hab’ ich das noch nicht gehabt … es war irgendwie überraschend.

Therapeut: Das hat plötzlich so eine Klarheit: Wie sehr Sie sich über die Mutter ärgern?!

Frau T.: Ja. Ich bin sauer. Und ich fange an, mich abzunabeln!

Therapeut: Da sind Sie stolz auf sich, diese schwere Aufgabe anzupacken … ’mal ’was zu sagen …?

Frau T.: Na ja, nicht so ganz. Ich sag’ mir mehr so innerlich: Lass’ sie reden, und dass ich mich nicht so abhängig von ihrem Urteil fühlen soll, wenn sie wieder eine andere Meinung hat, was man mit Thomas besser machen soll.

Therapeut: Es ist so wichtig für Sie, sich mehr von ihr abzugrenzen … innerlich geht es schon ganz gut!

Frau T.: Ja. Ich kriege einen Horror von diesem vielen Negativen, was meine Mutter so los wird, das zieht mich so ’runter. Die Schmerzen, die sie wieder hat, neue Krankheiten in der Verwandtschaft … Sie nimmt mir den letzten Rest an Freiheit (stöhnt laut).

Therapeut: Da spüren Sie, wie Sie sich dagegen auflehnen, wenn man so zugeschüttet wird.

Frau T. (lässt die Schultern hängen): Ja.

Therapeut: Sie sitzen da wie ein Häufchen Elend, so … schuldbewusst.

Frau T.: Ich denk’ dann auch an meine Mutter. Sie macht sich ja auch Sorgen um Thomas.

Therapeut: Wie schwer das auch ist, sich so etwas von ihr zu lösen. Da tut Sie Ihnen auch Leid.

Frau T.: Ja. Ich denke dann auch, wie schwer sie es gehabt hat und dass sie vielleicht auch nicht anders kann.

Therapeut: Dann merken Sie, dass Sie sie auch gern haben und auch beschützen wollen?

Frau T. (traurig): Ja. Manchmal denke ich, ich verhalte mich sofort wie ein Kind, das nicht erwachsen wird, wenn meine Mutter auftritt. Ich kann mich da nicht abgrenzen.

Sie thematisiert ihre ambivalente Haltung gegenüber der vereinnehmenden Mutter, beginnt zu kritisieren, sich mehr um die Mutter kümmern zu müssen, als im eigenen Leid an ihr eine Stütze zu haben. Diese Erkenntnisse wecken Kindheitserinnerungen. Ihr wird deutlich, dass sie sich nie richtig geliebt fühlte, und sie trauert über die ausgebliebene Beachtung. Erlebnisse, wie etwa nur widerwillig geduldet, nur „mit Abstand“ und regungslos im elterlichen Bett liegen zu dürfen, wenn sie als kleines Mädchen nachts Angst hatte, führen zu tiefer Traurigkeit. Diese wird verstärkt als ihr einfällt, von der Mutter nebenbei erfahren zu haben, als Kind unwillkommen gewesen zu sein. Sie beginnt zu ahnen, dass es zu ihrem Lebensthema wurde, erwünscht zu sein.

Auch in der Beziehung zum Therapeuten spiegelt sich dieses Thema. Er wird auf die Probe gestellt, da es ihr nach anfänglichem Symptomrückgang nun mit Traurigkeit und Wiederaufflackern von Ängsten wieder schlechter geht. Sie zweifelt, ob er sie wirklich versteht, wirklich sie meint, wenn er lobt oder sich ihr zuwendet. Aber sie gibt sich dafür die Schuld. Sie stellt fest, dass sie ihre Gefühle nicht so nach außen zeigt, wie sie innerlich sind, dass sie sich verstellt – überzeugt, es niemandem recht zu machen. Ihr Selbstideal beginnt sich zu verändern, sie kleidet sich farbenfroher und beginnt wieder zu zeichnen.

Sie bemerkt, wie weit ihre Härte gegen sich in die Vergangenheit zurückreicht, bestimmt von einem Gefühl, sich wehren zu müssen, auf der Hut zu sein, zu misstrauen. Thema wird ihre Selbsteinschätzung als „unfertige", unzulängliche Frau, die sich so sehr hemmt. Im selben Maße, wie sie ihren Neigungen nunmehr nachgeht, beginnt sie, sich von der Mutter zu distanzieren. Dieser Schritt ist sowohl befreiend als auch mit Schuldgefühlen belastet und führt zu Phantasien über einen potenziell durch diesen Bruch verursachten Tod der Mutter. Sie erinnert sich an ihr Kindheitsgefühl, an deren Krankheiten schuld zu sein, weil sie angeblich nach ihrer Geburt auftraten. Damit tauchen auch Zuwendungsbedürfnisse auf und erneut erlebt sie mit Traurigkeit die erlittenen Versagungen. Nach Ekelgefühlen beim Gedanken an Körperberührungen mit der Mutter, spürt sie zum ersten Mal auch Wünsche, der Mutter nahe zu sein.

Nach einem Streit mit ihrem Mann bricht die alte Grundstimmung erneut auf, ganz allein und von allen verlassen zu sein. Selbstbehauptung, Wünsche und eigene Meinungen liegen jetzt für sie sehr deutlich erfahrbar mit den Forderungen ihrer Umwelt nach Anpassung in Widerstreit. Zweifelnd und trotzig zugleich will sie darauf bestehen, sich nun endlich ernst zu nehmen und nicht mehr „ausschalten" zu lassen. Aber sie merkt, wie schwer es ihr fällt, sich zu behaupten. Als Ursprung ihrer sozialen Ängste wird ein Minderwertigkeitsgefühl immer deutlicher. Hinzu kommt, wie sehr die Behinderung des Sohnes sie in ihrem Gefühl, nichts zu taugen, bestärkt. Trotzdem gelingt es ihr immer besser, den Alltag mit Thomas zu bestreiten, was sie auch sehen und anerkennen kann. Als Schlüsselerlebnis berührt sie tief, wie selbstbewusst sie auf eine Frage im Supermarkt, warum denn ein so großer Junge noch im Kinderwagen sitze, antwortete, er sei behindert. Angstgefühle sind jetzt sehr selten, sie kann ihrem Mann gegenüber Wünsche äußern und besser annehmen, wenn dieser sie entlastet. Sie beginnt auszugehen und an Festen teilzunehmen.

Die Phase der Neuorientierung: Je mutiger sie Neues wagt, desto verunsicherter fragt sie sich, ob ihr dies auch alles zustehe. In einer von ihr selbst herbeigeführten Begegnung mit einem früheren Freund, der sie enttäuschte und verließ, erlaubt sie sich auch aggressive Gefühle, kämpft aber anschließend sehr mit Skrupeln. Mit dem Thema ihrer Attraktivität gerät die Beziehung zum Therapeuten, andererseits ihr sich änderndes Selbstbild ins Blickfeld. Sie beginnt sich damit zu beschäftigen, wie sie wirkt und mit Kleidung und Kosmetik zu experimentieren. Einerseits entdeckt sie expansive und lustvolle Verhaltensweisen ihrer Jugend wieder, zugleich setzt sie sich mit ihrem Selbstbild als ängstliche Versagerin auseinander und beginnt zu verstehen, wie sehr sie elterliche Anerkennung vermisst hat und immer noch wünscht.

Mit ihrem Mann wagt sie nun häufiger Auseinandersetzungen. Sie spürt rascher, wenn sie sich im Stich gelassen oder eingeengt fühlt. Ihre Wünsche kann sie konkreter benennen, auch wenn sie „nur" Bestätigung möchte. Den Umgang mit ihren Eltern „erlernt sie neu". Mit der Mutter kommt sie besser zurecht, nicht nur, weil sie ihr deutlicher die Meinung sagt, sondern auch zunehmend mehr von ihren Sorgen und Unsicherheiten erzählt. Erstaunt stellt sie fest, dass sich die Mutter dafür interessiert. Sie hört langsam auf, immer die Starke zu spielen.

Noch einmal nimmt die Lebensgeschichte von Thomas und damit ihre Trauer über seine Behinderung breiten Raum in der Therapie ein. Der Therapeut ermutigt sie, ihre Traurigkeit zu spüren, ohne sich unter Druck zu setzen. Sie erlebt erneut, wie sie sich zurücknahm, sich aufgeben musste, ihr die Fröhlichkeit abhanden kam und alles „grau und leblos" wurde. Langsam lockert sich ihre Kontrolle und sie kann Gefühle zulassen.

26. Gesprächskontakt

Frau T.: (Nachbarin) hat mir heute Morgen etwas sehr Nettes über Thomas gesagt, er hat sich nämlich … (beginnt zu weinen).

Therapeut: Das kam so unerwartet … etwas Positives über ihn zu hören?!

Frau T.: Nein … Ja … ich habe mich auch gefreut … aber (schluchzt) … ich … will ihn manchmal einfach nicht mehr haben.

Therapeut: … Das ist so ein schlimmes Gefühl … das will man sich fast nicht eingestehen …

Frau T.: Ja … Ich bin so wütend. Er ist so langsam und man muss ihm alles dreimal sagen, dann hat er's schon wieder vergessen. Gestern bin ich aus dem Zimmer gegangen, als ich gemerkt hab', wie der Ärger in mir hochsteigt. Manchmal kann ich es gar nicht fassen, dass er jetzt schon bald fünf ist!

Therapeut: Es fällt Ihnen schwer, sich dann zu beherrschen … mit seiner Art bringt er Sie zur Weißglut.

Frau T.: Ja … Ich fühle mich so eingeengt, so blockiert! Es ist zum Haareraufen mit diesem störrischen Kind!

Therapeut: Heute können Sie Ihren Ärger wirklich gut zeigen! Am Anfang konnten Sie sich das noch nicht so erlauben … da haben Sie sich viel mehr dafür geschämt.

Frau T.: So schön kommt mir mein Ärger auch heute nicht vor! Aber es tut richtig gut, 'mal so herumzuschimpfen. Das tut sehr gut!!

Therapeut: Sie fühlen sich hier so sicher, so frei. Dann ist es leichter, sich das zu trauen.
Frau T.: Freiheit ja! Das ist mein Thema! Ich möchte so gerne frei sein, tanzen, laufen, reiten ...
Therapeut: So viel Energie ... so viel Lebensfreude ist da immer noch in Ihnen ... so viele Möglichkeiten!

Statt über Erschöpfung und Versagen zu klagen, gibt sie nun mutig ablehnende Gefühle gegenüber dem Sohn zu und muss sich nicht mehr dafür verurteilen. Der zunächst erschreckende Wunsch taucht auf, die Mutter an ihrem Kummer über Thomas' Behinderung teilhaben zu lassen, und wird in der Folgezeit vorsichtig umgesetzt. Ihre zunehmende Selbstsicherheit wird spürbar, als es ihr während eines neuerlichen Angstanfalles gelingt, sich ohne Scheu einer Freundin anzuvertrauen. Auch beschäftigt sie die Frage einer Berufstätigkeit nun stärker. Sie setzt sich trotz großer Verzagtheit mit der Nachbarschaft auseinander, als ein Kind nicht mit Thomas spielen will. Immer deutlicher erkennt sie, dass ihre Angst aus dem Bedürfnis herrührt, zu gefallen, gemocht zu werden und sie deshalb Konflikten aus dem Weg geht. In der Therapie machte sie die Erfahrung, sich mit welchen Stimmungen und Gefühlen auch immer aufgehoben zu fühlen, ein Recht auf Wünsche zu haben und sich auch negative Gefühle erlauben zu dürfen.

Veränderung und Prognose

Die Selbstachtung des Kindes wurde stark gefährdet, sobald es spürte, unerwünscht zu sein. Die innere existenzielle Bedrohung konkretisierte sich in kindlichen Ängsten, auf die die Eltern wenig sensibel, zu wirklichem Trost unfähig, reagierten. Die Kontaktsuche des Kindes wurde zwar toleriert, jedoch nicht in der ganzen Tragweite als ängstliche Erregung und leibhaftiges Bedrohtsein ernst genommen. Verunsicherungsgefühle, Schutz- und Anlehnungsbedürfnisse konnten so nicht vollständig integriert werden. Die von der Erfahrung des Ungewolltseins ausgehende Verängstigung sollte nicht als solche erkannt werden, denn sie wurde dem Kind beiläufig in bagatellisierender Ironie vermittelt. War die Ursache schon nicht ernst zu nehmen, wie viel überflüssiger waren dann Furcht und Liebebedürftigkeit!

Die Krisensituation der Behinderungsdiagnose aktivierte die nie bearbeitete frühe Beunruhigung und brachte Frau T. mit ihrem Selbstideal emotionaler Kontrolle und Autarkie in Konflikt. Jetzt hätte sie Anlass genug, Anlehnung und Trost zu suchen, aber ihr Selbstkonzept untersagte ihr genau dies. Da sich die Bedrohung nicht komplett abwehren ließ, entstand die sekundäre innere Inkongruenzsituation und als Symptom – passend zum Gefühl nicht wahrnehmbarer innerer Gefährdung – intervallmäßig auftretende, überfallartige Panik. Mit dem initialen Bild vom „Pulverfass“ hatte sie ihre Anspannung beschrieben, mit der sie den Angstanfall drosselt. Im Nachhinein wird deutlich, dass diese Symbolisierung potenziellen In-die-Luft-Gehens sowohl aggressive Spannung (gegen die Mutter, gegen den Sohn, gegen die Behinderung) als auch ein Sich-Entziehen-Wollen, eine Flucht in die Freiheit bedeutet.

Mit dem Unvermögen, eigene Erschöpfung ernst zu nehmen und sich Ruhe zu gönnen, kämpft sie gegen den Vorwurf an, das Kind eigennützig im Stich zu lassen. Stattdessen will sie Menschenunmögliches leisten, um die Behinderung ungeschehen zu machen, aus Angst, sie könne den Sohn sonst verlieren. Denn die mit der Verantwortungsübernahme für den Sohn erahnte Gefährdung ihrer Autonomie hatte bereits Ablehnungsgefühle und Trennungsphantasien erzeugt, die noch heftiger abgewehrt werden mussten. Denn sie würde (wieder) einsam werden, sich vor Selbstvorwürfen rechtfertigen müssen und zugleich mit der Notwendigkeit konfrontiert sein, das eigene Leben in die Hand zu nehmen, Arbeit zu suchen. Desto mehr wird sie sich um das Kind sorgen, wie wenn sie denken würde: „Ich kann es nicht, es wird sterben, dann habe ich es verloren, ich bin einsam und schuld, deshalb muss ich mein Letztes geben, darf mir keine Muße und nichts Eigenes gönnen!“ Deswegen war es in der Therapie unumgänglich, negative Äußerungen gegen das Kind zu akzeptieren, ohne zu erneuter Verkettung mit Schuldgefühlen zu führen.

Die Therapie umfasste 32 Kontakte in unterschiedlicher Frequenz und dauerte anderthalb Jahre. Eine Katamnese nach acht Monaten zeigte sie unverändert symptomfrei, stundenweise berufstätig. Der Kontakt zur Mutter blieb gut, wenn auch nicht spannungsfrei.

Fall „Zorn“ (Herr P.)

Anlass zur Behandlung und Lebenssituation

Herr P. hat wegen Schwierigkeiten mit seinem behinderten Sohn und familiären Problemen Einzelgespräche. Der zweijährige David ist bei einem mentalen Entwicklungsstand von acht Monaten schwer mehrfachbehindert, blind und leidet an Epilepsie. Er kann sich noch nicht drehen, reagiert aber gerne auf Geräusche und Musik. Er entwickelt sich langsam, lebensbedrohliche Erkrankungen bestehen nicht.

Herr P. ist 26 Jahre alt und bewohnt mit seiner drei Jahre jüngeren Frau eine enge Drei-Zimmer-Wohnung. Sie übt ihren Beruf als Erzieherin nicht aus und versorgt das Kind. Er befindet sich im Examen zum Krankenpfleger und ist in der schwierigen Situation zwischen Arbeit und Prüfungsstress äußerst angespannt und reizbar. Das Problem sind seine Aggressionen auf den Sohn. Seine Frau ist erneut schwanger und fühlt sich häufig unwohl. Auf den Bescheid hat er mit panischer Angst reagiert. Beide sind ziemlich nervös. Er braucht ein Ventil – und David bekommt seinen Ärger ab, sodass Herr P. fürchtet, dem Kind etwas anzutun. Als seine Frau mit David schwanger war, konnte er sich gar nicht vorstellen, ein gesundes Kind zu bekommen. Frühgeburt, Intensivstation und Krankengymnastik, sich langsam abzeichnende motorische Störungen waren wie Bestätigungen seiner Vorahnung. Die viel unbeschwertere Frau musste er unter Druck setzen, regelmäßig zu Kontrollen zu gehen. Nach Davids Geburt gab es viel Streit. Er warf ihr vor, nicht in der Lage zu sein, das Kind physisch anzunehmen. Jetzt hat seine Frau Versagensgefühle und zieht sich zurück.

Im Elternhaus war es nie richtig schön und angenehm. Deshalb will er jetzt auch alles anders machen. Eigentlich sind die Konflikte von früher noch nicht erledigt. Bis zum 16. Lebensjahr bekam er vom Vater Ohrfeigen, jeden Tag für irgendetwas, die Mutter beschützte ihn nicht. Damals gab er keine Widerworte. Als mittleres Kind hat er sehr an Bruder und Schwester gehangen, noch heute hält man „wie Pech und Schwefel" zusammen. Der Vater, ein mittlerer Angestellter, beherrschte die Familie wie ein Tyrann – war er im Unrecht, wurde er umso sturer. Seine Frau entmündigte er völlig und bezahlte damit, dass er ihr alles vordenken und vorkauen musste.

Behandlungsverlauf

Erster Eindruck

Herr P. ist ein hoch gewachsener, kräftiger Mann. Er agiert lebhaft, spricht mit lauter Stimme offen und freimütig über seine Probleme. Seine sprachliche Ausdrucksweise ist differenziert und schlüssig, wirkt allerdings in Detailreichtum und emotionaler Intensität etwas übertrieben. Im Gespräch findet er kaum Ruhe. Fast ununterbrochen muss er seinen Körper bewegen, die Beine übereinander schlagen, seine Rede mit Gesten begleiten. Er wirkt vital und rastlos. Seine Anspannung ist fühlbar, die Begegnung mit ihm vermittelt Druck und Ungeduld, fast als sei er auf der Flucht. Über die Behinderung seines Sohnes spricht er in der gleichen hektischen Art. Er lässt keine Gefühle von Betroffenheit oder Trauer erkennen.

Überlegungen zur Diagnose und Genese der Erkrankung

Bislang liegen keine psychischen Auffälligkeiten vor. In seiner Bildungskarriere erlebte Herr P. einen Knick, als er nach einer Phase der Orientierungslosigkeit zu seinem jetzigen Beruf fand, weil ihn der „Kontakt mit den Menschen ansprach“. Über seine dominante Rolle in Jugendcliquen mit Drogen- und Alkoholexzessen, Schlägereien, waghalsigen „Mutproben“ mit wilden Hetzjagden berichtet er voller Stolz. Bis zur Eheschließung war sein Liebesleben unstet. In seiner Herkunftsfamilie hat Herr P. überwiegend Entwertung erlebt, entweder durch aggressive Übergriffe des Vaters, die ihm zeigten, dass er nichts zu sagen habe, oder in der Einvernahme durch die Mutter, die seine Eigenständigkeit bedrohte. Diese Erfahrungen haben sein Selbstbild tief verunsichert und eine Verteidigungshaltung hervorgebracht, die ihn mit schneller Reaktion und Krafteinsatz schützt.

Die Störung trat in Zusammenhang mit dem extrem belastenden kritischen Lebensereignis der Geburt des schwer mehrfachbehinderten Sohnes und seiner anfänglichen Lebensgefährdung auf. Im Vordergrund steht Herr P.s Beziehungsstörung zu Sohn und Ehefrau, in der er starke Unzufriedenheit und schwer kontrollierbare, aggressive Gefühle erlebt. Das Bild einer Anpassungsstörung (ICD 10: F43.24: mit vorwiegender Störung des Sozialverhaltens), mit Störung der Vater-Kind-Interaktion (ICD 10: Z63.8) und Problemen der Partnerschaftsbeziehung (ICD 10: Z63.0) ist auf der Grundlage einer emotional instabilen Persönlichkeit vom impulsiven Typ (ICD 10: F60.30) gegeben.

Die frühen Lebenserfahrungen haben eine primäre Inkongruenz entstehen lassen. Die Erfahrung von Wehrlosigkeit und Unterordnung gegenüber einem wahrscheinlich zwanghaften Vater mit sadistischen Zügen haben eigene Antriebe in Gegensatz zu väterlichen Maximen gebracht und mussten abgewehrt werden. Sie konnten nicht in das Selbstkonzept integriert werden. Das Kind lernte, sich willenlos und widerspruchslos zu fügen, ohne dafür Anerkennung zu erhalten. Die aggressiven, expansiven Strebungen, die sein Selbstkonzept als böse bewertete, wurden nur zum Problem an der Oberfläche. Innerlich entstand das Selbstbild, ein schlechter, verachtenswerter Mensch zu sein, der sich nicht zügeln kann, da sein Selbstideal Selbstbeherrschung und Unterordnung fordert. Jedes weitere Auftauchen von Ärger, Empörung oder Widersetzlichkeit war deshalb mit Beschämung verknüpft, die seine Selbstachtung in Zweifel zog und die innere Spannung steigerte. So kämpft er gegen alles Aggressive, Laute, Dominante in sich an und kann sich nicht akzeptieren, wenn er solche Impulse spürt. In dieser Sicht sind nicht die aggressiven Gefühle das Symptom, sondern sein Selbstzweifel, die Selbstbeschämung und die verzweifelten Versuche, aggressive, selbstbehauptende Antriebe zu unterdrücken. Dahinter steht die mit der Enttäuschung über die Eltern verwobene Angst vor existenzieller Verlassenheit, wie er sie schon in der Kindheit erlebte und bereits dort abwehren musste.

Eine Ressource fand sich in der geschwisterlichen Solidargemeinschaft. Darüber hinaus gewann er in anerkannter Führungsposition mit jugendlicher Kraftprotzerei an Selbstachtung. Die lebenserhaltenden Kräfte waren schließlich so stark, dass er sich aus riskanten, potenziell selbstschädigenden Aktivitäten mit Willensstärke lösen konnte.

Die Geburt des behinderten Sohnes löst nach einer Periode der Beruhigung und Einordnung ins soziale Leben eine psychische Krise aus. Bereits die Schwangerschaft führt zu tiefer Verunsicherung. In der Vorwegnahme, kein gesundes Kind bekommen zu können, offenbart sich ein zerbrechliches Selbstwertgefühl. Der lebensbedrohliche Zustand des Jungen erzeugt einen Konflikt zwischen Fürsorglichkeit und Fluchtimpuls, der voller Scham abgewehrt wird und die Gereiztheit anwachsen lässt. Die Enttäuschung über die Behinderung entspricht auf einer tiefen Ebene seiner Enttäuschung über die eigene psychische Versehrtheit; ausbrechender Ärger ist der Zorn über Erniedrigungen seiner Kindheit. Fatalerweise werden seine Wutausbrüche von seiner Frau mit einer still leidenden Vorwurfshaltung quittiert. Mit dem entstehenden Schuldgefühl wächst die innere Unzufriedenheit ins Unerträgliche.

Verlauf

1. Phase: Spannungen: In der ersten Phase der Therapie thematisiert Herr P. ausführlich seine derzeitige Lebenssituation mit einer Vielzahl von Belastungen wie räumlicher Beengtheit, Prüfungsstress, Unruhe des Kindes und zunehmendem Rückzug seiner Frau. Er sorgt sich, da sie sehr an der Behinderung des Sohnes leidet, wenig spricht, erschöpft und müde ist. Seine Überlastung rührt auch daher, dass er „viele, wenn nicht alle Aufgaben" übernimmt, die mit Versorgung und Behandlung des Kindes zu tun haben um seine Frau zu schonen. Er trauert der Zeit vor Davids Geburt nach, als die Ehe noch glücklich war. Danach lehnte seine Frau Sexualität ab, „weil sie ihren Körper hasste". Heute scheint es ihm, sie will eher ihre Ruhe haben. Er fühlt sich sehr abgewiesen, obwohl er sich so anstrengt, sie zu verstehen und kein Despot wie der egoistische, autoritäre Vater sein will. Er ist verletzt, wenn sie sich ihm sexuell verweigert. Seine Wünsche nach Zärtlichkeit teilt er ihr nicht mit, weil er keinen Druck ausüben will. Immer wieder thematisiert er Ärger und Wutausbrüche gegenüber dem Sohn.

6. Gesprächskontakt

Herr P. (aufgebracht): Daheim geht es mit Riesenschritten bergab. Zwischen uns läuft gar nichts und wegen der Termine mit David weiß ich nicht, wo mir der Kopf steht. Zum Lernen komme ich kaum, dann kann ich mich nicht konzentrieren, lerne schlampig. David knatscht nur noch!

Therapeut: Dieses Kind raubt Ihnen den letzten Nerv. Und dabei strengen Sie sich total an, das Chaos doch noch mit aller Kraft im Griff zu halten.

Herr P.: Ich komme mir vor wie in einem Schraubstock: Das musst du jetzt schaffen, damit klarkommen! Du bist schließlich der Vater, musst Geduld haben!

Therapeut: Dass dieses Kind so viel Geduld von Ihnen fordert ... das strapaziert Sie am meisten.
Herr P.: Ja! Wenn er mit den Zähnen knirscht oder ... er quengelt nur noch!
Therapeut: Dieses Quengeln ist das Schlimmste!
Herr P.: Ja! Dieses Gejammere, dieser hohe Ton macht mich wahnsinnig. Zuerst drückt es in meinen Ohren, dann im Magen. Es ist als würde ich keine Luft mehr bekommen ... es presst mich zusammen! Ich werde irgendwie zittrig und ... geh' irgendwie innerlich zusammen.
Therapeut: Das übt so eine Gewalt aus ... die können Sie körperlich spüren! ... da möchten Sie ... zuschlagen ...
Herr P. (betroffen): Ja ... Es löst eine Gewalt in mir aus. Früher bin ich die Treppen hochgerannt, habe die Türen geknallt, geflucht und Bücher an die Wand geworfen.
Therapeut: Dieses Außer-sich-Geraten ... das kennen Sie schon seit langem?!
Herr P.: ... Ja ... Damals hab' ich aus Wut meine Lieblingssachen kaputt gemacht.
Therapeut: Da haben Sie sich noch am meisten mit wehgetan ... so ausweglos war das für Sie.
Herr P.: Hm.
Therapeut: Und es ist Ihnen auch so ... peinlich!
Herr P.: Ja ... Dann denke ich wieder, man muss sich doch beherrschen können!
Therapeut: Dann verachten Sie sich dafür, wenn es nicht gelingt ... das ist auch eine starke Stimme in Ihnen, die Ihnen das vorschreibt!?
Herr P.: Gegenüber meiner Frau ist es das Gleiche.

Mit der Zeit beschreibt er seine aggressiven Gefühle, die das Kind in ihm auslöst, immer schonungsloser. Die akzeptierende Haltung des Therapeuten erleichtert ihm dies. Immer deutlicher wird nun, dass es nicht nur das Wutgefühl allein, sondern die sofort hinzutretenden Scham- und Schuldgefühle sind, die seine innere Spannung unerträglich machen. Er erzählt, dass diese ihm so sehr zusetzen, dass er habe sterben wollen. Er merkt, wie sehr ihm gerade in der Schwäche des Kindes eine Macht gegenübersteht, die ihn hilflos werden lässt. Er erinnert sich, wie stolz er seit der Jugend auf seinen Trotz, seine Kraft und seine Streitlust war. Früher gab es nur ein Motto: Mit dem Kopf durch die Wand!

11. Gesprächskontakt

Herr P. (laut): Heute hätte ich ihn klatschen können ... Zuerst hat er sich gegen die Schienen gewehrt, die ich ihm anziehen musste, dann hat er beim Füttern nicht geschluckt und die Spucke herauslaufen lassen und sie herumgeschmiert ... Ich bin wahnsinnig geworden!
Therapeut: Dass Sie so einen Ekel spüren ... das macht Sie vollends fertig!?
Herr P.: Ja! Wut und Ekel ... ich werde nur noch wütend!

Therapeut: So wütend, dass Sie mit dem kleinen Kerl nicht fertig werden … da stehen sich zwei gleichwertige Gegner gegenüber!
Herr P.: Lustig find' ich das gar nicht! Aber es stimmt, er hat mich völlig in der Hand! Ich muss mich festhalten, um nicht draufloszuschlagen …
Therapeut: Da fühlen Sie sich auch so machtlos, … gerade weil er so schwach, so behindert ist!?
Herr P.: Diese Wut gegen das eigene Kind … das ist doch unmöglich!
Therapeut: Es fällt Ihnen schon schwer genug, mir auch immer wieder davon zu erzählen …
Herr P.: Ja. Aber ich habe Angst davor, die Kontrolle zu verlieren. So offen habe ich von meinen Aggressionen gegen David noch niemandem erzählt.

Er merkt, dass seine vermeintliche Toleranz gegen die Frau nicht frei von Ärger und Vorwürfen ist. Ihn trifft die Erkenntnis, dass er sich als mutiger Mann offensichtlich nicht traut, seine Bedürfnisse anzusprechen. Ähnlich wie gegenüber dem Sohn fühlt er sich auch ihr gegenüber machtlos und sofort schuldig, wenn sie sich zurückzieht, er bei ihr ins Leere läuft.

2. Phase: Suche nach Bestätigung: Im anschließenden Therapieabschnitt bezweifelt Herr P. die Wertschätzung des Therapeuten. Es ist ihm unvorstellbar, dass man ihn mit den immer deutlicher ausbrechenden Ärgerattacken annehmen, ihn mit seinen Wutgefühlen auf den störenden Sohn noch achten kann. Mit Zornausbrüchen lotet er die Grenzen des Therapeuten aus, ob dieser nicht doch irgendwann Verbote ausspricht und Zuneigung entzieht.

Auf einer vertieften Vertrauensbasis führt der Weg in Herr P.s Kindheit und insbesondere zur Vaterbeziehung. In vielen Gesprächen, immer wieder unterbrochen von Berichten über aktuelle Konflikte mit Frau und Sohn, beschreibt er Kindheitsszenen von Demütigungen durch den Vater. Die Erinnerung an Züchtigung und Geringschätzung lässt Wut hochsteigen, die der gegenüber dem Kind gar nicht so unähnlich ist. In beiden Situationen findet er tiefe Ohnmachtsgefühle wieder. Er beginnt zu ahnen, wie verzweifelt er gegen Enttäuschung und Wiederkehr der Erniedrigungen seiner Kindheit kämpft und zugleich darum ringt, seine Wünsche und Gefühle ernst zu nehmen. Er versteht, unter welchem Zwang er in seiner Kindheit stand. Es wird deutlich, dass ihn die Begegnungen mit dem Vater überzeugten, wenig zu gelten und das, was er dachte oder fühlte, am besten bei sich zu behalten. Zugleich wird ihm damit klarer, wie sehr ihm echte Bestätigung nicht nur gegenwärtig, sondern bereits von Kindheit an fehlte.

Auch heute bleibt die elterliche Anerkennung aus. Die Schwiegertochter wird nicht akzeptiert und er unter Druck gesetzt. Ihm kommt es fast so vor, als wolle die Mutter ihn zurückhaben, als solle er zu ihr gehören. Vonseiten seiner Frau spürt er die Erwartung, auf sie einzugehen, sie vor seinen Eltern in Schutz zu nehmen und überhaupt etwas für sie zu tun, ohne gleich etwas zurückzuverlangen. So steht er zwischen den Fronten und kann es niemandem recht machen. Mit Widerwillen registriert er, wie einvernommen er sich fühlt. Mit der aktuellen Familiensituation rückt das Erleben von Geburt und Behinderung des Sohnes zum ersten Mal in den Mittelpunkt. Traurig geht er die dramatischen Ereignisse von Frühgeburt und Notfallversorgung noch einmal durch. Er wird insgesamt ruhiger, die Wutimpulse lassen nach.

17. Gesprächskontakt

Herr P.: Das ‚Verzichten‘ ist mir die ganze Woche nicht aus dem Kopf gegangen.

Therapeut: Da hat sie etwas sehr berührt, was mit Verzichten zu tun hat?!

Herr P.: Genau. Als Kind habe ich verzichten müssen ... und jetzt plagen wir uns mit David ...

Therapeut: So empört Sie auch sind ... man spürt ihren Schmerz über seine Behinderung ... immer deutlicher.

Herr P.: Bei Davids Geburt war ich hoffnungslos verliebt in ihn. Die Katastrophe fing dann mit dem Befund an.

Therapeut: Dieses Gefühl der Liebe ist ganz zugedeckt worden ... von dem, was dann kam?!

Herr P.: Ja. Es war mir schnell klar, wie behindert er ist, wie er ums Leben gekämpft hat, das unendlich lange Füttern, dieses Würgen ... ‚Warum will das Kind nicht so, wie ich will?‘ ist mir damals immer im Kopf herumgegangen.

Therapeut: So wie er war ... wie er ist ... so können Sie ihn gar nicht annehmen!?

Herr P. (schaut vor sich hin): ... Es fällt mir so schwer! ... Ich bin ganz verhärtet gegen ihn.

Therapeut: Es schmerzt, so genau zu spüren, wie verschlossen Sie gegen ihn sind ... dass Sie da keine Hand nach ihm ausstrecken können ...

Herr P.: Es klingt wirklich so furchtbar ... aber ich fühle mich so zu. Ich schaff's einfach nicht ...

Therapeut: ... ihn lieb zu haben?

Herr P.: Ja.

Therapeut: ... Es ist so traurig, das so einfach und klar zu sagen. Ich spüre, wie sehr Sie sich damit quälen ...

Herr P. (schlägt die Hände vors Gesicht, leise): Ich bin ein Rabenvater ...

Therapeut: Da schämen Sie sich wieder so abgrundtief ... Wie schwer Sie das kränkt, dass der Sohn nicht so geworden ist, wie Sie sich das gewünscht haben!?

Herr P. (mit trauriger Stimme): ... Ich hätte so gern ein gesundes Kind gehabt!

Seine Wunschvorstellungen über den Sohn werden ein wichtiges Thema, das zugleich seine Enttäuschung immer deutlicher hervortreten lässt. Nach und nach kann er mehr Trauer über die Behinderung des Sohnes zulassen. Nach Hadern und Selbstverurteilung ist er nun niedergeschlagen und betroffen. Erneut werden Verletzlichkeit wie auch Sehnsucht nach Anerkennung thematisiert. Erstaunt findet er heraus, dass die Suche nach Bestätigung sein Lebensmotto sein könnte und begegnet noch einmal den Entbehrungen seiner Kindheit, diesmal weniger mit Zorn als vielmehr Traurigkeit.

22. Gespräch

Herr P.: Im Grunde glaube ich, ist es schon schlimm, diese Hilflosigkeit zu spüren. Viel schlimmer ist aber das Gefühl, etwas falsch zu machen.

Therapeut: Das berührt einen ganz empfindlichen Punkt in Ihnen ... wenn Sie selbst oder andere Ihnen vorhalten könnten, äh ... Sie hätten sich blamiert!?

Herr P.: Ja. Es ist mir vollkommen unmöglich, Kränkungen zu ertragen. Egal ob in der Familie oder in der Klinik. Ich merk' auch sofort, wenn ich gekränkt bin. Dann fühle ich mich total verunsichert und kenne nur noch eins: Zurückzuschlagen.

Therapeut: Das bringt Sie gleich als ganze Person durcheinander, so ganz ins Wanken ...

Herr P.: Ich möchte so gerne alles richtig machen ... ich träume oft davon, dass mir keiner etwas könne, dass ich stolz und unantastbar bin ... dass mich jemand mit strahlenden Augen anschaut!

Therapeut: Sie merken, wie wichtig Ihnen die Anerkennung ist.

Herr P. (leise): Von meinem Vater habe ich diese Anerkennung nie gehabt. Obwohl ich den Bruch mit den Eltern nie vollzogen habe, immer wieder bin ich zu ihnen hingegangen. Ihnen konnte ich bis heute nichts recht machen!

Therapeut: Das macht so traurig, sich eingestehen zu müssen, dass es für Sie von den Eltern einfach keine Bestätigung gab, gibt.

Herr P.: Ja (schweigt).

Herr P.: Auch meiner Frau möchte ich doch gerne beweisen, dass ich ein netter Kerl bin ... dass ich sie lieb habe. Ich habe jetzt auch schon einige Geschenke für sie eingebaut, mit Aufstehen und Frühstückmachen und so ...

Therapeut: Auch von ihr brauchen Sie die Bestätigung. Es ist gar nicht so, dass Sie so ein selbstgenügsamer Typ sind!?

Herr P.: Nein, eigentlich überhaupt nicht! Nur dieses Reden fällt mir schwer.

Therapeut: Immerhin können Sie es heute in Worte fassen ... Früher haben Sie sich entweder frustriert abgewendet oder einen Wutausbruch gekriegt!

Herr P.: Es ist für mich das Allerschwerste, einen Wunsch zu sagen oder einfach nur zu sagen, dass mir etwas nicht paßt oder so ... ich denke immer ... ich glaube, ich habe einfach Angst vor der Zurückweisung.

Der abschließende Teil der Therapie lässt die mit seinen Kommunikationen verbundene, hohe Erwartungshaltung erkennen. Er kann entdecken, welche Kränkung es für ihn bedeutet, Wünsche nicht gleich erfüllt zu bekommen oder auch nur auf kontroverse Meinungen zu treffen. Er kann spüren, welche enorme Anstrengung es ihn kostet, Abweisung nicht als Ablehnung seiner Person zu verstehen. Seine Erfahrungen mit der väterlichen Übermacht machen ihm nun sein Grundgefühl verständlicher, sich weder ernst genommen noch anerkannt zu fühlen. Neben einer Ahnung, dass ihn die eigene geringe Selbstachtung immer wieder dazu bringt, sich enttäuscht zurückzuziehen oder sich brachial zu wehren, gewinnt er die überraschende Erkenntnis, wie wenig Dialoge und Verhandlungen es in der Ursprungsfamilie gab. Aggressionen treten schon länger nicht mehr auf. Zwar bekommt er noch ab und zu Ärgerimpulse, aber es gelingt ihm, sie zu zügeln. Die tiefe Enttäuschung über den Sohn kann er nun deutlicher zulassen. Es wird ihm klar, dass die Behinderung bei ihm ebensolche Versagensgefühle ausgelöst hatte, wie er sie seiner Frau von Anfang an unterstellte – hatte er sich den Sohn doch als Ebenbild gewünscht und sogar gehofft, mit ihm das verspätete Wohlwollen der Eltern zu erreichen. Im Umgang mit dem Zweijährigen kann er immer mehr eine Herausforderung erkennen, sich dessen Bedürfnissen nicht entgegenzustellen, sondern mit ihm in Kontakt zu treten.

Veränderung und Prognose

Insgesamt fanden 29 Gespräche statt. Nach eigener Aussage half ihm die Therapie, ruhiger zu werden und seine Wut als Ausdruck tiefer Enttäuschung zu verstehen. Sein Ärger über David ist damit nicht verflogen, aber er hat das Gefühl, ihn besser kontrollieren zu können. Vor allem stürzt er nicht jedes Mal in tiefe Selbstzweifel, wenn er sich über irgendetwas aufregt. Wenn auch die Beziehung zu seiner Frau immer noch schwierig bleibt, sieht er doch große Fortschritte, mit ihr zu sprechen und sich mit ihr auseinander zu setzen. Er macht sogar einen gewissen Sport daraus herauszufinden, was er ihr eigentlich mitteilen will, wenn er das altvertraute Bedürfnis bei sich spürt, sich beleidigt zurückzuziehen oder aus der Haut zu fahren. Sein Selbstwertgefühl hebt sich mit der bestandenen Prüfung und der Geburt eines gesunden Jungen, dem er anfangs befangen und voller Angst vor seiner Reizbarkeit begegnet.

Die schwere Behinderung des Sohnes hatte bei dem Mann, der lebenslang einen tiefen Selbstzweifel durch forsches Auftreten, Aggressivität und demonstrative Härte nur mit Not kompensierte, eine Krise ausgelöst. Da er aufgrund früher Entbehrungen Bestätigung und Anerkennung so notwendig brauchte, konnte er im Verhalten des behinderten Kindes nur einen Affront gegen sich, das eigene Vermögen und seine Selbstachtung sehen. Dies attestierte ihm Versagen und erinnerte ihn außerdem an die eigene, vom Vater gebrochene Widersetzlichkeit der Kinder- und Jugendzeit. Auf die erlebte Kränkung und Zurückweisung reagierte er mit den Mitteln, die er sich im Laufe seines Lebens angeeignet hatte: Je stärker die innere Betroffenheit, desto mehr Gewalt brach aus ihm heraus. Eine Spirale ständig neuer Schuld- und Versagensgefühle sowie noch heftigerer Wut war die Folge und führte bis zum Todeswunsch.

Eine erhebliche Ressource hatte der Klient in seiner Fähigkeit, sich in dieser ausweglosen Situation Hilfe zu suchen. Darauf war während der Therapie öfters – sehr zu seinem Stolz – hingewiesen worden. Auch vom Therapeuten suchte er Anerkennung, was sich in seinen schonungslosen Offenbarungen über negative Gefühle gegenüber dem Sohn andeutete und wie er deswegen mit sich ins Gericht ging. Er wollte zeigen, dass er hart an sich arbeitete und seine Sache gut machte, dass er doch ein „guter Sohn" sei.

Seine Lebenserfahrungen haben in ihm ein fragiles Selbst mit hohem Bedürfnis nach Schutz entstehen lassen. Die durch das Kind hervorgebrachten Situationen erlebt er als auferzwungenen Verzicht auf ihm eigentlich zustehende Besitzstände, auf seinen Körper (er reagiert körperlich), auf sein Ich. Die Bedrohung enthält eine narzisstische Kränkung, da das Selbst eigentlich Bestätigung, und nicht Verzicht, erwartet. Seine Aggressivität gegen den Sohn kann als Symbol für die Beschädigung des Selbst in der eigenen Kindheit angesehen werden. Wie der Verlauf zeigte, hatte Herr P. tatsächlich Kränkung durch Verzicht, durch Ablehnung und Missachtung erlebt.

Fall „Stagnation" (Frau M.)

Anlass zur Behandlung und Lebenssituation

Frau M. kommt auf Empfehlung des Krankengymnasten, der ihren knapp zweieinhalbjährigen Sohn behandelt, zur Therapie. Sie steht unter erheblicher seelischer Belastung, klagt über körperliche Symptome wie Kreislaufstörungen, Herzklopfen, Magenschmerzen, Schwitzen und Hitzewellen. Sie hat starke Schlafstörungen, fühlt sich schwach, niedergeschlagen und mutlos, macht sich Selbstvorwürfe und grübelt viel. Im Kontakt mit anderen fühlt sie sich verunsichert, in der Partnerschaft von ihrem Mann wenig unterstützt. Sie „schleppt sich durch's Leben", hat Angstgefühle, ohne näher erklären zu können, worin diese bestehen.

Die dreiköpfige Familie lebt in wohl situierten Verhältnissen. Frau M. hat wie ihr Vater Jura studiert, ihr zehn Jahre älterer Mann ist Prokurist in einem mittelständigen Unternehmen. Kurz nach der Heirat mit 23 Jahren schwanger, kam der gemeinsame Sohn Tim nach Plazentainsuffizienz mit

Kaiserschnitt sechseinhalb Wochen vor dem Termin als Frühgeborenes zur Welt und wurde maschinell beatmet. Die motorische Entwicklung des Kindes verlief verzögert, mit zehn Monaten wurden BNS-Krämpfe festgestellt und medikamentös eingestellt. Heute ist der Sohn mit einem mentalen Entwicklungsalter von etwa zehn Monaten weit über die Hälfte des Lebensalters retardiert. Er hat eine zerebrale Bewegungsstörung mit erheblicher Sehbehinderung.

Seit den letzten zwei Jahren lebt sie in Dauerstress. Vorher gesund und ausgeglichen, kämpft sie nun mit Erschöpfung. Dazu kommt die nervliche Anspannung wegen Unsicherheiten über genaue Diagnose und Prognose der Behinderung. Umgang und Betreuung von Tim sind nicht einfach. Er fordert und erzwingt mit hysterischem Geschrei ihre ständige Anwesenheit. Mitunter beißt er sie. Dies geschieht so urplötzlich, dass sie sich dagegen nicht schützen kann, auf keinen Fall möchte sie das Kind „vor Schreck fallen lassen“. Sie traut sich nicht, ihn allein zu lassen oder jemand anderem anzuvertrauen.

Als Jüngste mit zwei älteren Brüdern aus einer wohlhabenden Akademikerfamilie stammend, wuchs sie „wohl etwas verwöhnt“ auf. Die Mutter liebte und behütete sie sehr, nahm sie oft gegen die robusten Jungen in Schutz. Als kleines Mädchen ließ sie sich viel von ihr trösten, blieb immer in ihrer Nähe. Irgendwie vermittelte die Mutter ihr damals wohl das Gefühl, dass nichts Böses an sie herankomme. Später merkte sie dann freilich, dass sie auch sehr eingeschränkt wurde. Vieles durfte sie nicht, angeblich weil es zu gefährlich für sie sei. Sie war immer ein artiges und feines Kind, „unsere gute Tochter“, ihre gelegentlichen Frechheiten ahndete man umso strenger. So wurde sie ein stilles, distanziertes Mädchen.

Im Alter von elf Jahren zerbrach diese heile Welt mit einem Schlag, als die Mutter nach einem Verkehrsunfall starb. Damals zog sie sich vollends in sich zurück. Ihr Vater versuchte sie zu erziehen, hatte aber wenig Zeit. Seine Art hatte außerdem immer etwas Verpflichtendes an sich, so als ob er sie damit vertraut machen wolle, später für ihn zu sorgen. Darüber gab es oft Konflikte. Andererseits war er eine schillernde Gestalt – charmant und vital, 20 Jahre älter als ihre Mutter, hatte Freundinnen und heiratete dann zum zweiten Mal. Wenn er heute anruft, wünscht sie eigentlich Verständnis von ihm, aber er will ihr nur immer etwas kaufen. Einmal habe er ihr gesagt, die Mutter habe sie eigentlich nicht mehr haben wollen, aber er habe sie sich gewünscht.

Mit Freundschaften war sie sehr vorsichtig und hatte nur wenige feste Beziehungen. Immer stolz auf ihre Attraktivität, brauchte sie sich über Aufmerksamkeit nicht zu beklagen. Ihr Mann imponierte ihr, weil er wie sie ruhig und zurückhaltend war. Dabei hat er auch seine kreativen Seiten. Die Ehe hat durch Tims Behinderung einen schweren Stand. Ihr Mann arbeitet sehr viel und ist oft von zuhause weg. Es gibt viele Auseinandersetzungen.

Behandlungsverlauf

Erster Eindruck

Obwohl körperlich von unauffälliger, zierlicher Statur scheint Frau M. dem ersten Eindruck nach den Raum mit ihrer Präsenz auszufüllen. Ihr zurückhaltendes, diszipliniertes Benehmen einerseits und eine sublim mitschwingende Bedürftigkeit andererseits fordert Zuwendung geradezu heraus. Sie ist eine gepflegte, attraktive Erscheinung und modisch-schlicht gekleidet. Im Kontakt wirkt sie vorsichtig bis misstrauisch und schaut ihr Gegenüber während des Sprechens kaum an. Mit wenigen, eher leisen Worten versteht sie es, sich knapp und präzise auszudrücken. In Mimik und Gestik lässt sie keine Gefühle erkennen. Frau M. bezeichnet sich selbst als äußerst skeptische und rationale Person. Sie wisse, dass sie auf viele Menschen etwas kühl wirke. Aus diesem Grund unterhalte sie keine weiteren Freundschaften, was sie aber auch nicht allzu sehr bedauere. Ihr Ziel sei es, eine ausgeglichene und mit sich selbst zufriedene Frau zu werden.

Überlegungen zur Diagnose und Genese der Erkrankung

In der Anamnese von Frau M. finden sich keine psychischen Vorerkrankungen. Ihre derzeitige seelische Verfassung kann deshalb als Reaktion auf ihre Belastung durch die Behinderung des Sohnes und den damit verbundenen Betreuungsaufgaben verstanden werden. Mit diesem Krisenereignis liegt ein Kriterium vor, das eher an eine Anpassungsstörung mit Angst und Depression gemischt (ICD 10: F43.22) denken lässt als wegen der psychosomatischen Symptome an eine Somatisierungsstörung (ICD 10: F45.0) oder wegen der von der Klientin in den Vordergrund gestellten Antriebsarmut an eine Neurasthenie (ICD 10: F48.0). Gegen die Diagnose einer Posttraumatischen Belastungsstörung (ICD 10: F43.1) spricht das Fehlen sich aufdrängender Nachhallerinnerungen aus der Krisensituation, obwohl andererseits Albträume unspezifischen Inhalts, Schlafstörungen und Vermeidungsverhalten vorliegen. Letzteres scheint sich aber eher als Persönlichkeitszug zusammen mit affektiver Kontrolliertheit, sozialer Reserviertheit und einer allgemein vorsichtig-misstrauischen Einstellung bereits zuvor lebensgeschichtlich entwickelt zu haben. Diese Eigenschaften lassen eine schizoide Persönlichkeit erkennen, rechtfertigen jedoch nicht die entsprechende Persönlichkeitsstörung (ICD 10: F60.1).

Zweifellos wurde Frau M.s inneres Gleichgewicht seit den Komplikationen während Schwangerschaft und Geburt nachhaltig erschüttert. Diese mit der Diagnose einer schweren Mehrfachbehinderung noch massiver werdenden Belastungen, schienen jedoch ihren Durchhaltewillen eher zu verstärken. Sie berichtet nicht über persönliches Leid und beschreibt keine Trauergefühle, sondern erschöpft sich. Auch andere Gefühle wie Empörung oder Verzweiflung sind ausgeblendet, sodass ihre Schilderungen einem tragischen, aussichtslosen Kampf mit einer Not ähneln, deren Grund sie gar nicht recht fühlen kann. Dennoch ist ihr Leid offensichtlich und ihr Ringen existenziell, was sie mit körperlicher Fragilität signalisiert. Trotz erklärtem Willen, auf keinen Fall aufzugeben, scheint hinter ihrer Fassade von Selbstbeherrschung eine Angst durch, bald zusammenzubrechen, sich aufzulösen. Die abgewehrten Gefühle kehren in veränderter Form als Symptome zurück.

Die Lebensgeschichte lässt Hinweise auf primäre Inkongruenz erkennen. Zum einen hatte die Kindheit für das verwöhnte und überbehütete Mädchen eine Fülle von Einschränkungen mit sich gebracht, die dem Kind als solche gar nicht spürbar waren. In der Überbehütung des Kindes werden eigene Ängste der Mutter oder ambivalente Haltungen gegenüber dem Kind kompensiert. Insbesondere ist die Echtheit in der Beziehung nicht gewährleistet, da der Erwachsene wenig Interesse an der Individualität des Kindes und seinen Bedürfnissen hat.

Im Selbstkonzept der Tochter hat sich der Wunsch, der Mutter zu gefallen, dann auch als Selbstideal abgebildet, ein liebes und braves, also anpassungswilliges Mädchen zu sein, das die Aufdringlichkeit der Mutter gleichmütig auszuhalten habe. Im Selbstbild musste dann jede eigene Gefühlsäußerung, jede noch so winzige oppositionelle Regung gegen die doch so liebevolle Mutter mit tiefer Selbstbeschämung über die eigene Boshaftigkeit als mutwillige Bedrohung dieser wohlmeinenden Person wahrgenommen werden. Die Selbstbezichtigung der Tochter wurde von den Eltern unwillentlich durch Bestrafungen untermauert. Insofern konnte das heranwachsende Kind Individualität nur mit gewisser Gespaltenheit aufbauen, indem es sich nach außen hin anpasste, innerlich jedoch zunehmend sich selbst genug wurde und auf Distanz ging. Diese Vorgänge, vielleicht auch mit dem Gefühl, sich dem Übermaß an Zuwendung irgendwie doch ein wenig zu entziehen, hat mit der Zeit eine eher zurückhaltende, verschlossene Persönlichkeit hervorgebracht. Mit dem Verlust der Mutter erlebt die Jugendliche eine Trauer, die sie mit den ihr inzwischen zu Eigen gewordenen Mechanismen bewältigt. Sie zeigt keine Regung und kapselt sich ab. Auch der Vater schien ihr nicht das Gefühl geben zu können, sich als ganze, eigenständige Person entwickeln zu dürfen. Seine Erwartungen verstärken ihr Selbstkonzept, sich zugleich anpassen und distanzieren zu müssen.

Das einschneidende, verstörende Erlebnis der Behinderung des Sohnes lässt wahrscheinlich nicht nur die Trauer darüber wiederkehren, dass Liebe und Versorgung mit dem Tod der Mutter plötzlich abbrachen. Auf einer noch tieferen Ebene werden Schmerz und Enttäuschung erinnert, Liebe und Nähe nur durch die Erfüllung elterlicher Ansprüche zu erhalten, sich an Gegebenheiten anzupassen, das eigene Selbst nicht zu leben. Erneut wird das Konzept aktiviert, dass Bewältigung umso besser gelingt, je nachdrücklicher eigene Gefühle zurückgedrängt werden. Die aktuelle, emotionale Krisenreaktion wird auf der Grundlage der bereits vorliegenden primären Inkongruenz von Frau M. nicht mehr kontrollierbar und überfordert ihre Kräfte.

Verlauf

Phase der Unnahbarkeit: Die Umstellung von Anamnese zum unstrukturierten Therapiegespräch fällt Frau M. sichtlich schwer. Sie äußert ihre Befangenheit mit der Situation, jetzt frei sprechen zu müssen, da sie sich nicht traut, persönliche Probleme anzusprechen, weil sie niemanden schlecht machen möchte. Plötzlich ist sie sich zudem ganz unklar, wie viel Vertrauen sie dem Therapeuten entgegenbringen will. Sie fühlt sich unwohl, wenn sich der Therapeut so „in sie hineinrede". Andererseits erlebt sie es als wohltuend, zu spüren, dass sich jemand um sie bemüht, Interesse an ihr zeigt und nicht locker lässt. Sie weiß gar nicht, wie viel Nähe sie sich wünscht.

Zu Beginn der Kontakte bleibt lange unklar, worum es ihr eigentlich geht. Sehr deutlich werden dagegen Misstrauen und Angst vor Nähe. Sie scheint in übergroße Verletzlichkeit eingehüllt, die jeden Kontaktversuch, jede Aussage und jedes Mienenspiel als bedrohliches Risiko erscheinen lässt und deshalb strikt unterbunden werden muss. Andererseits spürt sie ihre Sehnsucht nach Begegnung und scheint sie akzeptiert zu haben, sonst hätte sie die Gespräche gleich abgebrochen. Damit bringt sie den Therapeuten in das Dilemma, mit ihr eine Beziehung aufzunehmen, sie aber in Ruhe lassen zu sollen. In dieser Phase wird eine gewisse Einigung darüber erzielt, ihr die Situation zu erleichtern, indem der Therapeut die Initiative übernimmt, ein Thema einbringt oder Fragen stellt. Lassen es die Verbalisierungen an Behutsamkeit und Vorsicht mangeln, wird von ihrer Seite aus sofort Kritik laut und Rückzug eingeleitet. Von Anfang an bilden sich so die Schwierigkeiten der Klientin in ihrer Beziehung zum Therapeuten ab.

Nach und nach kann Frau M. ihre Enttäuschung über den Ehemann artikulieren, der sich zu wenig Zeit für die Familie nimmt und von dem sie wenig Verständnis erlebt. Dann wieder zweifelt sie an ihrer Einschätzung, da er sich auch liebevoll um den Sohn bemüht. Ein Eifersuchtsgefühl, etwa weil sie zu kurz käme, ‚kann sie auf keinen Fall billigen'. Im weiteren Verlauf hat sie dann wieder den Eindruck, dass ‚ein Vorhang aufreißt' und sie Ernüchterungen und Kränkungen in der Partnerschaft wahrnimmt, die bereits jahrelang andauern. Auftauchenden Ärger verschließt sie sofort wieder. Mehrfach kann so angesprochen werden, wie unentbehrlich es für sie ist, sich zu kontrollieren, welche positive Ressource ihre Stärke anzeigt, sich einerseits Gefühle genau vorzuhalten und trotzdem alleine auszuhalten. Oder dass sie über Fähigkeiten verfügt, sich und die Familie zu schützen, indem sie Konflikte mit dem Mann vermeidet. Die sich langsam entwickelnde Vertrauensbasis zeigt sich nun im Eingeständnis ihrer Eheunzufriedenheit und ihrem Mut, zuzugeben, dass die „heile Familienwelt“ abbröckelt.

Mit einer tief empfundenen und spontan von ihr angesprochenen Erholung durch die ‚Auszeit‘, die sie mit der Therapiestunde und dem daran anschließenden Einkaufsbummel in ihrem Alltag etabliert hat, rücken ihre Belastungen in den Mittelpunkt. Nun gibt sie offener zu, wie sehr ihr zu schaffen macht, immer nur zuhause zu sitzen, wo ihr die Decke auf den Kopf fällt. An dieser Stelle kann sie zur Sorge um ihren Sohn überleiten. Wie schwierig die Beziehung zu ihm und das Thema der Behinderung ist, zeigt sich darin, dass sie lediglich in der Lage ist, wie aus der scheinbar beobachtenden Position eines Dritten über seine Krankengeschichte, Symptome und seine Eigenarten zu sprechen. Ihre innere Stellungnahme, ihre gefühlsmäßige Reaktion zu beschreiben ist ihr zu diesem Zeitpunkt noch sehr fern.

7. Gesprächskontakt

Frau M.: ... Die Tanja (Pädagogin der Frühförderung für Sehbehinderte) hat heute sehr lieb mit ihm gespielt ... Aber er wollte nicht. Er hat kaum reagiert!

Therapeut: Es ist so schade, dass er so wenig aufnimmt, was man ihm anbietet!

Frau M.: Das ist oft so. Gestern war ich mit ihm den halben Tag spazieren, da hat er fast nur geschlafen.

Therapeut: Es passiert so wenig. Manchmal ist es fast langweilig mit ihm.

Frau M.: Die Tage sind so eintönig. Aufstehen, füttern, Windeln wechseln, turnen, zur Krankengymnastik fahren, füttern, Kinderwagen schieben, turnen ...

Therapeut: Dieses Einerlei ist so ermüdend.

Frau M.: Gestern hat er wieder ein paar Mal über das ganze Gesicht gelacht. Ich hab' schon gedacht, dass er mich jetzt erkennt. Aber er hat auch zur anderen Seite gelächelt, wo ich nicht war.

Therapeut: Das hätte Ihnen viel bedeutet, dass er Sie richtig sieht. Und dann hat es wehgetan ...

Frau M. (Blick nach unten, schweigt).

...

Therapeut: Da war ein Hoffnungsschimmer, dass er jetzt einen Schritt macht.

Frau M. (schweigt).

...

Therapeut: Es ist nicht einfach, etwas dazu zu sagen, wenn man immer wieder enttäuscht wird ...

Frau M. (seufzt, schaut auf): Manchmal sind meine Gedanken weg und ich kann nichts mehr sagen.

Therapeut: Das darf auch sein. Sie haben erzählt, wie eintönig manchmal ihr Leben und mir schien, dass Sie sich über sein Lachen gefreut haben.

Frau M.: Dieses Lachen, oder vielleicht eher Lächeln, das ist ja auch bis jetzt so selten aufgetaucht.
Therapeut: Das war ganz schön, ihn lächeln zu sehen.
Frau M.: Schade, dass es so selten kommt.
Therapeut: Es wäre ganz schön, wenn er das mehr machen würde.
Frau M.: Ich glaube, dann würde ich mit ihm auch lieber spazieren gehen und das alles machen, mit ihm spielen und so.
Therapeut: Sein Lächeln würde für Sie alles etwas einfacher machen.

Das Gespräch erscheint oft wenig dialogisch. Die Klientin verfolgt ihren Erzählstrang und versucht dabei, sich von den Verbalisierungen des Therapeuten nicht beeindrucken zu lassen. Auf keinen Fall geht sie eine Beziehung mit ihm ein, indem sie ihm beipflichtet oder ihn kritisiert. Beide Linien konvergieren in dem Moment, wo sie sich von einer Bemerkung getroffen fühlt. In diesem Punkt entsteht eine Begegnung, die von ihr prompt mit Rückzug beantwortet wird. Anschließend laufen Erzählung und Kommentar wieder parallel, nähern sich erneut an oder entfernen sich voneinander, wenn es für die Klientin zu gefühlsnah wird.

In der Schweigesequenz geht der Therapeut langsam von dem für die Klientin wahrscheinlich bedrohlicheren Erleben ihres Schmerzes („dann hat es wehgetan") zu der vertrauteren Enttäuschung zurück, mit der sie sich schon früher beschrieben hat. Er vermeidet also, das mit dem Schmerz angesprochene Trauergefühl zu vertiefen oder ihr Schweigen zu interpretieren. Es wird spürbar, wie sehr es sie verunsichert, wenn ihre Stimmung unvermutet thematisiert wird. Tatsächlich fühlt sie sich anschließend ermutigt, wieder mit ihm in Kontakt zu treten und in Selbstexploration sogar eine Reflexion über die eigene Reaktion zu präsentieren. Im Nachsatz stützt der Therapeut angstreduzierend die von der Klientin selbst gefundene Erklärung und erleichtert ihre Strukturierung, indem er das von ihr bislang Gesagte zusammenfasst. In den letzten Sätzen zeigt sich, dass Frau M. sich umso tiefer selbst exploriert, je neutraler der Therapeut bleibt.

Phase zwischen Stagnation und Bewegung: Nach einer ersten vorsichtigen Annäherung, in der Frau M. ihre Situation in Umrissen erkennen lässt, aber noch weit davon entfernt bleibt, innere Einstellungen oder Konflikte zu benennen, beginnt sie sich aus dem Therapiekontakt zusehends zurückzuziehen. Die Schweigepausen werden länger, auf Verbalisierungen geht sie kaum ein. Sie deutet an, dass es ihr schlechter gehe, sagt einige Termine ab, scheint eindeutig auf dem Rückzug aus der Therapie. Auf dieses Verhalten mehrfach angesprochen, wird langsam klarer, dass es um ihre Zweifel geht, zu vertrauen, da es für sie unvorstellbar sei, jemand könne sie verstehen und die Gefahr zu groß, man könne sie ablehnen. Sie wolle sich ‚in ihre Gedanken zurückziehen', die Therapie aber auf keinen Fall beenden, da sie sich sonst wie „ein Patient mit aufgeschnittenem Bauch“ fühle, den der Arzt frage, ob er das Kind jetzt herausholen solle.

Mit dieser Metapher spielt sie unvermittelt auf Tims Geburt an. Als ihr das klar wird, scheint eine Mauer zu brechen und sie kann zum ersten Mal in der Therapie Traurigkeit und Leid zulassen. Ihren Ausbruch erlebt sie als befreiend, prüft zugleich aber voller Misstrauen die Reaktion des Therapeuten. Im Anschluss an ihre Offenheit ist sie wieder auf Rückzug. Aber das Thema ihrer Vertrauensfähigkeit ist nun definiert und kann immer wieder auf ihr Verhalten oder ihre Schilderungen bezogen werden. Kindheitserinnerungen über ihre Geschwistersituation tauchen auf und über den besonderen Schutz, den sie in ihrer Rolle als Jüngste bei der Mutter genoss. Nur schrittweise nähert sie sich ihren Gefühlen zu diesen Bildern, immer wieder unterbrochen von Verunsicherung und Vertrauenskrisen.

Phase der Beziehung: Auf zunehmende Offenheit folgt stets wiederkehrender Zweifel. Sie kappt die Beziehung zum Therapeuten bis hin zur Abmachung, zum Termin kommen zu wollen, ohne dort reden zu müssen. Sie vermutet in seiner Haltung Manipulationen, sie zu provozieren oder aggressiv zu machen; sie wirft ihm vor, nichts mehr von dem glauben zu können, was er sage.

Wieder sitzt sie schweigsam und verspannt in der Stunde, immer unzufriedener mit sich. Je mehr sie ihre Blockierung wahrnimmt, desto deutlicher wird ihr die Ambivalenz, da sie gerne ihre Hemmung verlieren will, um mehr in Kontakt zu kommen und das peinliche Gefühl loszuwerden. Sie stößt darauf, wie schwer es ihr aus eigener Unentschiedenheit oder Rücksichtnahme fällt, Auseinandersetzungen zu wagen. Für eine lange Zeitspanne stehen Unsicherheit und Unzulänglichkeitsgefühle, die sie in der Beziehung zum Therapeuten wie außerhalb erlebt, im Mittelpunkt. Der Fortgang ist schleppend, der Prozess scheint oft zum Stillstand gekommen, wenn er nicht unverhofft wieder mit prägnanten und betroffenen Äußerungen stückweise weiterginge.

Ein mutiger Schritt zur Vertrauensbildung war ihre Ankündigung, etwas quäle sie, worüber sie noch nicht sprechen könne. Wenig später konnte sie tief bewegt mitteilen, ihre familiäre Situation beschönigt zu haben, dass sich das Ehepaar in Wirklichkeit aus dem Weg ginge und sie die Anstrengungen für Tim nicht mehr aushalte. Mit dieser Eröffnung wird ihre Sicht der Ehe konkreter und kann im Folgenden bearbeitet werden. Ihre Haltung zum Therapeuten entspannt sich – Frau M. wird gesprächiger, aktiver und streitlustiger. Auch die Schilderungen ihres Umganges mit dem Sohn, ihre Sorgen und die Ursachen ihrer Belastung werden anschaulicher. In dieser Phase zunehmender Sicherheit kann sie nun auch ihre Einstellung zu Tims Behinderung thematisieren.

31. Gesprächskontakt

Therapeut: Ich erlebe Sie heute viel bedrückter als die letzten Stunden.

Frau M.: Ja. Es ist so ein Gefühl, das jetzt wieder hochkommt. Ich kann es schwer beschreiben …

Therapeut: Nehmen Sie einfach die Worte, die Ihnen einfallen! … Oder trauen Sie sich nicht ganz, das hier auszusprechen, was Sie beschäftigt?

Frau M.: Nein, nein! Ich will das schon sagen … Es ist so, als sollte ich mich irgendwie … schuldig fühlen … wegen Tim …

Therapeut: Sie machen sich Vorwürfe, etwas mit ihm falsch gemacht zu haben?

Frau M.: Das mach' ich mir auch oft genug! Nein, ich meine, so etwas von meinem Mann zu spüren.

Therapeut: Da stört Sie etwas, aber Sie sind sich noch nicht ganz sicher.

Frau M.: Ja. Es kommt immer so etwas durch, als mache er mir Vorwürfe wegen Tim … dass er behindert ist.

Therapeut: Sie hören da so Andeutungen in diese Richtung?

Frau M.: Ja. Neulich hat er gesagt, wenn wir noch zwei Jahre gewartet hätten, hätte ich das Studium abschließen können.

Therapeut: Das lässt Sie ganz im Unklaren, was er damit meint. Und dann fangen Sie an, sich irgendwie schuldig zu fühlen.

Frau M.: Es ist eine alte Geschichte zwischen uns, dass ich unheimlich gern Kinder wollte und er sich noch nicht so sicher war … zu jung, und wegen der Karriere und so.

Therapeut: Und gerade deshalb waren Sie froh, dass es gleich geklappt hat und Sie schwanger wurden.

Frau M.: Ich war ganz selig. Wirklich glücklich, wie schon lange nicht mehr. Ich wollte, meine Mutter hätte mich sehen können!

Therapeut: Das hätte Ihnen so viel bedeutet, wenn sie Sie hätte sehen können … so glücklich … und so stolz auf das neue Kind …

Frau M. (nachdenklich): Durchaus.

Therapeut: Aber Sie denken auch an das, was dann kam …

Frau M. (leise): Ja. Es war furchtbar … Die Blutungen und das Liegen habe ich noch gar nicht so ernst genommen. Das hat mich zwar erschreckt, aber … (schildert traurig die Aufregungen der Frühgeburt, und wie es zur Diagnose der Behinderung kam).

Therapeut: Diesen ganzen Kummer … den haben Sie lange Zeit fest in sich verschlossen.

Frau M.: Ich habe immer nur gedacht: Da musst du durch! Du musst das schaffen! Es blieb keine Zeit, um traurig zu sein. Es war nur Stress! Ein Tiefschlag folgte auf den anderen. In einem fort! Zuletzt blieb uns fast gar keine Hoffnung mehr.

Therapeut: Das empört Sie auch, was Sie alles haben einstecken müssen!

Frau M.: Natürlich bin ich sauer. Aber was hilft es? Jetzt ist Tim da und natürlich habe ich ihn lieb so wie er ist. Nur … es ist so ein reduziertes Leben, so auf Haushalt und Kind beschränkt. Es bleibt nichts für mich!

Therapeut: Sie leiden darunter, so eingespannt zu sein.

Frau M.: Ich hab' das Gefühl, alle setzen mich unter Druck, nur für Tim da zu sein. Etwas für mich zu verlangen ist absolut unmöglich!

Therapeut: Sie erleben so stark, dass die anderen Sie unter Druck setzen, sich für Tim aufzuopfern ... Aber sagt Ihnen das nicht auch eine eigene Stimme in Ihnen?

Frau M. (denkt nach, dann): ... Das stimmt. Ich sage es mir selbst ... Meine Mutter könnte das auch sagen.

Therapeut: ‚Du hast es gewollt – jetzt sorge auch für ihn!'

Frau M.: Ja, so ungefähr.

Therapeut: Sodass Sie sich manchmal auch selbst einen Vorwurf machen?

Frau M. (schweigt): So hab' ich das noch gar nicht gesehen! Aber es könnte etwas dran sein. Vielleicht bin ich auch deshalb immer so unzufrieden mit mir ... weil ich ja im Grunde genommen selbst schuld bin ...

In dieser Passage spricht Frau M. Vorhaltungen an, die sie von außen auf sich gerichtet erlebt und in ihr Schuldgefühle erzeugen. Sie hält sich nicht nur die Durchsetzung ihres Kinderwunsches vor, sondern macht sich für die Behinderung des Sohnes verantwortlich. Im Gesprächsausschnitt wird nach der zweiten Erwähnung von anderen, als deren Opfer sie sich erlebt, eine Brücke zur eigenen Einstellung angeboten. Als Erweiterung zum Themenkomplex gedacht, hätte das Gespräch auch zum Pflichtgefühl oder Distanzierungswünschen führen können. Sie scheint sich zum jetzigen Zeitpunkt in der Therapie bereits sicher genug zu fühlen, sich auf einen Gedanken einzulassen, der ihr unvertraut ist. Die zweimalige Erwähnung der Mutter im Zusammenhang mit Schuldgefühlen ist von entscheidender Bedeutung und kann später aufgegriffen werden.

Im Therapieverlauf kann sich Frau M. – immer zwischen der Sicherheit, vom Therapeuten ernst genommen, sich verstanden und geschätzt zu fühlen und stets wiederkehrenden Zweifeln – weiteren Kindheitserfahrungen zuwenden. Hier erkennt sie einerseits die Symbiose mit der Mutter, andererseits ihre Sehnsucht nach echter Liebe und Geborgenheit, die auch ihre „Widerborstigkeit“ akzeptiert hätte. Sie spürt, wie heikel ihr diese Sehnsucht schon immer war, die nicht gelebt werden konnte – aus Angst, die Mutter zu verlieren, wofür ihr Tod Beweis genug schien. Diese Gefühle werden verstärkt, als sie sich erinnert, vom Vater gehört zu haben, von der Mutter nicht erwünscht worden zu sein. Die Erinnerung an den Verlust der Mutter aktiviert ihre Erlebnisse mit Tim und sie kann nun stärker als zuvor über seine Behinderung trauern.

Phase der Lösungen: In der Schlussphase beginnt sie mutiger über Arrangements im Alltag mit dem Ehemann zu verhandeln, eigene Forderungen zu stellen und Konflikte zu wagen. Es wird ihr deutlich, wie sensibel sie auf Erwartungen reagiert. Es gelingt ihr nun schon einmal, sich nicht sofort zu versperren und in sich zurückziehen, sondern ihre Meinung zu äußern und Kompromisse zu suchen. Die starke Bindung an den Therapeuten wird von ihr thematisiert, sodass sie sich noch einmal mit ihren Hemmungen und Wünschen in der realen Situation der Therapie auseinander setzen kann und sich ein Abschied anbahnt. Der Stress mit Tim hat sich relativiert, seit der Junge den Kindergarten besucht.

Veränderung und Prognose

Die Therapie endet nach 47 Kontakten und fast anderthalb Jahren. Frau M. geht mit Zuversicht, für ihre Ziele, etwa in der familiären Aufgabenverteilung selbstständig streiten zu können. Ihre Symptome sind nahezu komplett verschwunden. Eine gewisse Verunsicherung ist geblieben, wenn sie den Jungen im Kinderwagen spazieren fährt. Als Fortschritt sieht sie an, ihre Zurückhaltung besser annehmen zu können, aber auch zu wissen, sich leichter einbringen zu können als zuvor. Rückblickend scheint für sie im Vergleich zu früher fast unvorstellbar, welche Nähe sie in der Therapie zulassen konnte. Dort sind ihr auch ihre immensen Bedürfnisse nach Zuwendung deutlich geworden, die sie in jede Beziehung hineinträgt und die ihr oft Anlass zu gekränktem Rückzug geben.

Die Ambivalenz der Klientin gegenüber dem Therapeuten mit ihrem hohen Anteil an Misstrauen, Verstummen und dem ständig in der Luft liegenden Vorwurf, es an Sensibilität fehlen zu lassen, machte die erste Therapiehälfte zu einer Gratwanderung zwischen Kooperation und drohendem Abbruch. Hier war immer wieder wichtig, ihr glaubhaft zu versichern, dass während der Gespräche nichts geschehe, was sich ihrer Kontrolle entzöge, dass der Therapeut sich als Begleiter ihres Weges verstehe und zu ihrer Unterstützung da sei, dass sie auch mit ihrer Skepsis geschätzt werde. Für Frau M. war die therapeutische Situation mit ihrem Beziehungspotenzial ein emotional beängstigendes, existenziell bedrohliches Wagnis, da sie die Tiefendimension früher Beziehungserfahrungen mobilisierte. Frau M. wiederholte gegenüber dem Therapeuten ihre kindliche Rolle mit dem Wunsch nach mütterlichem Schutz. Gleichzeitig muss sie ihn abweisen, da sie seine Ablehnung und seinen Verlust fürchtet. Der Therapeut spürt den Sog, der seine Aufmerksamkeit an sie bindet und ihn unter Druck setzt, ihr seine Präsenz zu beweisen. Erst die Erinnerung an den Verlust der Mutter ließ sie vertrauensvoller werden, sodass sie nach der Wiederbelebung ihres Schuldgefühles trauern konnte.

Die Geburt des behinderten Sohnes hat eine Krise ausgelöst, da in ihr unterschiedliche Enttäuschungsmuster zusammenliefen. Zum einen wiederholte sich die Angst vor Verlust einer geliebten Person. Zugleich wird der frühere Bewältigungsmechanismus der Distanzierung intensiviert, um neue wie damalige Gefühle von Schmerz, Angst und Trauer zu kontrollieren. Die Ambivalenz gegenüber dem Sohn erinnert an Erfahrungen widersprüchlicher Zuneigung, Verpflichtung und inkonsistenter Wertschätzung und ruft Gefühle der Einengung, Überforderung und Unzufriedenheit hervor. Schließlich fand sich ihre Angst vor Liebesverlust im täglichen Umgang mit dem Sohn wieder, da dieser von ihr mehr Liebe forderte, als er ihr geben konnte. Ähnlich erlebte sie Bedürfnisse ihres Mannes nach Trost als Anspruchshaltung, woraufhin sie sich zurückzog. Ein Jahr später motivierte Frau M. ihren Mann zu einer Paartherapie bei einem anderen Therapeuten.

Fall „Verstörung" (Frau R.)

Anlass zur Behandlung und Lebenssituation

Frau R. leidet unter Appetitlosigkeit, Erbrechen, Durchfall und Einschlafstörungen, seitdem die schwer mehrfachbehinderte, anderthalbjährige Linda seit drei Monaten erneut im Krankenhaus liegt. Die Trennung quält die 28-jährige Mutter, sie sorgt sich, ob sie es überhaupt mit dem kleinen, kranken Kind schafft. Der Arzt riet ihr, Linda ins Heim zu geben, aber dafür ist sie „zu nah am Kind". Mit Tagträumen flüchtet sie oft aus der Realität, reizbar und misslaunig kann sie es zuhause nicht aushalten. Frau R. arbeitete bis zur Geburt der Tochter im Reisebüro, ihr Mann ist Handwerker.

Ihrer Herkunftsfamilie ging ursprünglicher Wohlstand wegen Alkoholproblemen des Vaters verloren, die Mutter überwand den Makel nie und verbitterte in der entstehenden Notlage. Als Jüngste dreier Schwestern, erinnert sie sich vage an Beengtheit und lautstarken Streit, bevor sich die Eltern fünf Jahre nach ihrer Geburt trennten. Zur berufstätigen Mutter bestand kein herzliches Verhältnis, da beide Schwestern bevorzugt wurden, die Mittlere war der Liebling. Aus ihrer Kindheit erinnert sie sich nur an Verbote, „Hauptsache, sie sah schön aus, war ordentlich und brachte gute Noten nach Hause". Sie war so fügsam, dass man sie „stundenlang allein im Kaufhaus abstellen" konnte. Den Vater hat sie aus Besuchskontakten als sehr wechselhaft in Erinnerung, mal liebevoll, dann wieder jähzornig. Gegenüber den Schwestern zog er sie vor, dann konnte er sehr einnehmend sein und ihr das Gefühl vermitteln, zu ihm zu gehören. Nach jedem Kontakt gab es Krach mit der Mutter. In der Pubertät war sie aggressiv und lief weg, mit der Mutter herrschte ständiger Kampf. In dieser Zeit sah sie ihre Jugendclique als Familie an und machte ziemlich schnell erste Erfahrungen mit Drogen und Sexualität. Sie empfand große Sehnsucht nach dem Vater und traf ihn in Cafés, aber er sah sie nun als junge Frau, es war schlimmer als zuvor. Kurz vor dem Abitur ging sie ab und begann die Lehre.

Nach vielen wechselnden Beziehungen lernte sie Lindas Vater kennen. Es ist eine lockere Beziehung, in der es getrennte Lebensbereiche mit wenig Kommunikation gibt. Sie kann nicht so viel Nähe ertragen, andererseits ärgert es sie, wenn sich ihr Mann komplett nach ihr richtet. Sie hat ein extrem heftiges Bedürfnis, frei zu sein. Wegen des Kindes wollte sie nicht heiraten und wäre lieber mit einer Frau zusammengezogen, aber ihre Mutter saß ihr im Nacken.

Behandlungsverlauf

Erster Eindruck

Dem ersten Eindruck nach wirkt Frau R. mädchenhaft und schüchtern. Sehr darauf bedacht, sympathisch zu wirken, lächelt sie viel, spricht mit leiser Stimme und bestätigt die Verbalisierungen des Therapeuten. Sie lässt keine Uneinigkeit aufkommen, seine Anerkennung ist ihr wichtig. Die tragische Familiengeschichte trägt sie distanziert, scheinbar unbeteiligt vor.

Überlegungen zur Diagnose und Genese der Erkrankung

Bis auf einen Suizidversuch wegen schulischen Misserfolges verlief Frau R.s bisheriges Leben symptomfrei. Die Geburt des schwer mehrfachbehinderten Kindes stellt vor dem Hintergrund der im Erwachsenenalter lang anhaltenden Stabilisierung ein plötzlich hereinbrechendes Krisenereignis dar, das seelische Beschwerden auslöst. Eine Anpassungsstörung mit vorwiegender Beeinträchtigung von anderen Gefühlen wie depressiver Verstimmung und psychosomatischen Beschwerden (ICD 10: F43.23) liegt vor.

In der Lebensgeschichte finden sich Hinweise auf primäre Inkongruenz. Die Beziehung zur Mutter war unterkühlt und hinterließ bei Frau R. keine Erinnerungen an Zärtlichkeit und Geborgenheit. Damit wurde beim Kind eine ausgeprägte Suche nach Beachtung erzeugt, die das Mädchen dem erheblichen Veränderungsdruck nachgeben ließ, eine auf die Wünsche der Mutter ausgerichtete Person zu werden. Dieser Druck, jemand anderes sein zu sollen, vermittelte sich dem Kind in der Bevorzugung der älteren Schwester, dem anhaltenden schulischen Leistungsdruck sowie in permanenten Vorhaltungen. Das Kind sollte sich unterordnen, der Gefühlsbereich wurde bis auf affirmative Affekte (lieb, still, nett und sanft zu sein) zum Verstummen gebracht. Davon abweichende Strebungen wurden durch Schuldzuweisung geahndet und mit dem Vorwurf willentlicher Beschädigung der Mutterfigur quittiert. Auf diese Weise wurde die Heranwachsende in der engen Gussform mütterlicher Erwartungen fixiert; so konnte sie ein tief wurzelndes Vertrauen in sich selbst, auf dessen Grundlage sich eine Person entscheidungssicher und aktiv einzubringen wagt, nicht entwickeln. Mit der Idealisierung des Vaters ließ sie sich auf ein Doppelspiel ein, agierte in zwei Welten, die sich gegenseitig ausschlossen, die eine immer auf der Hut von der anderen. Schließlich wiederholte sich der in der Kindheit erlittene Vaterverlust ein zweites Mal im Erwachsenenalter. Die Begegnung mit ihm schuf ein Idealselbst, in dem sich künstlerische Neigungen, eigennützige und lustbetonte Intentionen zusammenfanden. Parallel dazu bestätigte sich das tiefe Misstrauen gegen Männer, das die Mutter betrieb. So bildete sich eine ambivalente Faszination, die Beziehungen aus der Perspektive des Machthabens oder Unterlegenseins erleben ließ.

In der Pubertät stellte sie gezielt die eigene Identität in Kontrast zu dem, was ihr zuvor übergestülpt worden war. Mit antithetischem Verhalten konnte sie sich zugleich aggressiv von der Mutter ablösen, ohne ihre Wut als die des verlassenen Kindes zu erkennen und ihr ursprüngliches Bedürfnis nach Liebe, Zuwendung und Nähe wahrnehmen zu brauchen.

Ihr bisheriger Lebensweg wirkt wie ein kontinuierlicher Versuch der Selbstkonsolidierung. Somit überschwemmen die mit Geburt des schwer mehrfachbehinderten Kindes bewirkten Trauergefühle ein Selbst, das seine Zerbrechlichkeit dem Umstand verdankt, emotionale Erfahrungen noch nie vollständig integriert haben zu können. Die aus der lebenslangen Pflegebedürftigkeit der Tochter drohende Vereinnahmung lassen Erfahrungen von Beschränkung und Verzicht, ähnlich der Einengung durch die Mutter anklingen. Diese Gefühle überfordern die integrierende Kraft des Selbst und können nur in abgespaltener Weise als körperliche Symptome erlebt werden.

Verlauf

Die Therapie schwankt lebhaft und wechselvoll zwischen grenzenlosem Vertrauen in den Therapeuten und skeptischer Distanzierung. Mit Verspätungen, mitunter verfrühtem, überstürzten Abschied oder unentschuldigtem Fernbleiben zeigt sie ihre Zwiespältigkeit im Verhalten. Inhaltlich stellt sie den Therapeuten vor Geduldsproben, wenn sie authentisch wirkende Mitteilungen in der nächsten Stunde widerruft („Sie müsse gestehen, sie habe letztes Mal geschwindelt“). Auf der Beziehungsebene verwickelt sie ihn mit Liebesgeständnissen in ihre Wünsche nach Zuneigung und Nähe, um ihm im nächsten Moment schon wegen Überziehung des vorangehenden Beratungstermins bodenlos gekränkt Solidarität und Verlässlichkeit abzusprechen, ihn mit Schweigen und Infragestellen der Therapie zu bestrafen.

Sie schildert ihr nahe gehende Ereignisse in vorsichtiger, behutsamer Sprache, deren Distanz zum eigenen gefühlshaften Erleben nur langsam nachlässt. Besonders zu Beginn der Therapie spricht sie gerne in Vermutungen über sich („Es könnte sein, dass ich ... fühle“). Lange Zeit lässt sie eigene Gefühle während der Therapie gar nicht aufkommen. Wenn sie etwas berührt, unterbricht sie sich, wechselt abrupt das Thema, manchmal nicht ohne den Vorgang deutlich zu verbalisieren, erklärt die Stunde für beendet und geht.

1. Phase: Tempo: Idealisierung – Verliebtheit – Ernüchterung: Im Mittelpunkt steht für lange Zeit ihr Verhältnis zu Linda, darüber hinaus spannt sich ihre Thematik im Dreieck zwischen ihren Beziehungen zum Ehemann, Herkunftsfamilie und Therapeuten auf. Zeitweise steht die Begegnung mit dem Therapeuten im Zentrum, wo sie sich am unmittelbarsten angenommen und anerkannt fühlt, was in kürzester Zeit zu Idealisierung des Therapeuten und Euphorie führt. In dieser ersten Phase empfindet Frau R. den Therapeuten als Ursprung aller Zuversicht, Aufwertung und Geborgenheit, die sie nie bekam und sich nicht selbst geben kann.

Die Therapie wird somit zu einer ersehnten, weil lang vermissten, und berechenbaren Struktur in ihrem Lebensalltag, mit dem Therapeuten als Lebensmittelpunkt. In dieser ersten Phase beginnt zugleich die Auseinandersetzung mit der Tochter. Ihr zu dieser Zeit tiefes Vertrauen in den Therapeuten erleichtert es ihr, ansonsten kaum an die Oberfläche dringende Gefühle gegen das Kind zu äußern. Ihre Zukunftsvorstellungen, auf unabsehbare Zeit an ihre Betreuung gebunden zu sein, erschrecken sie und stürzen sie zugleich in Selbstvorwürfe, eine schlechte Mutter zu sein und zu versagen. Sie beginnt mitzuteilen, wie sehr sie die schwere Behinderung der Tochter als Einengung empfindet, die ihr die Luft zum Atmen nehme.

12. Gesprächskontakt

Die Tochter ist wieder mit Infekt und Trinkschwäche stationär aufgenommen. Unmittelbar nach der Schilderung ihres Zusammenlebens mit dem Mann folgt ein Themenwechsel.

Frau R.: Ich habe es so vermisst, dass sie nicht an der Brust gesaugt hat … sie kann immer noch nichts damit anfangen. Es war so ein schönes Gefühl, sie anzulegen …
Therapeut: So schön und zugleich so enttäuschend.
Frau R.: Ich frage mich, ob es mein Körper ist, der sie beruhigt. Oder vielleicht eben nur Körperwärme überhaupt … von irgendjemandem … einer Krankenschwester …
Therapeut: Sie möchten es gerne sein, die sie spürt.
Frau R.: Ob ich das wirklich bin? Sie hat jetzt wieder so viele Bezugspersonen im Krankenhaus.
Therapeut: Da werden Sie ein bisschen eifersüchtig.
Frau R.: … Was denken nur die anderen, was ich für eine Mutter bin?
Therapeut: Die anderen sind wichtig … was die von Ihnen denken könnten?!

Frau R.: Alles Mögliche ... Ich trau' dieser Sonderstellung nicht, Mutter mit einem behinderten Kind zu sein. (Ironisch) Da muss man Mitleid haben ... schonen ... sich um sie kümmern ... Davor hab' ich Angst!
Therapeut: Dass Ihnen das so unecht vorkommt?
Frau R.: Ich muss mich immer fragen, ob das auch echt ist. Ich werde auch viel umsorgt, umarmt, getröstet, angerufen, eingeladen ... Richtig ernst genommen hab' ich mich selten gefühlt.
Therapeut: Da ist in Ihnen auch angesprochen, wer Sie eigentlich überhaupt akzeptieren kann ... gern haben kann ... so wie Sie sind?
Frau R.: Ich ertrage es kaum, wenn Linda weint und es ihr nicht gut geht.
Therapeut.: ... und kommen sich selbst so unzulänglich vor.
Frau R.: Ja. Eine schlechte Mutter! Aber ich will nicht so festgelegt sein. Manchmal könnte ich schreien: Ich will kein behindertes Kind! ... Es soll so leicht sein und ...
Therapeut: Dann ist es mit ihr wirklich schwer auszuhalten ...
Frau R.: Alle wissen besser, wie mit ihr umzugehen ist. Eigentlich macht mich das nur wütend, manchmal werde ich auch auf Linda aggressiv ... Heute kam sie mir so fremd vor, so hässlich ... Andere denken: Wie kann man ein solches Kind nur lieb haben!?
Therapeut: Heute haben Sie sich über sie erschreckt ...
Frau R.: Alles ist so zwiespältig in mir ... Ich habe nicht mehr viel Kraft. Ich möchte, dass mich alle mögen und verstehen, dass man mich lieb hat ... vielleicht auch wie ein Kind ... Ich müsste viel mehr machen. Ich habe bei Lindas Geburt versagt!
Therapeut: Was werfen Sie sich vor?
Frau R. (schweigt).
Therapeut: Da haben Sie einen Gedanken, der sich gar nicht so leicht aussprechen lässt.
Frau R.: ... Dass ich Linda nicht habe sterben lassen ... ich habe mich untergeordnet, mich immer an anderen orientiert ... den Schwestern ...
Therapeut: Sie quälen sich damit, ob es für Linda besser wäre, sie wäre nicht am Leben geblieben?
Frau R.: Ich bekomme so leicht Schuldgefühle, ich habe eine Stimme in mir, die mir sagt, ich soll lieb sein, nicht aggressiv! ... Jetzt wird alles so eng ...
Therapeut: Manchmal wird es zu viel ... dann kriegen Sie das Gefühl, Sie schaffen es nicht mehr.
Frau R.: Ich wünsch' mir so einen Ort, wo man zurückflüchten kann ... so ein Hafen, ruhig, sonnig ... so unbeschwert, wo alle Wege offen sind ...
Therapeut: Sodass Sie manchmal am liebsten ... weglaufen wollten ...?
Frau R. (stockt): ... Jetzt will ich lieber nur über Linda sprechen ...
Therapeut: Sie fühlen sich jetzt unbehaglich, immer nur über sich zu reden?
Frau R.: Ja.

Der Ausschnitt zeigt Tempo und Sprünge in der Selbstexploration, wie sie für die ersten Phasen typisch sind. Sie spricht eine rasch wechselnde Fülle bedeutsamer Eindrücke und Gefühle an, mit denen sie ihre prinzipielle

Bereitschaft zu Offenheit signalisiert und die Anteilnahme des Therapeuten sucht. Gleichzeitig werden aber diese Erlebnisinhalte nur flüchtig berührt und wirken deshalb aneinander gereiht. Auf die Beiträge des Therapeuten reagiert sie kaum. Sie entzieht sich der Begegnung; ihre Angst, sich auszuliefern, wird spürbar. Die Flucht vor dem Therapeuten ruht auf denselben frühen Erfahrungen des Eingeengtwerdens durch die Mutter wie ihre Flucht vor dem Kind. Mit einigen Aspekten ihres Selbstbildes kann sie sich allerdings noch nicht direkt auseinander setzen und wählt stattdessen Andeutungen über ihr Fremdbild. Am schwierigsten sind ablehnende Empfindungen auszudrücken, die sich nur als Meinung anderer aussprechen lassen. Fluchtimpulse sind zurzeit nur gemeinsam mit Selbstvorwürfen wegen Unzulänglichkeit und Versagen zu ertragen. Als mit dem Wort „weglaufen“ diese Tendenz verbalisiert wird, muss sie deshalb den Gesprächsfluss unterbrechen und das Thema wechseln.

Die Vielfalt der Kommunikationen überfordert den Therapeuten, während die hinter den Anspielungen erkennbare Verletzlichkeit ihm zugleich verbietet, tiefere Gefühle zu benennen. So wählt er vorsichtige, an ihrem Selbstkonzept orientierte Verbalisierungen. Er will vermitteln, dass Unentschiedenheiten oder ablehnende Empfindungen erlaubt sind und angenommen werden. Sein Verstehen ihrer Bedrohung, die sie in der für sie zusehends unerträglicher werdenden Grenzsituation mit der Tochter empfindet, validiert die Wahrnehmung der Patientin, wenn sie auch ihre Distanzierungswünsche noch nicht annehmen kann. Sie wird – vielleicht zum ersten Mal in ihrem Leben – das Gefühl bekommen, dass aufwühlende Wahrnehmungen geteilt und anerkannt werden können, also nicht ‚unecht‘ sind.

Zusammenhänge zwischen biografischer Erfahrung und aktueller, durch die Behinderung des Kindes hervorgerufener Krise, zeigen sich bereits in dieser Phase. Das im Hinblick auf die Zukunft ausgelöste Verpflichtungsgefühl erinnert Frau R. an den erlebten Druck in Kindheit und Jugend und mobilisiert Schuldgefühle, die ihr heute wie damals das Recht sich unterdrückt zu fühlen und zu opponieren absprechen. Die Erfahrung, in negativen Gefühlen angenommen zu werden und sich in der gefühlten Bedrohung verstanden zu fühlen, steigert ihr Geborgenheitsgefühl bis zur Verliebtheit. Die Bearbeitung ihrer Beziehungswünsche an den Therapeuten führt zu Enttäuschung, in der sich frühere Kränkungen, Zurückweisungen und Verlassenheit wiederholen. Ernüchterung stellt sich nun ein – von einerseits plötzlich hervorbrechendem Protest, unangekündigtem Fernbleiben, andererseits aber weiteren intimen Enthüllungen begleitet. Besonderer Vertrauensbeweis ist ihr Eingeständnis selbstschädigender Verhaltensweisen, die sie in Art eines nächtlichen Doppellebens mit Drogenkonsum und Promiskuität betreibt und die nun bearbeitet werden können.

Mit Pflegeaufwand und physischer Beanspruchung, die sie gefühlsmäßig zwischen Annahme und Ablehnung schwanken lassen, setzt sie sich nun auseinander, bevor zunehmend Erlebnisse und Enttäuschungen in der Ursprungsfamilie anklingen. Erstmalig spricht sie aufrichtig emotional beteiligt über die vom Vater erlebte Unberechenbarkeit, über Kühle und Unnahbarkeit der Mutter. Erinnerungen an das Trauma von Lindas Geburt tauchen auf. Sie spürt allmählich ihre Sehnsucht nach Nähe hinter den destruktiven Aktivitäten.

2. Phase: Verschlechterung: Die Verschlechterung im Gesamtbefinden kommt unerwartet, da die vorausgegangenen Stunden Stabilisierung und tiefere Selbstexploration zeigten. Nun treten mit Diarrhö und Schwindel erneut körperliche Symptome auf, depressive Verstimmungen verstärken sich mit Todesangst und Scheidungsabsichten. Erschöpft von Kinderpflege und Nachtleben, produziert sie Kurzschlussreaktionen wie das Überfahren roter Ampeln oder Unachtsamkeiten als Fußgänger, sodass der Therapeut Suizidgedanken anspricht. Dieses Thema führt zum Konflikt. Erzürnt hält sie ihm vor, sie nicht ernst zu nehmen, wenn er ihr als Mutter solche Absichten zutraut. Mit dem stolz erlebten Gefühl, Widerspruch zu riskieren und sich mit ihm kritisch auseinander zu setzen wagt sie nun, sexuelle Übergriffe durch den Vater aufzudecken.

3. Phase: Bearbeitung: Erneut werden frühe Enttäuschungen bearbeitet und führen diesmal zu intensiverem Nacherleben von Trauer und Sehnsucht. Je mehr sie ihre Geschichte als die einer nicht uneingeschränkt geliebten und nur unter den strikten und ambivalenten mütterlichen Bedingungen, anders zu sein, ertragenen Person verstehen lernt, desto mehr verlieren ihre durch die Schwierigkeiten mit dem Kind hervorgerufenen Schuldgefühle an selbstzerstörerischer Gewalt. Ihr Befinden bessert sich, Ideen einer Trennung von Linda werden angesprochen und in vorbereitende Orientierungen umgesetzt. Langsam wird klarer, dass ihr eine Entscheidung unmöglich ist. Diese Themen lassen erneut Erinnerungen an das Geburtstrauma mit Schuldgefühlen und Selbstabwertungen auftreten. Diese gipfeln darin, die Behinderung der Tochter selbst verursacht zu haben, als sie sich nach dem Rat einer anderen Hebamme richtete.

60. Gesprächskontakt

Therapeut: Es ist das erste Mal, dass Sie Linda allein bei der Krankengymnastin lassen.

Frau R.: Hm. Es fällt mir immer schwer, mich von ihr zu trennen. Ich hab' kein Zutrauen zu ihr.

Therapeut: Kein Zutrauen?

Frau R.: Sie ist noch weniger als ein Baby, obwohl sie jetzt schon zwei jahre alt ist. Andere können vielleicht damit umgehen, ich nicht!

Therapeut: Da sind Sie auch ängstlich und sorgen sich, was ihr alles passieren könnte.

Frau R.: Seit ihrer Geburt bin ich ängstlicher geworden. Jetzt denke ich schon an schlimme Krankheiten, die sie kriegen könnte. Es geht ihr auch schlecht, sie krampft. Und sie bekommt einen Kinderwagen für behinderte Kinder.

Therapeut: Die Sorgen hören nicht auf, immer kommt 'was Neues dazu. Die Beunruhigung lässt sie einfach nicht los.

Frau R.: Ja. Es ist wirklich so. Dann sitz' ich stundenlang mit ihr auf dem Sofa ... Es tut sich so wenig. Ich tu' so vieles für sie, sie ist so anstrengend. Ich muss zweimal in der Nacht für sie aufstehen, weil sie weint. Dann nehme ich sie ins Bett und sie hört auf zu weinen. Oder ich trage sie immerzu, sodass mir der Rücken wehtut ... Am liebsten hätt' ich, dass sie klein bleibt. Als sie kleiner war, hatte man noch Hoffnung.

Therapeut: Es macht so mutlos, wenn die Hoffnung immer geringer wird ...

Frau R. (schluckt): ... Ich muss immer an die Zeit denken, wo sie im Krankenhaus, nach der Geburt, fast gestorben wär'. Wenn sie sterben würde ... es wäre so zwiespältig, ich liebe sie über alles ... aber ich wär' vielleicht auch erleichtert.

Therapeut: Es ist auch ein großer Wunsch von Ihnen: ... endlich wieder frei zu sein ... Solche Gedanken erschrecken Sie ...

Frau R. (leise): Hm ... Diese blöde Mutterrolle, das Aufopfernde ... das schaff' ich nicht!

Therapeut: Das fühlen Sie gerade ganz sicher, dass Sie das nicht sind ... so eine Mutter ...

Frau R. (weint fast): ... Bei einem behinderten Kind ... ist es sehr schwer, solche Gefühle zu haben ...

Therapeut: Sie sind heute ganz mutig! ... Und spüren doch zugleich, wie verboten das in Ihnen ist ... solche Gefühle auszudrücken, wo man jemanden oder eine Aufgabe ablehnt.

Frau R.: Ich wünsche mir, ich müsste es nicht sagen ... dass andere einfach so merken, was ich will. Ich weiß nicht, ob ich mich von Linda trennen will.

Therapeut: Sie haben mit ihr auch schon so viel erlebt ... und sie ist ihre ... Tochter ...

Frau R. (schluchzt): Ja ... Dann hab' ich wieder so viel Angst, dass sie sterben könnte und ... dass ich schuld wär'!

Therapeut: Es quält Sie immer wieder, dass ... es etwas mit Ihnen zu tun haben könnte, wenn sie stirbt.

Sie erinnert sich an die Panik der Geburt, die Trennung, den Überlebenskampf auf der Intensivstation mit ihrem Wunsch, dass Linda sterben soll. Die Erinnerungen wirken nach und schmerzen.

Frau R.: ... Und dann mach' ich mir Vorwürfe, dass ich die Geburt nicht früher gemacht hab', nicht auf Ärzte gehört hab'. Dann hätte sich Linda nicht infiziert! Wenn ich gleich in den Kreißsaal gegangen wär' … vielleicht wäre Linda gesund!

Therapeut: Seitdem tragen Sie innerlich diese Schuld mit sich … dass Sie Lindas Behinderung verursacht hätten?!

Frau R.: Ja. So tief drinnen halt' ich mich, glaub' ich, wirklich für schuldig!

Therapeut: Für Sie ist das eine Gewissheit.

Frau R.: Glauben Sie mir nicht?

Therapeut: Haben Sie einen Zweifel gehört? Zweifeln Sie manchmal selbst, ob Sie einen Fehler gemacht haben?

Frau R.: Ja. Es konnte mir keiner sagen, dass ich irgendwie daran schuld wär'. Es hat mir auch keiner Vorwürfe gemacht. Aber niemand kann sagen, wie es anders gewesen wär'!

Therapeut: Hm … Diese Schuld … Wie ist das mit dieser Schuld … so überzeugt zu sein, an Lindas Behinderung schuld zu sein …?

Frau R.: Na ja, ich komm' mir schlecht vor … es ist irgendwie eine Bestätigung, dass ich schlecht bin … verantwortungslos … leichtsinnig …

Therapeut: Sie nehmen das auch gleich so hin … Sie wehren sich gar nicht gegen ihren Vorwurf.

Frau R.: Ja … Es kommt mir so selbstverständlich vor …

Therapeut: Schuld zu sein?

Frau R.: Ja.

Therapeut: Das kennen Sie auch gut.

Frau R.: Ja. Früher war es oft so, dass ich …

Das Schuldthema führt zu einem Selbstbild voller Selbstzweifel und Unzulänglichkeitsgefühlen. Damit kommt ein weiteres Mal die von Kühle und Forderungen geprägte Beziehung zur Mutter zur Sprache, sodass sich das Quälende ihres Schuldgefühles lockern, das Geschehen sich mehr in ihren Lebenszusammenhang einordnen kann. Im Kontakt zum Therapeuten lässt sie mehr Nähe zu, die Kommunikation ist deutlich dialogisch. Bedeutend mehr als zuvor kann sie sich auf Verbalisierungen ihres Erlebens einlassen, ohne dass ihr Ausweichen ganz nachlässt. Aber es führt nicht mehr dazu, die Beziehung in Frage zu stellen. Bei ihrem Thema „Schuldgefühl“ bleiben zu können, anstatt gegen den Therapeuten aufzubegehren, der scheinbar ihre Wahrnehmung in Zweifel zieht, zeigt wieweit sie sich nun schon einlassen kann.

Ihre Erinnerungen führen zu einem Verpflichtungsgefühl, sich für die Tochter aufzuopfern, sie immer zu beschützen. Sie lösen tiefe Trauer über Lindas Behinderung aus, verstärken sowohl Distanzierung wie emotionale Annäherung. Überraschend lässt Frau R. ihre Tochter zum ersten Mal über nacht bei der Mutter und beginnt auch, sich mehr mit ihr in der Stadt zu zeigen.

4. Phase: Krise und Abschied: Langsam gestaltet sie ihr Alltagsleben besonnener. Sie schränkt das Nachtleben ein und bemüht sich in ihren Beziehungen um mehr Zuverlässigkeit. Mit zunehmender Kooperation mit dem Therapeuten hatte sie mehr Nähe zu ihm hergestellt, die erneut empfindlich gestört wird, als sie erfährt, dass in der Supervision über alle Patienten des Hauses gesprochen wird. Dies erlebt sie als Vertrauensbruch, den sie nicht hinnehmen will. Sie beschließt, die Therapie zu beenden. In den letzten Stunden wird ihre Ambivalenz zum Therapeuten noch einmal deutlich, den sie distanziert wie den Vater wieder mit tiefem Misstrauen erlebt. Zugleich kann sie aber im Schutz des Abschiedes ihre Angst vor dem Therapieende und auch ihren Wunsch nach Zuwendung äußern.

Veränderung und Prognose

Die Therapie endet nach zwei Jahren mit 88 Gesprächskontakten zwar nicht abrupt, aber doch unerwartet nach einer von der Klientin als unüberwindbar empfundenen Kränkung. Trotzdem hat sich Frau R. noch auf eine Abschiedsphase einlassen können, die ihr die Ambivalenz gegenüber der Beziehung verdeutlichen und der Trennung das Schuldgefühl nehmen konnte. Die Eingangssymptome waren bereits während der Therapie zurückgegangen. Für die Tochter organisiert sie tatkräftiger als zuvor Fördermaßnahmen, bemüht sich um einen Kindergartenplatz, kann sie ohne Schuldgefühl Vertrauenspersonen überlassen und die gewonnene Zeit genießen. Die Therapie hat somit zur Stabilisierung beigetragen und über kritische wie etwa suizidale Phasen ihrer Auseinandersetzung mit Lindas Behinderung hinweggeholfen. Ihre Ausdauer, über längere Zeit in Therapie zu bleiben, bedeutet angesichts ihrer sonstigen Wechselhaftigkeit eine neue und positive Erfahrung für sie – umso mehr, da sie den Abschied mit aufkommenden Trauer- und Verlustgefühlen ertrug. Der Rückgang ihres selbstdestruktiven Umgangs zeigt, dass sie weniger von Schuldgefühlen und Bestrafungsphantasien gequält wird und sich mehr Wert beimessen kann. Fürsorgliche Haltungen deuten auf mehr Toleranz gegenüber ihrer Unentschiedenheit zwischen Trennung und Bindung.

Neben der vorhandenen Anpassungsstörung zeigt der Therapieverlauf ein instabileres Selbst als anfangs erkennbar und deutlichere Züge einer emotional instabilen Persönlichkeit vom Borderline-Typ. Bei einem Anpassung und Selbstaufgabe fordernden Selbstideal hat das Krisenereignis das Selbst mit wie in der Pubertät schuldhaft erlebten Verweigerungs- und Fluchtimpulsen destabilisiert. Mit ihrem Doppelleben vereinbarte sie in einem verzweifelten Lösungsversuch die einander ausschließenden Intentionen des Aufbegehrens mit der Hingabe an das Schicksal, mütterlich-sorgendes Tagleben mit hedonistischem Nachtleben und wiederholte zudem das Arrangement ihrer zerrissenen Familienszene. Damit prüfte sie die Echtheit der therapeutischen Zuneigung, wie es in der Pubertät nicht möglich war.

In einem katamnestischen Gespräch nach zehn Jahren berichtet Frau R., dass sie sich nach zwei weiteren Therapien entscheiden konnte, die Tochter in ein Pflegeheim zu geben. Ihr Leben ist oft nicht einfach, aber sie ist zuversichtlicher als früher.

Fall „Keine Besserung" (Frau W.)

Anlass zur Behandlung und Lebenssituation

Seit der Feststellung eines allgemeinen Entwicklungsrückstandes um die Hälfte des Lebensalters bei ihrer knapp dreijährigen Tochter Sara vor etwa fünf Monaten fühlt sich Frau W. zunehmend niedergeschlagen. Depressive Verstimmungen mit Minderwertigkeitsgefühlen und Selbstzweifeln wechseln mit Phasen von Ärger und Erschöpfung ab. Den Erziehungsstress mit ihren beiden Kindern wirft sie sich als Versagen vor, sie befürchtet, sich noch mehr aus Kontakten zurückzuziehen – schon jetzt bleibt sie am liebsten daheim. Da ihr die Fragen nach Sara auf die Nerven gehen, hat sie sich angewöhnt, sie einfach als ein Jahr jünger auszugeben.

Frau W. ist 27 Jahre alt und übt den Beruf einer Diätassistentin seit Saras Geburt nicht mehr aus, ihr gleichaltriger Mann promoviert. Vor acht Monaten wurde ein gesunder Junge geboren, die vierköpfige Familie lebt in einfachen Verhältnissen. Aus der eigenen Lebensgeschichte ist ihr wegen einer drei Jahre älteren, tetraplegischen Schwester der Umgang mit Behinderten vertraut. Als Acht- oder Neunjährige war sie stolz, dass ihr die Pflege der Schwester zugetraut wurde, obwohl ihre Mühe als selbstverständlich galt. Mitarbeit wurde in der Arbeiterfamilie erwartet, die Mutter schuftete im Haushalt für die fünf Kinder. Frau W. hatte früher oft das Gefühl, ihre Wünsche spielten keine Rolle. Anderen gegenüber fällt es ihr schwer, sich durchzusetzen. Die Schwangerschaft kam überraschend, die Ehe wird als stabil erlebt.

Behandlungsverlauf

Erster Eindruck

Frau W. ist hager, hält ihren Körper leicht gebeugt und spricht mit gepresster, leiser Stimme. Sie meidet oft den Blickkontakt und scheint wenig Wert auf den äußeren Eindruck zu legen, da sie sich bescheiden kleidet und nicht schminkt.

Überlegungen zur Diagnose und Genese der Erkrankung

Vorerkrankungen werden nicht berichtet. Mit der ungeplanten Schwangerschaft, Aufgabe der Berufstätigkeit und Ungewissheit über Saras Entwicklung begann eine allmähliche Eskalation. Frau W. hat immer wieder Gefühlsambivalenzen zwischen Skepsis, Hoffnung und Verzweiflung erlebt. Die aktuelle Befindlichkeitsstörung entspricht einer Anpassungsstörung mit längeren depressiven Phasen (ICD 10: F43.21).

In der primären Inkongruenz gibt ein hohes Selbstideal den Standard vor, durch Verzicht Belastungen zu meistern und Kummer zu ertragen, eigene Gefühle und Bedürfnisse hintanzustellen. Die aktuelle Krisensituation lässt diesen Anspruch scheitern – Angst erregende Wahrnehmungen lassen sich nicht ausblenden, sodass sich die Person mutlos von der nun feindlich erlebten Welt abkehrt. Selbstwertzweifel zeigen, dass vorhandene, tiefer liegende Verstörungen des Selbstkonzeptes berührt werden. Das Krisenereignis kann nicht als von außen gekommene, schicksalhafte Erschütterung erlebt werden, sondern nur als eigenes Unvermögen. Sobald ihre Aufregung die Angst, vor der immensen Aufgabe zu versagen, mobilisiert, wird ein Wertlosigkeitsgefühl tangiert, da ohne Leistungsnachweis die Hoffnung ausbleibt, vielleicht doch etwas zu gelten. Mit dem Zweifel am eigenen Wert wiederholt sie die Erfahrung mangelnder Akzeptanz der Kindheit. Das depressive Symptom schränkt ihren Lebensradius ein und schützt sie damit vor dem Risiko weiterer Enttäuschungen, wäre sie aktiver.

Verlauf

1. Phase: Hoffnungslosigkeit: In den ersten Gesprächskontakten wirkt Frau W. sichtlich verunsichert und gehemmt, als wolle sie ausdrücken, fehl am Platze zu sein. Das Gespräch verläuft stockend, die Augen sind niedergeschlagen oder in die Ferne gerichtet. Die Körperhaltung ist angespannt, Arme vor dem Oberkörper gekreuzt. Sie weiß nicht, wie es ihr geht und versteht sich selbst nicht mehr. Sie fühlt sich allein gelassen, reagiert empfindlich und verletzt bei jeder Kleinigkeit. Sie fühlt sich von ihrem Mann nicht geliebt, er scheint sich überhaupt nicht für sie zu interessieren, – zugleich weiß sie aber nicht, ob sie nicht zu viel erwartet.

Sie ist stolz darauf, dass sie zum Leben nicht viel braucht, es reiche schon, sich mit einem Buch hinzulegen. Ihr Wunsch nach Anerkennung ist öfters Thema, aber ebenso oft geht sie auch burschikos darüber hinweg: Wie albern und künstlich es ist, wenn Männer ihre Frauen hofieren. Desinteresse erinnert sie an die Kälte, die sie als Kind daheim empfand. Manchmal meint sie Mitleid in den Augen anderer über ihre Situation mit einem behinderten Kind zu sehen.

In der ersten Phase der Therapie muss sich Frau W. mehrfach versichern, ob sich der Therapeut die Trostlosigkeit ihres Alltages auch wirklich vorstellen kann, ob er sie denn auch als so ausweglos begreife. Trauer über den Anlass ihres Leides, die Diagnose der Behinderung der Tochter, kann sie noch nicht zulassen. Gram und Selbstzweifel haben sich „vor“ das

Ereignis geschoben und sind so übergewichtig geworden, dass sie sich ganz entmutigt und hoffnungslos fühlt. Den Therapeuten prüft sie, ob er zu mehr Empathie fähig ist, als sie früher erlebte, oder ob sich auch hier bestätigt, dass sie nicht wichtig ist.

2. Phase: Rückbesinnung: Ihre Selbstquälerei verschlimmert sich, als die Mutter sie dafür kritisiert, sich mit einer Kinderfrau die Arbeit zu erleichtern. Sie kann die Freizeit nicht mehr nutzen, sondern liegt untätig herum und grübelt darüber nach, so unfähig, schwach und untauglich zu sein, diese Hilfe überhaupt nötig zu haben. Selbst ihre Skrupel, diese Entlastung anzunehmen, nimmt sie als Beweis ihrer Unfähigkeit.

Sie beginnt die immer wieder vom Therapeuten verbalisierte Verzweiflung hinter den Selbstvorwürfen nun auch selbst zu spüren. Die ersten Erinnerungen an Kindheitserlebnisse werden dadurch aufgerührt. Sie sieht sich als Kind, das sich Mühe gibt, es der Mutter in allem recht zu machen, ohne jedoch Lob zu ernten. In der abschätzigen Art der Mutter spürte sie immer einen Schuldvorwurf. Diese Wiederkehr erlebter Missachtung berührt Frau W. sehr und macht sie traurig. Wenn sie nicht die Zuneigung des Vaters gespürt hätte, hätte sie sich wohl wie „Aschenputtel“, wie ein ungeliebtes Stiefkind gefühlt.

Die Selbstvorwürfe, die Belastung als Mutter zweier kleiner Kinder nicht zu verkraften, dauern an. Bei der Schilderung eines Ehestreites, fällt ihr auf, sich immer so zu verhalten, gerade noch genug Zuwendung zu bekommen und Ablehnung zu vermeiden. Sie wagt nicht, sich abzugrenzen, weil sie Zurückweisung unerträglich findet. Auch der Vater hat ihr da keinen Mut gemacht, wenn er ihr etwas aus der Hand nahm, um es für sie zu erledigen. Heute fühlt sie sich gedemütigt, damals hat sie sich wahrscheinlich sogar gefreut. Plötzlich fällt ihr auf, dass der Umgang mit Sara deshalb so schwierig für sie sein könnte, weil sie deren eigenwilliges Verhalten als eine Art Ablehnung ihrer Person erlebt.

Ein wichtiges Ereignis stellt ihre erste Auseinandersetzung mit der Mutter dar, der sie erstmalig von ihren Sorgen um Sara und ihren Versagensgefühlen erzählt, worauf diese ihr vorhält, es mit fünf Kindern geschafft zu haben. Ganz gegen ihre Art, begehrt sie diesmal auf und verlangt Verständnis. In der Therapie erlebt sie, dass sie den Stolz über ihren Protest annehmen darf, erfährt also das Gegenteil der erwarteten Herabsetzung.

3. Phase: Konkretisierung: Langsam löst sich ihr Erleben aus dem tiefen Minderwertigkeitsgefühl und konkretisiert sich. Ausgelöst durch den Ausruf des jüngeren Sohnes, „Mami gehört mir!“, fühlt sie sich plötzlich eingeengt. Sie merkt, wie sehr es ihr widerstrebt, nur „in dieser Mutterwelt“ zu leben, wie wenn das Leben schon vorbei sei. Zum ersten Mal kann sie sich Wünsche nach Freiheit eingestehen, ohne sich anschließend mit schlechtem Gewissen zu strafen. Die Geschwisterrivalität der Kinder rückt ihre Beziehung zur trotzigen Tochter in den Mittelpunkt. Frau W. beginnt nun auch gegenüber dem Therapeuten kontroverse Standpunkte einzunehmen, sie möchte konkrete Erziehungshilfen und äußert Skepsis über den Nutzen der Gespräche.

15. Gesprächskontakt

Frau W.: Glauben Sie eigentlich, dass das, was wir hier besprechen, unmittelbare Auswirkungen auf meinen Umgang mit Sara hat?
Therapeut: Sie zweifeln auf alle Fälle sehr daran ...
Frau W.: Ich erhoffe mir doch Tipps, ich hätte so gern ein paar einfache Erziehungstipps!
Therapeut: ... Und das, was wir hier machen, stellt Sie im Moment nicht zufrieden.
Frau W.: Ich weiß mir manchmal nicht mehr zu helfen, wenn Sara wieder so provoziert.
Therapeut: Sie bringt Sie an Ihre Grenzen ...
Frau W.: Ich will sie ja auch nicht brechen, sie dressieren ...
Therapeut: So angepasst soll sie auch nicht sein.
Frau W.: Sie soll sich schon frei fühlen ... nicht eingeengt.
Therapeut: Sie möchten ihr einen Freiraum geben ...
Frau W.: Ich will schon, dass sie sich frei fühlt. Aber ich schaffe es einfach nicht!
Therapeut: Sie wollen ihr so gern mehr Freiheit gönnen als Sie selbst erlebt hatten – aber sie macht es Ihnen so schwer.
Frau W.: Sie macht es einem verdammt schwer (schweigt).
Therapeut: Es quält Sie dann auch, wenn Sie spüren, wie wütend Sie auf sie werden ...
Frau W.: Manchmal sehe ich richtig rot! Und dann tut sie mir wieder Leid. Ich verstehe nicht, warum sie mich so ärgert! Sie macht genau das nicht, was ich ihr sage ... den Kühlschrank immer wieder auf und zu ... sie begreift es einfach nicht!
Therapeut: An solchen Stellen spüren Sie auch immer wieder, hm, wie wenig sich in ihrer Entwicklung tut. Wenn das Unfolgsame und die Behinderung zusammenkommen ...
Frau W.: (schweigt).
Therapeut (leise): ... es tut weh, wenn man immer wieder an ihre Behinderung erinnert wird ...
Frau W.: (weint).
Frau W.: Ich muss mich schon gegen meine Eltern wehren und gegen ... und überall klarmachen, dass Sara behindert ist. Auch hier habe ich manchmal das Gefühl, Sie meinen, ich habe ihre Behinderung nicht akzeptiert.
Therapeut: Sie glauben, dass Sie auch gegen mich kämpfen müssen ... dass Sie eigentlich niemand richtig versteht.
Frau W.: Geben Sie mir doch jetzt mal eine klare Antwort!

Therapeut: Ich glaube, Sie haben Recht. Manchmal denke ich, dass Sie Sara überschätzen, wenn Sie erwarten, dass sie die verschiedenen Alltagsregeln verstehen soll. Oder wenn Sie nicht sehen, dass ihre nervigen Aktivitäten auch zum Teil ihr Spielverhalten ist, dass sie auf ihrem Entwicklungsniveau spielt …

Frau W. (weint): … ich habe gedacht, Sie hätten schon längst kapiert, dass ich Saras Behinderung nicht wegschiebe …

Therapeut: Es tut mir Leid, wenn ich Sie jetzt noch mehr verletzt habe.

Frau W.: Es ist einfach so traurig, immer wieder daran erinnert zu werden …

Die Eingangsfrage kann auch mit der Selbstunsicherheit der Klientin zusammenhängen und wäre dann als Entwertung zu verstehen („Mir ist nicht zu helfen“). Auch ist ein Zweifel enthalten, ob das Kind überhaupt zu ändern ist. In der Abqualifizierung der Gespräche kann der Therapeut ahnen, dass sich auch Frau W. (von Sara) angegriffen fühlt. Er spürt ihren Ärger über sie und ihr schlechtes Gewissen. Mit der Verbalisierung ihrer guten Vorsätze bestätigt er ihre Selbstachtung und eröffnet eine Möglichkeit, sich in der Wut auf das provozierende Kind an das eigene Ausgeliefertsein zu erinnern. Der weitere Verlauf führt jedoch zur Verletzung durch die Behinderung, die noch nicht direkt, sondern erst als Enttäuschung über den Therapeuten erlebt werden kann. Mit seiner offenen Stellungnahme macht dieser sich als Person angreifbar und ermöglicht so die ärgerliche Auseinandersetzung mit ihm.

Damit wird die Vertrauensbasis gestärkt und sie thematisiert nun die ungewollte Schwangerschaft mit ihrer damaligen Verzweiflung. Von ihrer Unsicherheit als junge Mutter gehen die Gedanken zu ihrem Widerwillen gegen die Mädchenrolle und damit zur Entwicklung ihres Selbstbildes. Sie versteht, dass sie mit der Unterordnung auch die Geschlechtsrolle ablehnte. Mit dem Schmerz über das ungerechte Verhalten der Mutter beginnt sie, Zuneigung für das so wenig gesehene Kind, das „Aschenputtel“, in sich zu spüren. In der Ablehnung des Weiblichen sieht sie nun nicht weiter ein Versagen, eine Selbstablehnung, sondern entdeckt die kreative Energie ihrer nur innerlich möglichen Widersetzlichkeit. Auch im Alltag riskiert sie mehr Konflikte.

Als ihr nach dem Schwangerschaftsabbruch einer Bekannten entsetzt einfällt, dass Sara auch nicht hätte geboren werden können, kann sie in ihrer Bestürzung allmählich auch Ablehnungsgefühle gegen Sara erkennen und sich den Zweifeln an ihrer Entscheidung für die Schwangerschaft stellen. Mit Erstaunen stellt sie nun auch Positives an Sara fest, etwa dass sie anhänglich und selbstständig geworden ist.

4. Phase: Neuorientierung: Es entsteht ein Vorsatz, auch mit Kindern und trotz der Behinderung der Tochter „auf ihre Kosten“ zu kommen. In einem ersten Schritt kümmert sie sich um die Wiederaufnahme ihrer Arbeitstätigkeit. Sie bewirbt sich mutig und wird tatsächlich zu Vorstellungsgesprächen eingeladen. Wider Erwarten wird ihr prompt eine Halbtagsstelle angeboten. Im letzten Teil der Therapie nimmt auch die Behinderung der Tochter noch einmal breiten Raum ein. Wieder beginnt sie, sich ihre Ungeduld mit Sara vorzuhalten.

21. Gesprächskontakt

Frau W. (mit Tränen in den Augen): ... Ich bin zwar weitergekommen ... aber ich habe immer noch nicht die nötige Geduld, sie zu ertragen.

Therapeut: Sie bemühen sich schon so viel, aber ... es ist einfach traurig, dass sie so schwierig ist!

Frau W. : Ja. Manchmal denke ich, ich schaffe es einfach nicht mehr, ich müsste mich noch viel mehr anstrengen ... beherrschen ...

Therapeut: Da kommt dann wieder der Vorwurf ins Spiel, dass Sie noch nicht genug tun, noch mehr leisten müssten!?

Frau W. : Genau. Das quält mich, das macht mich ganz unruhig. Sara beschäftigt sich nicht alleine und lässt sich zu nichts motivieren – und ich steh' dabei und komm' von dem Gedanken nicht 'runter, dass mir jetzt doch irgendetwas einfallen müsste, womit ich sie kriege ...

Therapeut: Es fällt Ihnen nach wie vor so schwer, einfach in Ruhe dabei zu sein und zu betrachten, was das Kind so treibt ...

Frau W. : Nur vom Zuhören wird mir schon ganz kribbelig ... Ich weiß schon, was sie dann macht ... z. B. ... Puzzle ins Klo schmeißen ...

Therapeut: Da drehen Sie dann einfach durch, wenn Sara so einen Unsinn macht ...

Frau W. (weint): ... Ja. Das ist ... dann immer wieder so ... schlimm ... so ... das kann man nicht verstehen ...

Therapeut: Und jedes Mal merken Sie dann wieder ganz verzweifelt ... wie behindert sie ist.

Frau W. (weint): Ja. Ich fühl' mich so ratlos! Ich kann sie doch nicht auf den Schoß setzen und wie ein Kleinkind am Spielzeug lutschen lassen, ich kann einfach nicht zuschauen, bis sie groß ist! Da könnte ich mir sogar noch eine Tasse Kaffee dazu holen!

Therapeut: Es setzt Sie unter einen so ungeheuren Druck ... da kriegen Sie ein Gefühl, dass Sie unbedingt verhindern müssen, dass sie so behindert ist ... dass sie Ihre Erwartungen nie erfüllen wird ...

Frau W.: Es ist so schlimm ... dabeizusitzen und zu sehen, dass sie so wenig Gescheites macht.

Therapeut: Sie wollen so gerne alles nur Machbare tun ... aber es gelingt Ihnen bei Sara nicht.

Frau W. : Das ist für mich wirklich schwer auszuhalten. Vielleicht zeigt sie mir ja, dass ich endlich aufhören soll, so zu kämpfen. Aber ich habe mein ganzes Leben gekämpft. Ich hätte so gern auch einmal einen Nutzen davon ... eine Anerkennung ...

Therapeut: Das hat Ihnen immer gefehlt ... dass das anerkannt worden ist, was Sie geleistet haben ...

Frau W. (weint): Ja.

Im Unterschied zu früher überwiegt nun der Kummer über Sara. Das Wiedererleben entmutigender Kindheitserfahrungen und die nachträgliche Anerkennung ihres Schmerzes, lässt ihre Gefühle über die Behinderung differenzierter und tiefer werden. Schwerer fällt es, ihren Ärger über Saras Widersetzlichkeit, der sie sich ohnmächtig ausgeliefert fühlt, zu akzeptieren. Die Aussicht auf Berufstätigkeit löst neben erneutem Selbstzweifel auch Erleichterung aus, dem „symbiotischen Kontakt mit den Kindern“ zu entgehen. Ihren Widerwillen gegen körperliche Nähe versteht sie nun als Resultat erlebten Mangels und nicht eigenen Verschuldens; gegenüber der Fremdbestimmung ihrer Kindheit wird ihr ganz wichtig, Nähe und Kontakt selbst dosieren zu können.

Mit Beginn ihrer Tätigkeit nimmt ihre Unentschiedenheit rapide ab und sie widmet sich mit ganzer Energie ihren neuen Aufgaben. Die Entscheidung stärkt ihr Selbstwertgefühl – in familiären Auseinandersetzungen mit Mann oder Mutter kann sie nun mit berufsbedingten Notwendigkeiten argumentieren, ohne sich persönlich in Frage stellen lassen zu müssen. Auch eine Entlastung in der Beziehung zu Sara tritt ein. Sie fasst neuen Mut, ihre Probleme nun selbst lösen zu können und erklärt die Therapie von heute auf morgen für beendet.

Veränderung und Prognose

Die Therapie endet nach 26 Stunden auf Wunsch von Frau W. aus zeitlichen Gründen. Die psychische Verfassung hatte sich deutlich gebessert, Selbstsicherheit und Eigeninitiative zugenommen. Frau W. nahm sich wieder Zeit für soziale Aktivitäten, Konfliktfähigkeit und Belastbarkeit waren gestiegen. Trauer über die Behinderung der Tochter konnte Frau W. während der Gespräche zum ersten Mal zulassen und ohne Selbstvorwurf erleben. Dennoch erscheint das Therapieende etwas abrupt und aus therapeutischer Sicht nicht ganz zufrieden stellend. Über die Interaktionen mit der Tochter war von Frau W. häufig Ärger und Enttäuschung thematisiert worden, was sich nun einer Bearbeitung entzieht. Damit musste auch die innere Stellungnahme zur Behinderung der Tochter ein Stück unerschlossen bleiben. Vielleicht wollte Frau W. diesen Schritt zum jetzigen Zeitpunkt noch nicht gehen.

Aus ihrer persönlichen Lebensgeschichte bringt Frau W. ein Defizit an liebevoller Beachtung mit, wobei vor allem die Mutter eine resignative Grundstimmung mit geringem Zutrauen in eigene Fähigkeiten, dafür aber hohen Leistungsanspruch vermittelte. Die Krise mobilisierte diesen Leistungswillen, der seinerseits andere bereits in der primären Inkongruenz abgewehrte Gefühle aktivierte: Trauer über nicht erhaltene Beachtung, Zweifel am Wert eigener Anstrengung, Ärger über ausgebliebene Anerkennung. Mit einer besonders engen, versorgenden und fördernden Beziehung zur Tochter kämpfte Frau W. gegen diese Gefühle an. Die sich abzeichnende Behinderung durfte nicht betrauert werden, da die Erschütterung diese älteren Verletzungen aufgewühlt hätte. Je mehr Saras Grenzen zutage traten, desto mehr steigerte sich ihre Angst, das Problem nicht annehmbar genug zu bewältigen und erinnerte auf unerträgliche Weise an beschämendes Versagen. Deshalb entstand umso stärkerer Druck, das Verhalten der Tochter um jeden Preis zu verbessern – die Anspannung übertrug sich und ließ die Interaktion eskalieren, bis sie der Versagensvorwurf des depressiven Symptomes ganz blockierte.

In der Therapie konnte sich Frau W. dem Zusammenhang zwischen Selbstüberforderung in Saras Betreuung und Entwertungsgefühlen ihrer Kindheit stellen. Die Erfahrung, akzeptiert und ernst genommen zu werden, ließen sie mehr Selbstsicherheit gewinnen. Wachsendes Selbstvertrauen wiederum ermutigte sie, eigene Bedürfnisse zu entdecken und für diese einzutreten. Die Wiederaufnahme der Berufstätigkeit berührte die Diskrepanz zwischen Ideal und Selbstbild und ließ alte Zweifel am Wert der eigenen Person aufbrechen. Für Frau W. bedeutete dieser Schritt zugleich eine Neudefinition ihrer Beziehung zu den Kindern, den sie als Distanzierung und Entlastung erlebt. Ihrer Geschichte entsprechend muss sie sich für diese Wahrnehmung als „schlechte Mutter“ verurteilen. Eine fast einer Erlösung gleichkommende Erleichterung stellt für sie die Erkenntnis dar, dass sie die von ihr empfundenen Distanzierungswünsche gegenüber den Kindern haben darf und selbst bestimmen kann, wie viel Nähe sie ertragen mag. Erst auf der Grundlage eines stärkeren Selbstwertgefühles konnte sie Trauer über Saras Behinderung an sich heranlassen, ohne deren Unveränderbarkeit jedoch ganz zu akzeptieren. Ihre Suche nach Regelkindergärten oder der „normalen“ Schule blieb ein Ausdruck dieses Widerstrebens.

In einer Nachbefragung ein Jahr später bezeichnet sich Frau W. als im Wesentlichen optimistisch und beschwerdefrei. Aus Vereinzelung und Rückzug heraus hat sie den Schritt geschafft, soziale Unterstützung aktiv zu suchen. Ihrer Selbsteinschätzung nach zeigt sie ihre Gefühle mehr, wie sie sind, spricht mit ihrem Mann offen und geht Konflikte in der Familie an. Wenn sie sich auch oft noch erheblich belastet fühlt, äußert sie doch festes Vertrauen in ihre Kräfte.

Fall „Entwertungsduo“ (Ehepaar A.)

Anlass zur Behandlung und Lebenssituation

Familie A. umfasst Eltern und die fünfjährige Tochter Dora mit beinbetonter Tetraspastik bei allgemeinem Entwicklungsrückstand um mehr als die Hälfte des Lebensalters. Herr A. arbeitet als wissenschaftlicher Mitarbeiter in der benachbarten Universitätsstadt; Frau A. wurde nach dem Referendariat als Lehrerin wegen der Geburt der Tochter nicht berufstätig und ist jetzt als Hausfrau und Mutter ausgelastet. Die Familie wohnt im eigenen Haus mit vielen Treppen, Frau A. muss ihre Tochter tragen. Frau A. klagt über Niedergeschlagenheit und Selbstunsicherheit wegen ihrer Enttäuschung über den erneuten Ehebruch des Mannes. Sie berichtet von Verlassensängsten, Schlafproblemen, Kreislaufstörungen und Rückenschmerzen. Es bestehen heftige Interaktionsstörungen mit der körperbehinderten Tochter, die sich massiv gegen die zuhause von der Mutter durchgeführte Krankengymnastik wehrt. Herr A. nennt keine Beschwerden.

In behütetem Milieu aufgewachsen, hatte Frau A. als Älteste von vier Geschwistern schon früh Verantwortung für die Jüngeren übernommen. Sie war ein gut gelauntes und pflegeleichtes Kind, aber immer in Furcht vor elterlichem Tadel. Liebesentzug war die größte Strafe, sie fühlte sich schrecklich schuldig. In der Lehrerfamilie war Leistungssport extrem wichtig. Die Eltern fungierten als Trainer, denen man sich regelrecht unterwerfen musste – Wettkampferfolg galt als Familienangelegenheit. Leistung brachte Anerkennung, ein Versagen von ihr, der Lieblingstochter, traf den Vater immer schwer. Ihre Mutter fühlte sich ihm unterlegen und wartete still auf seine Zuwendung. Ebenso leistungsorientiert wie er, erzog sie die Kinder streng, gerecht, aber wenig herzlich. Zu den Eltern spürt sie trotz allem tiefes Vertrauen, der Vater ist heute noch Zuflucht für sie und Doras engste Bezugsperson.

Ganz anders als seine Frau stellt sich Herr A. als gelassen, ausgeglichen und souverän dar. Außer einer berufsbedingten, chronischen Übermüdung kennt er keine Probleme. Seine Stimmung ist konstant, die Behinderung seiner Tochter hat er sich natürlich nicht gewünscht. Er stellt klar, dass seine Frau und nicht er Hilfe braucht. Aus Gefälligkeit begleite er sie und sozusagen nur als Kotherapeut. Für die Gefühlsschwankungen seiner Frau hat er vollstes Verständnis, es habe ja Gründe gegeben. In einer aus einfachen Verhältnissen aufgestiegenen Familie aufgewachsen, galten Ordnung, Sauberkeit und Leistung viel, der Wert eines Menschen wurde an dem gemessen, was er erreicht hat. In der Schule erfolgreich, blieb er doch das Nesthäkchen, zog erst spät aus dem Elternhaus und beneidete die ältere Schwester immer wegen ihrer Eigenständigkeit.

Die späteren Ehepartner kennen sich seit ihrer Jugend. Dora sei dann etwas früh gekommen, aber der richtige Schock war ihre Behinderung.

Die Rollenverteilung bestimmte Frau A. dazu, Doras Behandlung zu übernehmen, was sie auch voller Elan anging. Herr A. konnte sie wenig unterstützen, engagierte sich beruflich sehr, fühlte sich aber zuhause unwohl, eher bedrängt und eingeengt. Deshalb kam es zu außerhäuslichen Verhältnissen.

Behandlungsverlauf

Erster Eindruck

Frau A. ist eine schlanke, jugendlich und sportlich wirkende Frau. Ihrer äußeren Erscheinung nach scheint sie viel Wert auf attraktives, gepflegtes Aussehen zu legen, ohne jedoch den Eindruck von Erschöpfung ganz verbergen zu können. Man sieht ihr Betroffenheit und Anspannung an, sie spricht mit leiser Stimme und zunächst zögerlich. Ihr Mann, eine elegante, modisch gekleidete Erscheinung, imponiert mit exakter Ausdrucksweise und vollendeten Manieren. Der Umgangston mit seiner Frau wirkt etwas überheblich, oft mit ironischem Beiklang. Er verbessert ihre Formulierungen oder präzisiert ihre Angaben. Sie beugt sich seinen Kommentaren widerspruchslos.

Überlegungen zur Diagnose und Genese der Störung

Weder bei Frau A. noch ihrem Mann liegen psychische oder körperliche Vorerkrankungen vor, die Situation ist offenbar seit Geburt des behinderten Kindes nach und nach eskaliert. Während sich Herr A. Bestätigung in außerehelichen Affären suchte, demonstrierte seine Frau Durchhaltewillen und Entsagung, womit sie sich schließlich in einen Erschöpfungszustand hineinmanövrierte. Je bedrohlicher sich die Situation mit zunehmender Deutlichkeit der Behinderung entwickelte, desto weniger kommunizierten die Ehepartner. Die Verweigerung der Tochter verschärfte Frau A.s Anspannung, die innerlich wie auch in ihrem „Training" mit der Tochter immer weniger lockerlassen konnte. Mit zunehmender Missstimmung zog sich Herr A. aus der Familie zurück, seine Frau fühlte sich verlassen und verstärkte mit Vorhaltungen oder stillem Leiden den Rückzug des Mannes, der sich eingeengt fühlte. Es entwickelte sich eine Abhängigkeitsthematik mit Anklammerungstendenzen bei Frau A. und spiegelbildlichem Fluchtverhalten bei Herrn A. um den Kern eines wenig erfüllten Wunsches nach Anerkennung und Bestätigung.

Als Diagnose liegt bei Frau A. eine Anpassungsstörung (ICD 10: F43.23: mit vorwiegender Beeinträchtigung von anderen Gefühlen) mit psychosomatischen Symptomen, Störungen der Mutter-Kind-Interaktion und Partnerschaftsbeziehung vor. Herr A. hingegen erfüllt keine Kriterien einer Diagnose, allerdings wird man bei ihm an einen narzisstischen, kränkbaren Persönlichkeitstyp denken, der Selbstunsicherheit mit Distanziertheit und latenter Aggressivität kompensiert, die als Provokation und Sarkasmus sichtbar werden.

Damit zeigt sich eine psychische Vulnerabilität, die ihre Wurzeln in der biografischen Erfahrung hat und die Bewältigung der durch die Behinderung bewirkten Krise zusätzlich erschwert. Frau A. hat keine bedingungslose Wertschätzung erfahren, sondern musste im Sinne einer primären Inkongruenz bereits früh ein erfolgsorientiertes und Gefühle neutralisierendes Selbstkonzept entwickeln. Das durch die mütterliche Rigidität geprägte erzieherische Milieu der Herkunftsfamilie führte zu Selbstkontrolle im Gefühlsleben – während die vom Vater nur durch Siege zu erreichende Anerkennung eine Wettkampfmentalität mit den Qualitäten Ausdauer und Durchhaltevermögen als Selbstideal hervorbrachte. Angst vor Liebesentzug blendete Impulse aus der Selbstwahrnehmung aus, sich zu behaupten, zu streiten, zu fordern oder auch sich egoistisch, genießend zu verhalten. Die Krisensituation aktiviert diese Stressbewältigung, um Schwäche, Ohnmacht oder Bedürfnisse nach Schutz und Anlehnung nicht spüren zu müssen. In ihrem Kontrollversuch richtet sie sich auf das Kind aus und entfernt sich vom Ehepartner. Ihr Leiden an den daraus folgenden Spannungen kann sie sich voller Scham nur indirekt, mit psychosomatischen Symptomen mitteilen.

Auch Herrn A.s Selbstkonzept konnte Schwäche nur als Versagen abbilden, elterlichen Erwartungen nicht zu genügen und die ohnehin geringe Bestätigung zu verlieren, sodass alle verunsichernden Gefühle mit der tadellosen Fassade einer Überlegenheitshaltung abgewehrt wurden. Im Selbstideal bekommt Autonomie einen hohen Wert, da ihn das Elternhaus nicht selbstverständlich unabhängig werden ließ. Deswegen löst untergründige Angst vor aufgezwungener Selbstaufgabe durch Einvernahme, wie etwa Zuwendungswünsche eines bedürftigen Partners, rasch Fluchtimpulse aus. In der Spannung zwischen Unabhängigkeitsbedürfnis und Anerkennungswunsch erlebt er ein Dilemma zwischen Nähe und Distanz und ist sich selbst deshalb im Grunde nie ganz sicher. Die Behinderung seiner Tochter löst nicht nur verunsichernde Gefühle aus, deren Wahrnehmung er sich nicht gestatten kann, sondern auch Wünsche nach Nähe und Trost, eine Vorahnung von Gebundensein. Das von ihm als solches nicht gespürte Bedürfnis nach Anerkennung schützt das fragile Selbstwertgefühl, indem es ihn eine scheinbar überlegene Fassade demonstrieren und Bestätigung in sexuellen Eskapaden suchen lässt.

Verlauf

Eine Einzeltherapie von Frau A. ist indiziert, dem Ehepaar wird jedoch eine Personzentrierte Paartherapie vorgeschlagen, da die aktuelle Störung in hohem Maße durch den spezifischen Umgangsstil der Partner aufrechterhalten wird und ihr im Leid um Doras Behinderung ein gemeinsamer

Auslöser zugrunde liegt. Die jeweilige persönliche Reaktion auf das Krisenereignis scheint Ursache der später eskalierenden Partnerschaftsstörung. Ziel ist es, die erstarrte Kommunikation in Gang zu bringen: Gegenüber Frau A. soll eine akzeptierende und bei Herrn A. eine wertschätzende Haltung betont und ihr Bemühen positiv kommentiert werden, trotz gravierender Probleme zusammenzubleiben. Ihre Unterordnung würde dann als Weg geachtet, ihm Bestätigung zu geben, und seine Dominanz als der Versuch, ihr Sicherheit zu vermitteln.

In den ersten Kontakten zeigt das Paar eine defensive, misstrauische Gesprächshaltung. Frau A. wirkt unsicher und überlässt ihrem Mann die Führung. Dieser wiederum gibt sich jovial und verständnisvoll. Er schmeichelt ihr mit Bemerkungen, die entweder deplatziert oder übertrieben klingen (sie sei „hochintelligent“, „so spürfreudig“). Das Gekünstelte an diesen Anspielungen scheint Frau A. nicht wahrzunehmen, jedenfalls kommentiert sie diese nicht. Vielfach ordnet sie sich sogar insoweit unter, als dass sie ihn an sie gerichtete Fragen beantworten lässt. Äußerungen von ihr kommentiert er in therapeutischem Jargon („Ein Thema für meine Frau ist sicherlich ... Man könne sie ja verstehen ...“) oder indem er ihr auf sublime Weise das Wort im Mund enteignet („Ich weiß schon genau, was du jetzt gleich sagen wirst!“).

Das von Frau A. eingebrachte Thema gemeinsamer Freizeit, wird von ihrem Mann mit dem Argument beiseite geschoben, er müsse doch das Geld für den gewünschten Lebensstandard verdienen. Dieser Punkt führt zur ersten Kontroverse, da sie ihm nun vorhält, er gestatte ihr nicht, arbeiten zu gehen. Sie fügt sich kleinlaut seiner Beweisführung, mit ihrer Arbeit die gemeinsame finanzielle Bilanz zu verschlechtern.

Während er in der Rolle des Intellektuellen die Anerkennung des Therapeuten sucht, gibt sie sich als Leidtragende und Unterlegene und appelliert an Mitgefühl. Verbalisierungen des Therapeuten werden von Herrn A. nahezu prinzipiell zurückgewiesen, indem er den Therapeuten gerne mit Wortspaltereien wie etwa über den Unterschied zwischen „austauschbar“ und „ersetzbar“ in die Enge drängt. Frau A. allerdings löst sich aus ihrer Verhärtung, scheint sich ermutigt zu fühlen und beginnt sich allmählich mehr am Gesprächsgeschehen zu beteiligen. Als ihr Mann ihr vorhält, in Konflikten oft zu schweigen, teilt sie mit, sich das Streiten abgewöhnt zu haben, da sie sich immer unterlegen fühle. Tatsächlich wagt sie, Ängste einzuräumen, ihm nicht zu genügen und verlassen zu werden, sich als Frau wie auch als Mutter in Frage stelle, kaum Selbstvertrauen habe und sich von ihm nicht ernst genommen fühle, da er ihr wenig erzähle – wohl weil er meine, sie verstünde ohnehin nichts davon. Diese Mitteilungen erweisen sich als wichtig, da Herr A. zum ersten Mal aufrichtig beteiligt wirkt, als er seine Fassungslosigkeit preisgibt, mit der er feststellt, wie gering sich seine Frau schätzt. Im Anschluss daran kommt es zu vorsichtiger Annäherung der Partner und einer Stabilisierung der Situation. Frau A. entwickelt sich zur treibenden Kraft im Gespräch. Sie öffnet sich zusehends und nutzt die Sitzungen, um ihre Anliegen vorzubringen. Sie stellt fest, dass sie wahrscheinlich ein größeres Bedürfnis nach Aussprache und auch nach Anerkennung habe als ihr Mann. Möglicherweise bedränge sie ihren Mann zu sehr, wenn sie ihn schon im Türrahmen mit Neuigkeiten aus der Familie überschütte.

Frau A. formuliert klar, dass sie sich von ihrem Mann mehr emotionale Nähe wünsche, mehr Zärtlichkeit. Es stellt sich heraus, dass es Herrn A. wichtig ist, in seiner sexuellen Verunsicherung verstanden zu werden. Sein Wunsch nach Sexualität mit seiner Frau habe nach der Geburt der Tochter abgenommen, er fühle sich von seiner Frau unter Druck gesetzt; da wehre er sich. Das Thema einer weiteren Schwangerschaft ist für beide Partner brisant und mit Ängsten besetzt. Vorsichtig wird interpretiert, dass seine Lust an der Freiheit zurzeit noch größer sei als seine Begeisterung für Familie und Vaterrolle. Ob der Machtkampf nicht zeige, wie sehr beide die Zuwendung des anderen nötig hätten? Je klarer sich Frau A. ausdrückt, desto mehr hört ihr Mann zu, offensichtlich gespannt, seine Frau in ganz unvertrautem Licht zu sehen. Je deutlicher sie ihre Wünsche benennt, desto mehr engagiert er sich, diese noch mehr zu klären und gemeinsame Wege zu finden, sie zu realisieren. Wohltuend wird von beiden erlebt, dass auch das aktuelle sexuelle Problem thematisiert werden konnte. Entlastend wirkt dabei sowohl, dass Herr A. seine Unsicherheit zum ersten Mal deutlich machen konnte als auch, dass Frau A. ihre Wünsche ausdrückte.

Mit den sexuellen Verunsicherungen und der Angst vor einer erneuten Schwangerschaft kündigt sich das Thema der Behinderung an. Die Belastung durch dieses Thema scheint als Machtkampf zwischen den Partnern verarbeitet worden zu sein. Beide richten in ihrer Betroffenheit, die sie sich nicht offen zu zeigen getrauen, inkompatible Wünsche aneinander. Das, was sie von ihm verlangt, löst seine Ängste aus – und umgekehrt. In dieser Kraftprobe verstecken beide ihre Bedürftigkeit: Wer darf das traurige (das behinderte?) Kind sein? Hier beginnt sich schon, besonders bei Frau A., die intensivere Selbstexploration persönlicher Themen abzuzeichnen. Für den Therapeuten liegt der Hauptaugenmerk nun auf der möglichst treffenden Verbalisierung des Gefühlsgehaltes, des inneren Bezugsrahmens in den sprachlichen und auch nonverbalen Angeboten seiner Gesprächspartner.

Der Mittelteil der Paartherapie beginnt mit einem von Frau A. vorgebrachten, konzertierten Vorwurf der Eheleute, der Therapeut ergreife Partei für den Mann. Frau A. habe einen „üblen Nachgeschmack“ aus der Stunde behalten, da immer nur herauskäme, sie allein sei an allem schuld. Herr A. meinte, der Therapeut würdige jede seiner „schlappen“ Aussagen, während „höherwertige Beiträge“ seiner Frau unberücksichtigt blieben.

Herr A. äußert sich in aufrichtig gemeinter Weise anerkennend über die Streitlust seiner Frau, was dieser sehr gefällt. Der Therapeut ermuntert Frau A. genau zu beschreiben, welches Verhalten sie sich von ihm, von „den Männern", wünsche. Während ihr Neutralität zu benennen leicht fällt, tut sie sich schwerer, ihr Bedürfnis nach Lob auszusprechen. Für Frau A. ist die Kindheitsszene wiedergekehrt. Die Männer (der Vater, die Brüder) bestimmen und haben Recht, die Frauen (die Mutter) gehen leer aus. Wut tritt zutage bei der Erkenntnis, dass sich in der Herkunftsfamilie die Männer immer so verhielten, dass sie die Zuwendung bekamen.

Als die Tochter einen Rollstuhl als lebenslanges Hilfsmittel bekommt, kann Frau A. ihre Trauer nicht mehr zurückhalten. Ihre körperlichen Beschwerden verstärken sich, sie weint viel in den Therapiestunden wie auch zuhause. Mitunter gerät sie in tiefe Resignation, besonders wenn sie erlebt, dass ihr Mann ihr doch nicht das Mitgefühl entgegenbringt, das sie sich von ihm erhofft. Immer noch fällt es ihr schwer, ihre Erschöpfung als so Besorgnis erregend wahrzunehmen, wie sie körperlich zu spüren ist. Stattdessen beschwichtigt sie ihren Mann („Es falle ihr eben nicht mehr so leicht, immerzu zu lächeln ..."). Sie möchte so gern durchhalten und ihre Aufgabe alleine schaffen. Auch Herr A. wirkt jetzt ernst und betroffen, fühlt sich aber sofort angegriffen, wenn sie von ihm mehr Unterstützung verlangt. Jetzt äußert er auch deutlicher seine Unsicherheit gegenüber der Tochter. Er habe keine Geduld, im Spiel mit ihr finde er keine Entspannung. Ohne spezielle Ausbildung könne man gar nicht mit ihr spielen. Seine Frau hört aufmerksam zu, als er einräumt, wie sehr er sich innerlich seit Doras Geburt und ihrer Behinderung unter Druck setze.

Stimmung und körperlicher Zustand von Frau A. verschlechtern sich weiter. Sie erklärt jetzt unumwunden, dass die „Batterie" alle sei, sie sich erschöpft fühle, aber einen klaren Hilferuf richtet sie noch immer nicht an ihren Mann. In den nächsten Sitzungen wird die Wirklichkeit ihrer Erschöpfung und die für sie essenzielle Bedeutung ihres Durchhaltevermögens herausgearbeitet. Schließlich reagiert er betroffen, als er sieht, wie ausgelaugt sie sich fühlt und sich zugleich zwingt, ihn zu schonen und sich dabei immer mehr auf sich zurückzieht („Ich will dich nicht beschuldigen, du bist eben durch und durch Wissenschaftler, ich muss mich arrangieren"). Damit wird beiden deutlich, dass sie die ganze Verantwortung für die Tochter auf sich nimmt und zugleich im Grunde enttäuscht ist, dass er sie nicht aus eigenem Antrieb unterstützt. Schließlich spricht sie erneut an, dass sie vor allem seine Bestätigung ihrer Arbeit vermisse. Sie könne ihm nicht genau sagen, was er tun solle. Herr A. nimmt nun betroffen, aber auch verletzt wahr, dass er nicht nur ausschließlich als Familienernährer funktionalisiert, sondern auch noch als unverbesserlich angesehen wird. Das kränkt ihn, macht ihn aber auch unruhig, da er merkt, dass er sehr wohl eine Rolle in seiner Familie spielen will.

Frau A.s Beschwerden lassen allmählich nach. Man sieht sich zwar kaum, kommt in der verbleibenden Zeit aber gut miteinander zurecht und ist nett zueinander. Frau A. hat es als großen Schritt erlebt, ihre Verfassung so unverblümt mitzuteilen. Das sei ihr noch ziemlich nachgegangen, habe sie aber auch erleichtert. Das Wichtigste sei ihr Wunsch gewesen, er solle zeigen, was er für sie empfinde, da sie Sicherheit brauche. Auch Herr A. fühlt sich nun entlastet, da ihm nicht prinzipiell mangelnder Willen vorgeworfen wurde, sondern nur andere Präferenzen. Damit werde es ihm leichter, sich auch in der Familie zu engagieren. Seine Frau solle ihm sagen, was er tun solle. Er wolle sich nicht so außen stehend fühlen, kein Anhängsel der Familie sein.

Frau A. drückt ihrem Schmerz über die eheliche Untreue ihres Mannes aus und leitet damit eine Gesprächsphase über die Entwicklung der Partnerschaft ein. Beide erinnern sich, wie stark und positiv die Anziehungskräfte zwischen ihnen früher waren. In diesem Zusammenhang kommt es zu einer Retrospektive in die Kindheit, die beide im Kontrast zur heutigen Situation als sorgenfrei und glücklich erlebten. Zum ersten Mal schildert Frau A. ein konkretes Alltagsereignis, ohne ihrem Mann Vorwürfe zu machen. Herr A. engagiert sich mehr in der Familie, widmet seiner Tochter mehr Zeit, geht mit in den Zoo. Anlässlich eines Gespräches über einen Konflikt zwischen Frau A. und der Krankengymnastin wird ihr bewusst, wie viel Angst Unstimmigkeiten bei ihr auslösen und wie rasch sie dann dazu neigt, ihr Anliegen herunterzuspielen oder nachzugeben. Am liebsten regle sie Meinungsverschiedenheiten auf die „sanfte Tour“. Sie erinnert sich an Kindheitsszenen und sieht ihre Eltern, die durch Liebesentzug strafen. Manchmal fühlt sie sich ihrem Mann ebenso sehr wie ihrem Vater unterlegen. Genauso wie sie dessen Zuneigung nicht aufs Spiel setzen wollte, will sie es nun nicht.

Beide geben sich deutlich Mühe, aufeinander einzugehen und registrieren diese Bemühung auch beim anderen. Er freut sich, dass sie sich ihm gegenüber offener und positiver verhält, viel weniger Vorwürfe macht als früher. Sie ist erleichtert zu spüren, dass ihm doch etwas an ihr und der Familie liegt und seine Gereiztheit nachgelassen hat. Beiden wird klar – und er ermuntert sie nun ausdrücklich dazu –, dass sie ihre Wünsche nach Unterstützung deutlicher mitteilen muss. Sie beginnt im Alltag zu üben und spürt, wie sehr sie sich dabei selbst im Weg steht. Bitten vorzutragen ist ihr unangenehmer als die Arbeit selbst zu machen. Es liegt nicht an ihm, der es ihr mit Hilfsangeboten nun sogar leicht macht. Es gibt eine tiefe Überzeugung in ihr, die ihr sagt, dass es Liebe nur durch Leistung gibt. Wenn sie nicht perfekt ist – und dies bedeutet, alles alleine zu schaffen –, empfindet sie sich nicht als vollwertig, dann ist nichts Anerkennenswertes an ihr. Ihre Mutter ist so ein Vorbild an Tatkraft und Selbstbeherrschung. Herr A. kann seine Frau gut verstehen, er kennt den Hang zum

Perfektionismus auch an sich. Beiden geht es nun etwas besser. In einem erneuten Exkurs in die Biografie fühlt sie unter Tränen die von Leistungsdruck und Unterordnung durchsetzte Atmosphäre ihrer Kindheit, die sie bislang als gar nicht so unglücklich wahrgenommen hatte. Sie spürt, wie wenig anerkannt wurde, was nicht unmittelbar mit Pflichterfüllung zu tun hatte. Sie weint um dieses „Eigene", was so sehr übersehen wurde. Aber sie empfindet auch Rührung, als sie sich an die tiefe Zuneigung ihres Vaters erinnert. Wiederum werden ihr Ähnlichkeiten zwischen Elternhaus und Ehe bewusst. Auch in der Ehe versuche sie, immer braver zu sein, wenn ihr Mann sie nicht so lobe, wie sie es von ihrem Vater her gewohnt ist.

Die Therapie erreicht einen Wendepunkt, als von einem Disput um die Feriengestaltung ausgehend, die Behinderung der Tochter wiederholt eingehend besprochen wird. Es geht Frau A. nun um ein Bedürfnis nach ein wenig Freiraum und Abstand vom Kind. Sie ist mittlerweile so mutig, von ihren Aggressionen gegen Dora zu sprechen. Ihre manchmal unbeherrschte Wut, wenn sie ihr nicht gehorche oder ihre Absichten durchkreuze, werfe sie sich selbst schwer vor.

14. Gesprächskontakt

Die folgende Passage entstammt aus einem Gesprächskontakt, in dem sich die Eheleute bereits ausdauernd um die Urlaubsplanung gestritten hatten.

Frau A.: Ich hätte so gern wieder einmal Urlaub, von mir aus nur 14 Tage – aber allein mit meinem Mann!

Therapeut: Eine Zeit lang in Ruhe gelassen werden, ohne Kindergeschrei – das ist zurzeit wirklich Ihr größtes Bedürfnis.

Frau A.: Ja, aber mein Mann möchte den Urlaub lieber mit Kind.

Herr A.: Aber wir sind doch nun einmal eine Familie.

Therapeut: Da prallen Ihre Gegensätze wieder aufeinander. Ihr Mann will lieber mit Kind als allein mit Ihnen ... das kränkt Sie ...

Frau A.: Ich will einfach mal ... 14 Tage lang ... vergessen ... (sie weint) ...

Therapeut: Da gibt es etwas, was Sie so gerne – und seien es nur einmal zwei Wochen – ausblenden wollen.

Frau A.: Die Behinderung von Dora will ich vergessen ... meine Aggressionen ...

Therapeut: Dass sie behindert ist, ist Ihnen jetzt so unerträglich, und dass Sie wütend werden – ist auch so zum Heulen, dass man sich darüber schämt?

Frau A.: Es ist so schlimm, dass man nichts tun kann, das Schlimmste ist das Geistige, dass sie nicht so versteht, nicht alles ... (weint).

Herr A. (mitfühlend): Man fühlt sich so bestraft ... wie mit Schulden belastet.

Frau A.: Es macht nichts mehr richtig Spaß mit Dora, immerfort nur Provokationen, und laufend das Geschreie!

Therapeut: Da sind Sie sich beide einig, das empfinden Sie ganz ähnlich in Ihrem Ärger über die Tochter. Und es ist gut und mutig von Ihnen, das auch klar auszusprechen, obwohl man sich dermaßen als Versager vorkommt, als schlechte Eltern ...

Frau A.: Ich mache mir oft Vorwürfe wegen meiner Wut auf Dora.

Therapeut: Das quält einen dann noch zusätzlich: Man könnte schreien und sogar draufschlagen vor Wut, aber zugleich verachtet man sich dafür.

Herr A.: Es ist oft so eine verfahrene Kiste mit Dora: Man ärgert sich über sie, man reißt sich zusammen, aber natürlich spürt sie das.

Therapeut: Ich glaube, hinter dieser Wut auf Dora sind Sie beide sehr traurig über ihre Behinderung ...

Frau A.: Ich leide so ... dass sie so anders ist (weint).

Therapeut: ... Sie machen sich Vorwürfe, dass Sie Dora nicht so lieb haben können ...

Frau A.: Ja. Ich fühle mich entsetzlich schuldig, dass ... dass ich so ... manchmal so eine Wut auf sie habe ...

Herr A.: Die Ursachen für ihre geistige Behinderung hat uns noch niemand genau erklären können!

Therapeut (zu Herrn A.): Sie sagen es nicht genau, aber ... mir kommt es vor, als wollten Sie Ihrer Frau beistehen ...?

Herr A.: Für uns ist das Geistige, glaube ich, das größte Problem.

Therapeut: Dass Dora auch noch geistig zurückgeblieben ist, macht alles so schwer und unannehmbar für Sie. Das ist so traurig ... und Sie sind so enttäuscht.

Frau A. (weinend): Es ist so dicht unter der Oberfläche, ich kann gar nicht anders als zu heulen ...

Herr A.: Wir können auch ein Internat nicht mehr ausschließen.

Therapeut: Sie sind beide so enttäuscht und erschöpft, dass Sie sich zurzeit ein gemeinsames Leben mit Dora gar nicht vorstellen können. Sie hat so wenig Schätzenswertes an sich.

Frau A.: Ich möchte ja Dora mehr akzeptieren, aber ...

Therapeut: ... ihre Behinderung ist so hoffnungslos und endgültig ... wie schwer enttäuscht Sie sind!

Frau A.: ... Ja ... Ich schaffe es kaum einen Tag, ehe sie mich wieder aufregt.

Therapeut: Beide kämpfen Sie mit allen Kräften gegen Ihre Traurigkeit an, jeder auf seine Art, so wie wenn diese Trauer gar nicht sein darf.

Herr A.: Für mich ist das auch ein schwieriges Gefühl ... Ich muss gestehen, dass ich ganz unsicher werde, wenn ich meine Frau so ... so aufgelöst sehe.

Therapeut: Sodass Sie sich nur noch mehr zusammenreißen, um ihr ... Halt zu geben?

Frau A. (wendet sich zum ersten Mal ihrem Mann zu): Du kannst ruhig mehr zeigen, dass du auch traurig bist ... Du brauchst mich da gar nicht zu schonen! Ich würde mich viel mehr verstanden fühlen!

Herr A. (schaut zu Boden): Es geht nicht.

Therapeut: Da muss man sich schämen?

Herr A.: Ich weiß nicht so recht ... ich konnte das noch nie ...

Therapeut: Dafür gab es in Ihrem Leben noch nie Raum ...

Herr A.: Das kann sein. Ich kann mich nicht erinnern, dass meine Eltern irgendwann einmal aus der Haut gefahren wären.

Therapeut: Vielleicht haben Sie ihren Eltern auch nie einen Grund gegeben?

Herr A. (lacht): Das schon ... aber sie haben es nicht gemerkt!
Therapeut: Da mussten Sie funktionieren. Aber Sie haben sich nicht dressieren lassen!
Frau A.: Erzähl' mal von deinen Heimlichkeiten!

Obwohl sich Frau A. schuldig fühlt und mit Selbstverachtung kämpft, spricht sie ihren Ärger und ihre Enttäuschung aus. Der Therapeut unterstützt das Paar darin, auch diese Gefühle zuzulassen. Herr A. pflichtet seiner Frau in freimütiger Weise bei, als er andeutet, sich durch Doras Behinderung „wie bestraft" vorzukommen. Dieser Diskurs führt zu einer Annäherung der Eheleute, da Frau A. entlastet wird und Gemeinsamkeiten gefunden werden. Für sie war es später zudem wichtig zu erleben, dass ihr Mann auch einmal an Grenzen stieß, dass sie Gefühle sogar besser auszudrücken verstand als er. Auch diese Erkenntnis stärkte das sich langsam entwickelnde Gleichgewicht zwischen den Partnern.

Auch die nächsten Gespräche lassen immer wieder die Haltung beider Eltern erkennen, gegen Trauer anzukämpfen, sich geradezu zwingen zu wollen, unangenehme Gefühle aus ihrem Leben fern zu halten. Auf die Thematisierung dieses Vorganges können sie sich nun mehr einlassen und beginnen, sich allmählich diesen Gefühlen aufrichtiger anzunähern. Diese Schritte fallen Herr A. schwerer als seiner Frau. Aber auch er lässt immer deutlicher werden, wie sehr er unter den Eigenheiten der Tochter leidet und diese kaum tolerabel findet. Andererseits wird sein Widerwille spürbar, sich mit der Behinderung zu beschäftigen. Den Wunsch seiner Frau, ein Buch über Körperbehinderungen zu lesen, lehnt er zunächst rundweg ab. Erst als er diese Abwehr selbst wahrnehmen kann, ist er in der Lage, das Anliegen seiner Frau nicht mehr als Vorwurf, Zumutung oder Angriff zu verstehen, sondern als Bemühen, mit ihm über die gemeinsame Hilflosigkeit zu sprechen. Auch in dieser Situation spüren beide, wie wichtig es ihnen offenbar ist, ihre Trauer unter Verschluss zu halten, gegen sie anzukämpfen. Die Stunde, in der über ihre Befürchtungen gesprochen wird, ihre Gefühle vor dem anderen eindeutiger zu benennen, führt zu einer entscheidenden Veränderung. Aufgewühlt kann Frau A. ihr Geheimnis aufdecken, Doras Behinderung genau genommen als Strafe zu erleben, weil sie als junge Erwachsene eine Schwangerschaft abgebrochen habe. Herr A. ist bestürzt und tröstet seine Frau, die wiederum sehr überrascht ist, von ihrem Mann so viel Mitgefühl zu spüren. Die Ehepartner können nun hilfreicher aufeinander reagieren und setzen vorsichtig neues Vertrauen in ihre Beziehung. Tatsächlich kommt es in einer der letzten Stunden zu eindeutigeren Mitteilungen darüber, wie sich beide mit der Tochter fühlen. Dabei kommt nicht nur der Ärger über ihre Verhaltensauffälligkeiten, sondern vor allem Kummer und Enttäuschung zur Sprache.

Veränderung und Prognose

Während die Ehepartner zu Therapiebeginn in gegenseitiger Verletzungs- und Vorwurfshaltung fixiert waren, mit der sie den schmerzlichen Kontakt über die Tragik der Behinderung ihrer Tochter vermieden, gelang ihnen im Verlauf der Gespräche eine vorsichtige emotionale Öffnung. Parallel dazu reduzierten sich die körperlichen Symptome von Frau A., und ihre psychische Gestimmtheit verbesserte sich. Sie erlebte, dass sie imstande war, furchtloser und vorwurfsfreier Gefühle und Wünsche äußern zu können, ohne dass Katastrophen eintraten. Damit arbeitete sie zugleich an ihrem primären Konflikt, da sie Schwäche und Überforderung zunehmend akzeptieren lernte. Herr A. trug mit dem Eingeständnis eigener Verunsicherung dazu bei, dass ihn seine Frau besser verstehen konnte. Seine Frau als Person zu begreifen, die am Rande der Erschöpfung steht, entlastete ihn von seiner Verteidigungshaltung, die er gegen ihr Drängen, ihre vorwurfsvollen Anklagen aufgebaut hatte. Auch er konnte ein realistischeres Bild seiner Frau gewinnen und wagte wieder mehr, sich in der Familie zu engagieren.

Die Paartherapie endet nach 21 anderthalbstündigen Gesprächen. In einer Nachbefragung nach einem Monat berichtet Frau A., dass ihr Leidensdruck nachlässt, dass man lerne, produktiver miteinander zu streiten – jedenfalls so, dass die Beziehung profitiere. Die positive Entwicklung wurde in einem weiteren Gespräch nach einem Jahr bestätigt.

Fall „Vorwurfsbeziehung“ (Ehepaar G.)

Anlass zur Behandlung und Lebenssituation

Nach dem einwöchigen stationären Mutter-Kind-Aufenthalt meldet sich Frau G. mit ihrem Mann zu gemeinsamen Gesprächen an. Sie leidet seit einiger Zeit an Unruhe, Schlafstörungen und quält sich damit, warum ihre einzige Tochter behindert sei. Seit kurzem treten Ängste vor dem Autofahren oder unheilbaren Krankheiten auf. Die Familie lebt in gesicherten Verhältnissen im Eigenheim. Bis zur Geburt hat sie als Filialleiterin gearbeitet, ihr Mann als Vorstand. Ruth gilt als extremes Frühgeborenes mit Krampfanfällen, zeigt heute einen psychomotorischen Entwicklungsrückstand von mehr als zwei Drittel des Lebensalters und ist fast blind. Nachts wacht sie häufig auf, die Nahrungsaufnahme ist beschwerlich. Seit Frau G. auf der Intensivstation erfahren hatte, dass Ruth behindert bleiben wird, hetzt sie in einer Tretmühle von Kliniken und Therapien. Tief berührt war sie, als eine Physiotherapeutin auch einmal etwas Positives über Ruth sagte. Ihr Mann äußert sich kaum, mit ihm kann sie nicht über sich sprechen. Sie hat Angst, dass die Ehe auseinander gehe, zumal panische Angst vor neuer Schwangerschaft jede Form von Nähe und Intimität bedroht.

Schon als Kind hatte sie wenig Selbstwert. Die Mutter dominierte die fünfköpfige Familie und ließ keine andere Meinung gelten – gehorchen und schweigen war erwünscht. Sie war ein schüchternes Mädchen, das sich nichts zutraute. Am liebsten wäre sie weggelaufen, es war keine schöne Kindheit. In der Pubertät fühlte sie sich „unendlich" machtlos, begann sich aber zu wehren und „kriegte Dresche ohne Ende". Sie erinnert sich nicht an Lob für das bestandene Abitur. Die stille, zurückhaltende Art ihres Mannes, aber auch seine Bemühungen um sie, haben ihr damals besonders imponiert, vor Ruths Geburt war sie voller Energie und Unternehmungslust.

Herr G. klagt über Magenbeschwerden, die internistisch behandelt werden. Auch er ist über die Behinderung der Tochter unglücklich, hat sich aber im Gegensatz zu seiner Frau damit abgefunden. Er betont pragmatische Lösungen, es helfe ja nichts, in Kummer und Trauer zu versinken. Es stimmt, dass er beruflich ausgesprochen stark eingespannt ist und zudem oft auf Geschäftsreise außer Haus. Reibungspunkte gibt es wohl, weil er abends oft nicht mehr das Mitteilungsbedürfnis aufbringt, das seine Frau von ihm erwartet.

In seiner Ursprungsfamilie gab es keinen Streit, Harmonie war Leitbild. Die Mutter habe alles für ihn getan, war jederzeit für ihn da; zu ihr bestand ein enges, liebevolles Verhältnis. Ihre Sorgen nach dem Tod des Vaters ließ sie niemanden spüren, mit dem Stiefvater kam er auch nach Geburt eines Bruders gut aus. Sein weiterer Lebensweg verlief ohne Besonderheiten. Immer ruhig und genügsam, musste er hart arbeiten, das Studium fiel ihm nicht leicht. Lösungen zu suchen und den Verstand einzuschalten wurde zu einer Lebenshaltung, mit der er ganz gut fährt. An seiner Frau beeindruckte ihn am meisten deren Lebendigkeit und Fröhlichkeit, er kann sich nicht so locker geben. Die Magenprobleme hat er seit den Studienjahren, wo sie zum ersten Mal als Stressfolge auftraten. Am meisten wünscht er sich ein friedliches Familienleben.

Behandlungsverlauf

Erster Eindruck

Die Paargespräche werden oft zu dramatischen Monologen mit Frau G., einer temperamentvollen 35-jährigen Frau, deren Gefühle sehr leicht ansprechbar sind und die wie gehetzt in einem Redeschwall kommuniziert, aus Sorge, nicht alles vermitteln zu können. Sie wirkt verzweifelt und enttäuscht, ihr Leidensdruck ist unübersehbar. Mit emotionaler Dichte, aber auch mit Charme fordert sie einen Großteil an Beachtung.

Demgegenüber verhält sich Herr G. interessiert und freundlich, aber distanziert. Der mittelgroße, gut gekleidete Geschäftsmann wirkt leidend, massiert oft mit den Fingern die Schläfen und spricht mit ruhiger, fester Stimme. Kommunikationsversuche der Eheleute führen rasch zum Stillstand. Wenn sie ihn auffordert, etwas zum Thema beizutragen, scheint er sich überfahren zu fühlen und wehrt sich mit Gegenfragen.

Frau G.: Jetzt sag' du doch mal was!
Herr G.: Was soll ich denn sagen?
Frau G.: Ja, was für uns wichtig ist! Irgendwas! (zum Therapeuten, wütend) Ich kann machen, was ich will, ich bringe kein Wort aus ihm heraus!
Herr G. (zum Therapeuten, angespannt): So ist es immer. Wir können nicht miteinander reden.

Rasch entwickelt sich eine Sackgasse vom Typ Machtkampf, bei dem einer angreift, der andere verweigert. Beide wenden sich an den Therapeuten, um ihn zum Schiedsrichter zu machen.

Überlegungen zur Diagnose und Genese der Störung

Es bestehen keine psychischen oder organischen Vorerkrankungen, außer Magenschmerzen bei Herrn G. mit unklarer Genese. Die Befindlichkeitsstörung bei Frau G. trat in enger Verbindung zu belastenden Lebensereignissen auf. Auf komplizierte Schwangerschaft und Geburt des schwer mehrfachbehinderten Kindes folgte eine Krisenreaktion im Sinne einer Posttraumatischen Belastungsstörung mit albtraumhaft wiederkehrenden Erinnerungen an die dramatischen Ereignisse um die Notfallgeburt, mit Schlafstörungen, ängstlicher Unruhe, übermäßiger Erregbarkeit und Aggressivität. Ihrer Intensität nach traten diese Erlebnisreaktionen allmählich in den Hintergrund, die erschreckenden Träume bildeten sich ganz zurück. Gegenwärtig liegt eine Anpassungsstörung (ICD 10: F43.23: mit vorwiegender Beeinträchtigung von anderen Gefühlen) vor, bei der Angst, depressive Reaktionen, aber auch Anspannung und Ärger auftreten. In Kommunikation und Selbstdarstellung überwiegen Verhaltensweisen, die an Histrionische Persönlichkeitszüge denken lassen. Darüber hinaus besteht eine Partnerschaftsstörung vom symmetrischen Typ mit gegenseitiger Verweigerung.

In der Lebensgeschichte von Frau G. finden sich Hinweise auf primäre Inkongruenzerfahrungen, da wenig Geborgenheit erlebt wurde und die Unterordnung erzwingende Erziehung Impulse nach Selbstbestimmung früh ausblendete. Tief empfundene Macht- und Einflusslosigkeit prägen das Selbstbild, gegen die sich kompensatorisch ein starker Antrieb richtet, sich zur Entschädigung sorglos genießend etwas vom Leben nehmen zu müssen, auch wenn andere damit unter Druck gesetzt werden. Darin kehrt die Sehnsucht nach Beachtung wieder, die ihr für das, was sie war und äußerte, wenig gegeben wurde. Verlangt eine Situation, ruhig, geduldig oder beherrscht zu sein, erinnert sie dies sofort an Zwang, und sie reagiert widerstrebend oder konfus.

Das Krisenereignis der Behinderungsdiagnose zusammen mit der Todesangst um das Neugeborene stellt sie einer Bedrohung gegenüber, die sie wie das demütigende Ausgeliefertsein gegenüber der als unbegrenzt erfahrenen elterlichen Macht erlebt. Die früher durch Anpassung abgewehrten Entwertungserfahrungen kommen an die Oberfläche und aktivieren Ängste als Schutz vor ausbrechenden Aggressionen und als Selbstbestrafung. In gleichem Maße wächst das Bedürfnis nach Beachtung, das die eheliche Situation aus der Balance bringt, da die eher distanziert geführte Partnerschaft mit der Sorge um das schwerstbehinderte Kind und seinem Pflegebedarf zur engen Notgemeinschaft wird.

Die entstehenden Reibungspunkte beeinträchtigen nun Herrn G.s Idealvorstellung einer friedlichen Partnerschaft erheblich und konfrontieren ihn mit Notwendigkeiten, denen er aufgrund seiner lebensgeschichtlichen Erfahrungen ausweicht. Sein von Affektkontrolle geprägtes Selbstideal kann die Beschäftigung mit Trauer und Ärger nicht zulassen, da diese Gefühlsregungen in der engen Mutterbindung keinen Platz hatten. Die insgeheim trauernde Mutter wird ihre Verletzlichkeit dem Kind auf sublime Weise signalisiert und damit Angst in ihm ausgelöst haben, die intime Zweisamkeit durch Disziplinlosigkeit zu gefährden. Die Erfordernisse der Krisensituation lassen ihn nun die Verpflichtung spüren, sich um andere emotional zu kümmern, was ihn einerseits an den in der engen Mutterbindung erlebten Autonomieverlust erinnert, andererseits seinem daraus erwachsenen, eigenen Versorgungsanspruch widerspricht. In der Tiefe wird die Trauer um den Vater wieder belebt, den er im Kindergartenalter verlor.

Als Ehekrise entwickelt sich ein Circulus vitiosus gegenseitiger Verletzungen, da sich keiner mehr vom anderen geachtet fühlt. Er vermisst ihre liebevolle Zuwendung und zieht sich zurück, während ihr seine Beachtung fehlt und sie ihn deshalb umso ärgerlicher bedrängt.

Verlauf

Dem Ehepaar wird eine Personzentrierte Paartherapie vorgeschlagen, da sich das aktuelle persönliche Befinden beider Partner nicht nur durch eine Kommunikationsstörung ergibt, sondern mit der Bewältigungsaufgabe ein für beide krisenhaftes Erleben vorliegt. Ausgangspunkt sind die gegenseitigen Erwartungen, die benannt, verhandelt und einander in besseren Einklang gebracht werden können. Im Wesentlichen wird allerdings der Kontakt zu den gemeinsamen leidvollen Erfahrungen herzustellen sein, der sich bei ihnen mit der Behinderung ihrer Tochter einstellte. Damit wird ihnen ermöglicht, die Tragweite des Kummers beim Partner einzufühlen, um zu einer von Kränkung und Enttäuschung weniger blockierten Verständigung zu gelangen.

1. Phase: Erleichterung: Die ersten Kontakte nutzt Frau G. zu fast kathartisch anmutender Exposition ihrer seelischen Verfassung. Immer wieder spricht sie quälende Selbstvorwürfe, Schuld- und Insuffizienzgefühle an. Häufig sind ihre Beobachtungen von Ruth Thema oder Erinnerungen aus Schwangerschaft und Geburtsphase. Sie dominiert die Stunde, fordert ihren Mann zwar zu Beiträgen auf, unterbricht ihn jedoch bald wieder und fährt fort, ihren Kummer und ihre Verzweiflung zu beschreiben. Es ist offensichtlich, dass sie dem Ehemann die Rolle des Zuhörers zuweisen will. Nicht ohne Genugtuung äußert sie sich etwas später zufrieden darüber, dass er ihr hier endlich einmal zuhören müsse. Herr G. wirkt in diesem Stadium zurückhaltend, wählt seine Worte mit Bedacht, wie um Verfängliches zu vermeiden. Wird er von seiner Frau zum Sprechen aufgefordert, wirkt er oft unterschwellig trotzig und antwortet einsilbig. Allerdings hört er seiner Frau aufmerksam zu, wenn er auch wenig Einfühlung oder Trost signalisiert. Mit ihren Gefühlsausbrüchen scheint er überfordert.

In dieser Phase gerät der Therapeut sofort in den ehelichen Interessenskonflikt. Beschäftigt er sich einfühlsam mit Frau G., riskiert er, dass Herr G. sein Verhalten als Schuldvorwurf auffasst und sich zurückzieht. Widmet er sich verständnisvoll Herrn G.s Distanzierung, wendet sich Frau G. enttäuscht von ihm ab. Diese Lage erfordert eine Gratwanderung, um weder von Frau G. vereinnahmt zu werden noch Herr G. aus den Augen zu verlieren. Er muss sich bewusst sein, dass beide zwar konträres Verhalten an den Tag legen, beide Reaktionen jedoch den gemeinsamen Ursprung persönlicher Verletzung durch dasselbe Krisenereignis haben. Um ein rudimentäres Verständnis für das dem einen so befremdlichen Verhalten des anderen anzubahnen und die Idee des auf unterschiedliche Weise gemeinsamen Leidens durchscheinen zu lassen, wurde immer wieder eine Brücke zwischen den Äußerungen beider Partner geschlagen. So wurde Herr G. etwa gefragt, ob ihm diese Trauer oder diese Versagensgefühle seiner Frau auch schon einmal so deutlich geworden waren; oder Frau G. wurde nach dem Verklingen eines Gefühlsausbruches gefragt, ob sie denn glaube und woran sie denn erkenne, dass ihr Mann ebenfalls leide, sich Sorgen mache oder verzweifelt sei. Eine wichtige Information war für beide der Hinweis, dass beide auf unterschiedliche Weise leiden.

Obwohl es die heftige emotionale Beteiligung von Frau G. häufig erforderte, dass sich der Therapeut ihr zuwandte, ihre Gefühle verbalisierte und ihr Erleben bestätigte, ließen sich immer wieder kurze Begegnungen zwischen den Ehepartnern schaffen. Ganz ohne Zweifel fühlte sich Frau

G. mit ihrem Leid langsam ernst genommen und erfuhr nun in der therapeutischen Situation die so sehr erwünschte Beachtung. Auch Herrn G. gelang es, die Situation nicht als Tribunal seiner Unterlassungen zu verstehen und begann sich entlasteter zu fühlen. In gleichem Maße wurde er freier, sich am Gesprächsverlauf zu beteiligen. Allmählich ließ Frau G.s Neigung zu selbstabwertender, selbstquälerischer Aufgewühltheit nach. Sie begann ruhiger zu schlafen und konnte überrascht berichten, einen ganzen Nachmittag ohne spürbare Unruhe verbracht zu haben.

2. Phase: Aggression: Im nächsten Abschnitt der Therapie können sich die Ehepartner im gemeinsamen Gespräch bereits mehr aufeinander beziehen. Die Kommunikationsstörung selbst wird nun thematisiert, als Frau G. ihren Mann mutig mit ihren Wünschen nach Aufmerksamkeit und Beachtung konfrontiert. Er beginnt sich zu verteidigen und löst damit ihren Zorn aus. Waren die Gegensätze bisher zwar deutlich, aber noch schonend vermittelt, kommt es jetzt zum offenen Konflikt. In diese Zeit fällt der von Frau G. vehement vorgetragene Vorwurf an ihren Mann, er habe ihre Schwangerschaftsbeschwerden nicht ernst genommen, sei noch auf eine Tagung gefahren, sodass sie sich bemüht habe, sich zusammenzureißen, anstatt rechtzeitig ins Krankenhaus zu gehen. Es wird deutlich, dass sie ihrem Mann damit zum ersten Mal cine lang gehegte Anklage direkt präsentiert. Er reagiert darauf betroffen, weist aber von sich, deshalb an Ruths Behinderung schuld zu sein. Während sie auf ihn schimpft und ihren Schmerz verzweifelt zeigt, zieht er sich aus dem Kontakt zurück.

Im Folgenden kommt ihre Kommunikation beinahe zum Stillstand und ein Therapieabbruch steht kurz bevor. Es erweist sich als sinnvoll, die gegenseitigen Erwartungen in der Gekränktheit der Eheleute zu verbalisieren und erneut auf die Verletztheit beider Eltern über die Behinderung und ihre wütende Empörung über das hereinbrechende, unbeeinflussbare Geschehen, zu beziehen. Dennoch verhärten sich die Fronten so sehr, dass über Trennung gesprochen wird.

In dieser Situation verschlechtert sich Ruths Gesundheitszustand mit Ess- und Schlafstörungen rapide, Krampfanfälle nehmen massiv zu und erweisen sich als medikamentös nicht einstellbar, sodass die Sorge um das Kind noch mehr als zuvor in den Mittelpunkt der Aufmerksamkeit rückt. In der extrem belastenden Zeit machen die Eltern nun gemeinsame Erfahrungen gegenseitiger Unterstützung. Daraus entsteht nicht nur das Gefühl, wieder eine gewisse Basis zu haben und besser miteinander auszukommen, sondern auch der gemeinsame Entschluss, zusammenzubleiben.

3. Phase: Neuorientierung: Mit der Angst um Ruth wie auch aus Erschöpfung, aber auch mit wachsendem Vertrauen in die therapeutische Situation, traut sich Frau G. nun, mehr konkrete Hilfe vonseiten ihres Mannes zu fordern. Hier geht es um die Organisation des Wochenendes und der Verantwortung für die Tochter während der Nacht. Sowohl während der Therapiestunde als auch zuhause verhandelt das Ehepaar hart miteinander und findet tatsächlich gemeinsame Lösungen. Die Gespräche sind mit Überlegungen zu Ruths Befinden und ihrer Entwicklung ausgefüllt, dazu kommen Konflikte mit behandelnden Ärzten, die das Ehepaar gemeinsam und einträchtig durchsteht. Frau G. als Expertin für die Belange ihres Kindes bekommt nun viel Anerkennung von ihrem Mann, weil dieser sich rückhaltlos zu ihren Standpunkten bekennt, sie unterstützt und verteidigt. Langsam entspannt sich die Situation und lässt eine neue Konstellation erkennen. Herr G. ist nun weit mehr als vorher mit Ruths Betreuung befasst, während Frau G. weiterhin die Behandlungsdirektiven ausgibt, sich aber auch zunehmend Freiräume zur Erholung wünscht, was bei Herrn G. eher Ängste auslöst. Er wird nun in den Gesprächen aktiver. Erneut kommt es zu gegenseitigen Vorwürfen, und in einer weiteren Runde können die Eltern diese Kommunikationsprobleme benennen und sich den erneut auftauchenden, alten Divergenzen zuwenden.

19. Gesprächskontakt

Herr G.: Über Weihnachten war lange Urlaub, aber trotzdem wie Arbeit (Frau G. stöhnt demonstrativ) … ich hab’ mich mit Ruth beschäftigt.

Frau G.: Ich habe mich in den zwei Wochen gut erholt!

Herr G.: Zumindest hast du nicht gesagt, dass es schlimm war, wenn ich da war.

Frau G.: Wir haben uns relativ gut verstanden. Ich habe nicht gedacht, hoffentlich ist er bald wieder weg. Unser Problem ist, dass wir unterschiedliche Auffassung von Arbeit in der Familie haben. Ich nehm’ es leichter, mein Mann schwerer. Ich will, dass du von dir aus bestimmte Sachen mit Ruth machst, z. B. Windeln wechseln, und ohne gleich ein langes Gesicht zu machen, auch ’mal alleine zur Behandlung gehst!

Herr G. (zum Therapeuten): Sie ist immer gleich so aggressiv. Ich stehe in der Firma schon unter Dauerstress … (Er erzählt von seinen Magenschmerzen) … Mir fällt es schwer, mit Ruth einen Termin wahrzunehmen, das ist mir unangenehm, weil ich die genauen Abläufe nicht kenne. Du verlangst zu viel von mir!

Therapeut: Sie haben ja beide einiges bewegt, und es scheint, als hätte sich die Situation umgedreht: Jetzt fühlen Sie sich überlastet und ihrer Frau geht es gut! Und dann werden Sie noch angemacht!

Herr G.: Ich gebe ja zu, dass ich manchmal dann auch trotzig bin …

Therapeut: Was wünschen Sie sich denn von Ihrer Frau?

Herr G.: Ich wünsche mir, dass sie nicht so aggressiv mit mir redet und auch ein bisschen liebevoller ist, mir auch ’was Nettes sagt.

Frau G.: Ich bin nicht mehr aggressiv mit dir, wenn du zuhause mitdenkst und Ruth nimmst!

Therapeut: Für Sie ist es ganz entscheidend, dass sich ihr Mann zuhause engagiert ... und (zu Herrn G.) Ihnen fehlt jetzt doch sehr die ... Zuwendung Ihrer Frau?!

Herr G.: Ja. Jeder soll schon seine Freiheiten haben, ich will ja auch gerne zum Tennis gehen. Aber es sollte schon mehr Gemeinsamkeit geben. Sie ist eine perfekte Mutter und Ruth ist bei ihr gut aufgehoben, aber ... für uns ... es bleibt ziemlich wenig Zeit!

Frau G.: Ich weiß, worauf er hinaus will. Solange ich mich nicht sicherer fühle, dass Ruth wieder gesund ist, werde ich sie nicht allein lassen, und es kommt mir auch kein Babysitter ins Haus!

Herr G.: Da hören Sie's!

Therapeut (zu Herrn G.): Da sind Sie enttäuscht, dass ihre Frau sich keine Zeit für Sie nimmt ... Sie fühlen sich vernachlässigt!?

Frau G.: Ich würde lieber etwas alleine machen.

Herr G.: Wir wechseln uns ab, wenn der eine wach ist, ist der andere müde ... wir finden gar nicht mehr zueinander!

Therapeut: Sie sehnen sich nach dem Eheleben, wie es früher war? ... vor Ruths Geburt?

Herr G.: Ja.

Therapeut: Verhandeln und organisieren können Sie jetzt schon ganz gut. Aber Nähe zuzulassen ... das ist noch ziemlich schwierig.

Frau G. (zum Therapeuten): Er hat so wenig Verständnis dafür, dass ich mich sexuell ganz abqualifiziert fühle.

Therapeut: Es ist schwer, ihm das direkt zu sagen.

Frau G. (schaut auf den Boden).

Herr G. (zum Therapeuten): Sie denkt immer, dass sie als Frau nichts taugt ... weil sie kein gesundes Kind auf die Welt gebracht hat. Aber das ist doch Unsinn!

Therapeut: Was das Sexuelle angeht ... da sind Sie beide sehr verletzt ... da ist es ganz schwer, miteinander zu reden ... sich in die Augen zu schauen ...

Frau G.: Früher war das nicht so ...

Herr G.: Nein.

Therapeut: Mit Ruth hat sich alles geändert?

Die Auseinandersetzung des Ehepaares wird authentischer, beide äußern ihre Bedürfnisse und bleiben im Gespräch miteinander in Kontakt, auch wenn die Gegensätze unüberbrückbar scheinen. Auf dieser Grundlage können gemeinsame, für beide bedeutsame Themen gefunden werden. Es geht nun um Wünsche auf der Ebene der Beziehungsgestaltung oder um Einflüsse der Herkunftsfamilie, die unterschiedliche Rollen und Erwartungen entstehen ließen. Eine wichtige Einsicht bei der Wiederbelebung der Familienerfahrungen ist, dass beide gelernt haben, nicht um Hilfe zu bitten und deshalb auch den Wunsch des anderen nach Unterstützung schlecht wahrnehmen können. Insgesamt zeigt sich eine Besserung der Beziehung in der wachsenden Bereitschaft der Ehepartner, miteinander ohne gegenseitige Vorwürfe über das brisante Thema ihrer Sexualität zu sprechen und einander zuzuhören. Immer wieder können sie sich nun auch erlauben, gemeinsam ein wenig über Ruths Behinderung zu trauern.

4. Phase: Symbiose und Lösung: Obwohl sich sowohl Frau G.s Symptomatik nun bereits erheblich gebessert hat, Spannungen und gegenseitige Vorwürfe allmählich nachlassen, wirken beide erschöpft und äußern ganz offen, mit ihren Kräften am Ende zu sein. Die Sorge um Ruth, die mühseligen Situationen des Fütterns und die Angst vor weiteren Anfällen hat eine enge Beziehung zwischen Mutter und Kind entstehen lassen, die auch durch die Aufnahme in den Kindergarten nicht geschwächt wird. Im Gegenteil, nun engagiert sich Frau G. im Vorstand und wird bald zur Wortführerin der Elternschaft. Zuhause kann sie Ruth kaum aus den Augen lassen und sie nur mit Schwierigkeiten Verwandten zur Aufsicht anvertrauen.

28. Gesprächskontakt

Frau G.: Wir sind immer mit Ruth verbunden, wir gucken alle fünf Minuten nach ihr, ob es ihr auch gut geht.

Therapeut: So sehr sitzt Ihnen die Angst vor neuen Anfällen im Nacken, dass Sie sich gar keine Pause mehr gönnen.

Herr G.: Wir kommen überhaupt nicht mehr dazu, ’rauszugehen.

Frau G.: Seit einem halben Jahr sind wir nicht mehr gemeinsam irgendwohin gekommen! Aber ihr geht es besser, manchmal hat sie richtig gute Laune.

Therapeut: Das entschädigt Sie für alle Mühen. Dann spüren Sie, dass Sie es richtig machen.

Frau G.: Ja, unbedingt.

Therapeut: Ruth ist ganz zum Lebensmittelpunkt geworden. Sie geben wirklich alles, dass es ihr gut geht … um sie zu beschützen …

Frau G.: Ja. Ich bin überlastet, aber ich kann nicht anders. Ich kann das Kind nicht sich selbst überlassen.

Herr G.: Sie muss sich erst noch weiter stabilisieren. Für Freizeit bleibt im Prinzip nichts.

Therapeut: Sie gehen beide so ganz einhellig in dieser schweren Aufgabe auf, für Ruth zu sorgen. Und geben ihr das Letzte an Kraft und Reserven. Sie kämpfen um ihr Leben.

Frau G. (weint): Ich hab’ aber auch Angst vor der Zukunft … Sie wird immer schwerer, ich weiß bald nicht mehr, wie ich sie heben soll … das ist bald nicht mehr zu schaffen …

Therapeut: Das ist für Sie das Schlimmste, was Sie sich vorstellen können: Nichts mehr für sie tun zu können.

Frau G. (weint): … Wie neulich … fünf Minuten später in der Klinik und … sie wäre jetzt tot …

Therapeut: Da haben Sie ihr das Leben gerettet!

Frau G.: Ich hab’ mit den Ärzten gekämpft … (erzählt von Ruths Notaufnahme wegen Appendizitis).

Therapeut: Da haben Sie alle ihre Kraft mobilisiert für ihre Tochter ... die niemend so gut versteht wie Sie. Sie haben ihr Gefühl ernst genommen ... und es war richtig!

Frau G.: Wenn ich nicht mehr für sie sorgen kann ... Dann bring' ich mich um!

Herr G. (erschrocken). Sag' doch so 'was nicht!

Therapeut: ... Sie fühlen dann überhaupt nichts mehr, wozu Sie noch nütze sein könnten, wenn Sie nichts mehr für Ruth tun können ... dann wird ihr ganzes Leben leer und ... sinnlos ...

Frau G. (schluchzt).

Therapeut: Dann müssen Sie sich auch dafür bestrafen, dass Sie sie nicht gesund machen konnten ... dass Sie irgendwie schuld sind ... auch an ihrer Behinderung?!

Frau G. (weint): Ich hab' damals auch gedacht, wenn ... wenn sie gestorben wär' ... und wir wären alle Sorgen los ... wie es wäre, wieder ... ein freier Mensch zu sein ...

Therapeut: Sie schämen sich so, dass Sie diesen kurzen Gedanken hatten, wie einfach es sein könnte, ohne Ruth?

Frau G. (traurig). Ja ...

Therapeut: Und Sie konnten auch spüren, wie viel es Ihnen bedeutet, frei zu sein.

Frau G. (ruhiger): Ich glaube ... das ist für mich das Wichtigste.

Therapeut: Was könnte das für Ihre Partnerschaft bedeuten?

Die enge Verbindung zwischen Frau G. und ihrer Tochter kommt einige Male deutlich zum Ausdruck. Wieder werden die ursprünglichen traumatischen Erlebnisse besprochen – diesmal weniger als Vorwurf an den Mann, sondern im Hinblick auf ihr Verlassenheits- und Hilflosigkeitsgefühl. Dies führt erneut in die Lebensgeschichte und aktiviert heftige aggressive und trauernde Gefühle über mangelnde Zuwendung in der Kindheit. Je mehr sie sich auf sich und ihre Geschichte bezieht, desto seltener werden Vorwürfe an ihren Mann und der Umgangston wird freundlicher. Häufiger kann sie nun das Bemühen ihres Mannes sehen und ihn dafür sogar loben. Das mutige Ansprechen ihrer Sinnlosigkeitsgefühle wird zum Wendepunkt und hat eine unerwartet nachhaltige Wirkung. Wie wenn sie sich damit von ihren Schuldgefühlen freigesprochen hätte, scheint sich die enge Verklammerung mit der Tochter allmählich zu lösen. In der nächsten Zeit werden gemeinsame Unternehmungen der Ehepartner häufiger, und sie können sich nach aufreibender Suche auf eine geeignete Kinderbetreuung einigen. Auch ihre Eltern zeigen Bereitschaft, die Enkeltochter zu nehmen. Schließlich schafft es Frau G., den mittlerweile entstandenen Wunsch nach einem Entspannungsurlaub ohne Ehemann zu realisieren. Der Umstand, dass ihr Mann diese Aktion mitträgt und in der Zwischenzeit die Organisation für die Tochter übernimmt, festigt die Ehebeziehung weiter.

Veränderung und Prognose

Die Therapie endet nach 35 anderthalbstündigen Gesprächen, die sich über eine Zeitspanne von fast dreieinhalb Jahren erstreckten, zuletzt aber nur noch in zwei- bis dreimonatigem Intervall stattfanden. Im Verlauf ließen Frau G.s Symptome zwar rasch nach, während sich die Kommunikation zwischen den Eheleuten verschlechterte. Erst in dieser miteinander sehr bewusst durchlebten Krise, in der die Unterschiedlichkeiten der Partner deutlich hervortraten und erkannt wurden, konnte vor der Wahlmöglichkeit einer Trennung eine neue gemeinsame Basis gefunden werden. Dies ging nicht, ohne Erwartungen an den anderen zu revidieren, wozu wiederum das Verständnis für die Herkunftsgeschichte des Partners notwendig war. Gegen Therapieende erlebt Herr G. seine Frau als selbstbewusst und weniger ängstlich, während sie ihren Mann als verlässlich beschreibt und sich von ihm ernst genommen fühlt. Frau G. empfindet wieder Lebensfreude, verglichen mit der Zeit davor, in der sie sich „wie im Gefängnis“ fühlte.

Frau G. machte während der Therapie eine Phase intensiver Hinwendung an die Tochter durch, die an symbiotisches Gebundensein erinnert. Zum einen begünstigt durch die Eheunzufriedenheit, scheinen andererseits die Ursachen für diese Entwicklung tiefer zu liegen und mit Schuld- und Versagensgefühlen verknüpft zu sein. Der Versagensvorwurf ist dabei noch nicht einmal konkret, sondern bezieht sich auf eine innere Grundüberzeugung eigener Schuldhaftigkeit, etwa nach einem Lebensmotto: „Ich wollte frei sein, dafür werde ich wie immer bestraft!“. Die Schritte zur Auflösung dieser Überzeugung führen zunächst zur Fremdbeschuldigung des Mannes, dann zur verfestigten, symbiotischen Verbindung mit dem Kind in der intensiv und verstörend empfundenen Proklamation tief gefühlter eigener Wertlosigkeit und Todessehnsucht, bevor sie in ein Nacherleben von Kindheitsentbehrungen mündet.

Auch ein Distanzierungswunsch, den sie in der Ehebeziehung allmählich deutlicher formulieren kann, mag sich nach Jahren aufopfernder und aufreibender Pflege unmerklich eingestellt haben. Er wird zur erheblichen Bedrohung des Selbstbildes, da auch in Zeiten schwerster körperlicher Belastung Kinderbetreuung, Teilzeitpflege oder gar Heimunterbringung nicht thematisiert werden durften. So vergrößerte jeder auftauchende innere Impuls, sich ein wenig vom Kind zu entfernen, die Schuldgefühle sofort und verstärkte die Bindung.

Mit seinen Erwartungen erschwert Herr G. das Bestreben seiner Frau, sich schuldlos frei fühlen zu dürfen, da sie seine Wünsche als Forderungen nach Unterordnung verstehen muss. Durch die massiven und aggressiv vorgetragenen Anschuldigungen seiner Frau gezwungen, kann er nicht anders, als sich von seinem Harmoniewunsch zu verabschieden und, zunächst verweigernd, zu opponieren. Die chronische Erschöpfung in der eskalierenden Situation bringt es mit sich, dass beide letztlich nicht umhin können, Wünsche immer deutlicher zu formulieren – freilich im unterstützenden Rahmen der therapeutischen Situation. Hier konnte Herr G. in Verhandlungen die ihm möglichen Schritte zur Selbstabgrenzung in der Kommunikation erproben, ohne sich trotzig zurückzuziehen. Sein Entgegenkommen bei der häuslichen Arbeitsteilung wie auch sein Engagement in der Betreuung von Ruth bringt ihm Anerkennung seiner Frau ein. Die gemeinsam erarbeiteten organisatorischen Lösungen bringen nicht nur neue Hoffnung, sondern relativieren seine Grundüberzeugung, Auseinandersetzung sei verboten, beängstigend und unproduktiv.

Im langwierigen Wiederannäherungsprozess bewirkt die Anerkennung, die sich die Ehepartner allmählich wieder geben können, dass Herr G. Hingabe in emotionalen Dingen nicht fürchten muss. Ihr Selbstwertgefühl wiederum wird nicht unerheblich durch das Interesse ihres Mannes an ihren Meinungen und Tätigkeiten wie auch mit jeder Versicherung gestärkt, mit der er seine Anerkennung über Ruths Pflege und ihre perfekte Organisation ausdrückt.

Während Herr G. vordergründig den von seiner Frau geforderten Auseinandersetzungen auswich, schreckte er innerlich vor Verantwortungsnahme zurück, da sie an seine Ängste vor Liebesverlust der überbehütenden Mutter erinnerten und er ein Versagen fürchtete. Frau G. sah sich Ruths Behinderung als erdrückender Herausforderung gegenüber, die einen Teil ihres Selbstbildes aktivierte, in dem sie sich wie in der Kindheitsfamilie als unfähig, nichtsnutzig und gezwungen sah. Die Forderungen, die nun beide an den anderen erhoben, um die eigene Verunsicherung auszugleichen, verlangten gerade das, wovor dieser am meisten zurückschreckte.

In den Gesprächen findet Herr G. allerdings nicht in dem Maße wie seine Frau Zugang zu seiner Trauer. Für ihn ist es bereits eine große Leistung, tief betroffen mit den Tränen kämpfend, die Trauergefühle seiner Frau während der Sitzung auszuhalten – was ihr wiederum wohl tut. Seine Trauer kann in der Paartherapie selten erreicht werden und wird vielleicht noch einmal Thema in einer späteren Beratung oder Therapie werden.

Ausblick

Es versteht sich von selbst, dass die Lösung persönlicher Konflikte und seelischen Leides die Bearbeitung gesellschaftlicher Probleme nicht ersetzt. Psychotherapie – und damit das Streben nach Befreiung von Leid, nach individueller Stärkung und Verwirklichung – darf nicht zum Alibi für nachlassende Reform, Modernisierung und Qualitätssicherung werden. Hier sind politische Initiativen gefragt. Sicherung und Erweiterung der Frühförderung für behinderte und von Behinderung bedrohte Kinder, Kostendeckung für rehabilitative Maßnahmen und die Erprobung neuer Methoden, Abwehr von Diskrimination Behinderter und ihre Integration in die Gesellschaft – um nur einige Themenbereiche zu nennen – können nur durch Solidarisierung und Engagement vorangebracht werden (Keupp 2001).

Darüber hinaus sei noch einmal darauf hingewiesen, dass die hier dargestellte Perspektive einer Psychotherapie mit Eltern behinderter Kinder auf keinen Fall bedeutet, alle Eltern behinderter Kinder seien im Rahmen ihres Bewältigungsprozesses behandlungsbedürftig. Vielmehr sei ausdrücklich festgestellt, dass die überwiegende Mehrheit dieser Eltern ihr Schicksal und schwierige Pflege- und Erziehungssituationen mit bewundernswerter Energie und Geschick meistern.

Intention des Modells ist zum einen aufzuzeigen, dass die Anstrengungen von Eltern, die Behinderung ihres Kindes zu bewältigen, nicht ohne ihre Biografie und damit den Prozess ihrer Personwerdung verstanden werden kann. Dies wird insbesondere dann vorrangig, wenn eine längere psychische Krise eintritt. Dennoch hat das Modell weder deterministischen Anspruch noch pathologisierende Konsequenzen. Vielmehr wird betont, dass der Person viele Wege offen stehen, Erfahrungen der krisenhaften Belastung zu integrieren. Die aufgezeigten Möglichkeiten werden noch weiter vervielfältigt, wenn günstige Umstände einer hilfreichen Begegnung etwa durch unterstützende soziale Kontakte, professionelle Beratung oder Psychotherapie hinzukommen.

Zu dem hier vorgestellten Personzentrierten Modell der Bewältigung steht der *Empowerment*-Ansatz in keinem Gegensatz. Das Bemühen um Verständnis der Person auch durch Anerkennung lebensgeschichtlicher Erfahrungen erweitert eher den Blick auf die Person und ihre Ressourcen, als dass sie ihn schmälert. Das Konzept der sekundären Inkongruenz bereichert das Gespräch mit Hilfe suchenden Eltern über die Suche nach deren aktuellen Möglichkeiten und Belastungen hinaus um ein Gespür für mögliche innere Zwiespältigkeiten. Erst wenn diese gesehen werden können, gelingt es, effektive, weil den Personen zugängliche Lösungsschritte zu finden und zu realisieren.

Ferner schließt die hier vorgeschlagene personzentrierte Hypothese zur Krisenbewältigung die von der Transaktionalen Theorie der Stressbewältigung (Lazarus 1990) postulierten Vorgänge nicht aus, da sie der dort beschriebenen kognitiven Bewertung der belastenden Situation durch die Person vorangeht. Die Entscheidungssicherheit der Person bei ihrer primären und sekundären Bewertung – also ob die Transaktion daraufhin bewertet, ob sie für die Person als irrelevant, positiv oder stressreich gelten kann bzw. welche eigenen und erreichbaren Ressourcen vorhanden sind – scheinen von ihrem Selbstvertrauen und ihrer Widerstandskraft, diese wiederum von ihrer Kongruenz abzuhängen.

Auch das Doppelte ABCX-Modell (Dittmann/Klatte-Reiber 1993) berührt mit den Konstrukten des Erfahrungsgewinnes bei der Krisenbewältigung personzentrierte Vorstellungen. Selbstvertrauen und Selbstwert werden bei jeder erneuter Belastung verändert und stärken oder reduzieren so vorhandene Ressourcen. Sie beeinflussen ferner die Wahrnehmung weiterer Krisenereignisse und wirken sich damit auf die subjektive Bedeutungszuschreibung aus.

Mit dem Personzentrierten Konzept des Bedürfnisses nach unbedingter Wertschätzung werden Kernfragen der Bewältigungsforschung in eine neue Perspektive gestellt. Die bereits vielerseits betonte Rolle der sozialen Unterstützung (Shonkoff et al. 1992) bekommt einen anderen Akzent. Ihr wirksames Element ist im emotionalen Bereich vor allem die Bestätigung der Erfahrungen der belasteten und leidenden Person durch deren persönlich bedeutsame Bezugspersonen. So paradox dies klingen mag: Gerade die Anerkennung der belastenden Gefühle und der störenden Situation bringen die Person mehr in Einklang mit sich als pragmatische Versuche, die Erschwernisse einer irreversiblen Situation zu lindern. Dann wird sich ein Effekt des Gesehen- und Verstandenwerdens einstellen, der eigene Gefühle und Vorstellungen validiert, zur Stärkung des Selbstwertgefühles beiträgt und aktive Bewältigungsschritte auslöst.

Schließlich lassen sich mit dem Personzentrierten Modell der Bewältigung die neueren Befunde zu Stressanfälligkeit in Einklang bringen. Das Personzentrierte Modell der Bewältigung würde nicht voraussagen, dass alle von dem Krisenereignis betroffenen Eltern eine bedrohliche, psychische Dekompensation erleben. Dies wird nur für den Anteil vorhergesagt, der die beschriebenen primären Kongruenzerfahrungen gemacht hat. Der Großteil betroffener Eltern wird nach diesem Modell keine oder weniger bedenkliche psychische Gefährdungen im Sinne klinischer Störung durchlaufen. Damit werden die von den Eltern subjektiv erlebten seelischen Notlagen natürlich nicht weniger belastend oder quälend.

Für die praktische Arbeit in Frühförderstellen und heilpädagogischen Einrichtungen bedeutet das Gesagte einen Ansporn, den Ausbildungsstand auch im Hinblick auf persönliche Reaktionen von Eltern zu vertiefen. Psychisch belastete Eltern sollten möglichst früh als solche erkannt und behandelt werden können. Sozialpädiatrische Zentren stellen aufgrund ihrer Mittlerfunktion, ihrer Multiprofessionalität und dem umfassenden Wissen über die Komplikationen in Familien mit behindertem Kind einen herausragenden Ort für psychotherapeutische Angebote an betroffene Eltern dar.

Glossar

Aktualisierungstendenz: Sie ist nicht als ein einheitliches Motiv anzusehen, sondern als ein übergeordnetes Sinnprinzip menschlicher Motivation und Verhaltensorganisation, das „dem Organismus in seiner Gesamtheit innewohnt“ (Rogers 1987, zit. n. Höger 1993, 27) und eine Vielzahl menschlicher Grundbedürfnisse organisiert (Portera 1999). Rogers spricht von einer Neigung zu totalen, organisierten, zielgerichteten Reaktionen des Organismus sowohl für physiologische als auch psychische Reaktionen (Rogers 1973, zit. n. Höger 1993, 25).

Anerkennen (s. a. Bedingungsfreies Akzeptieren): Positives, lobendes Aufgreifen der Klientenäußerung.

Bedingungsfreies Akzeptieren (auch: *unbedingte Wertschätzung*): Eines der drei Therapieprinzipien (Basismerkmale) der Personzentrierten Psychotherapie, die sich in die Techniken *Anerkennen*, *Bestätigen* und *Solidarisieren* gliedert. Es ist ein stützendes Prinzip und entspricht einer respektvollen Haltung gegenüber dem Klienten mit der Bereitschaft zu engagierter Anteilnahme, tiefer Bejahung und sich sorgendem Interesse am Schicksal des Patienten (Finke 1994). Unverzichtbar ist dabei, dass der Therapeut seine unbedingte Wertschätzung am Selbstbild des Klienten ausrichtet (Biermann-Ratjen et al. 1997).

Bestätigen (s. a. *Bedingungsfreies Akzeptieren*): Ermutigendes, zustimmendes Verbalisieren der Sichtweise des Klienten.

Bewältigung: Bewältigung wird hier als längerfristig beobachtbare Reaktion auf das belastende Ereignis verstanden, die innere, somatische und soziale Komponenten hat und deren Effektivität nur nach individuell-persönlichen Maßstäben bewertbar ist.

Beziehungsklären (s. a. *Echtheit*): In seinem *Interaktionsbezogenen Verstehen* erfasst der Therapeut im eigenen Erleben den emotionalen Gehalt des Beziehungsangebots des Klienten zu ihm und spiegelt diesen wider.

Echtheit (auch: *Kongruenz*): Basismerkmal der Personzentrierten Psychotherapie. Mit der Komponente *Echtheit* hat das Beziehungsangebot der Personzentrierten Psychotherapie nicht nur eine Forderung nach Selbstreflexion und Selbstkenntnis an den Therapeuten gerichtet, sondern ihm auch die Möglichkeit einer authentischen Position gegenüber dem Klienten gegeben. Er kann seine Gefühle und sein Erleben in die Beziehung zum Klienten etwa in Form von *Konfrontation*, bedingter *Selbstöffnung* oder *Klärung der Beziehung* einbringen, sofern es dem Entwicklungsprozess des Klienten angemessen ist. Damit wird die Idee des Schutzraumes therapeutischer Anteilnahme durch die Option einer annähernd realen interpersonalen Begegnung und der Auseinandersetzung mit einem echten, transparenten Gegenüber erweitert. Hilfreich wird nun für den

Klienten, im Therapeuten ein Modell für emotional risikobereites, zugleich aber glaubwürdiges Verhalten zu sehen oder Zuversicht in den neuen Kommunikationserfahrungen im Dialog mit ihm zu gewinnen.

Einfühlendes Verstehen (auch *Empathie*): Basismerkmal der Personzentrierten Psychotherapie. Der Therapeut fühlt sich in das Erleben des anderen so genau ein, nimmt es dadurch so genau wahr, als ob es das Eigene wäre, und teilt ihm das Wahrgenommene mit. *Empathie* zielt vor allem auf die gefühlsmäßigen Bewertungen, die der Klient an seinen Erfahrungen vornimmt (Biermann-Ratjen et al. 1997). Die Grundhaltung umfasst *Einfühlendes Wiederholen*, *Konkretisierendes Verstehen*, *Selbstkonzeptbezogenes Verstehen*, *Organismusbezogenes Verstehen* und *Interpretieren* (Finke 1994).

Einfühlendes Wiederholen (s. a. *Einfühlendes Verstehen*): Wiedergabe des Sinns der Patientenäußerung in anderen Worten, Benennung von Gefühlen.

Gesprächspsychotherapie (s. *Personzentrierte Psychotherapie)*

Inkongruenz: Selbstwiderspruch (Teusch/Finke 1999). Sie beschreibt eine Unvereinbarkeit seelischer Tendenzen, meist zwischen erworbenen Bewertungen des Selbstkonzeptes und gefühlten, eigenen Bedürfnissen. Oft als Konflikt zwischen verinnerlichter Norm und Autonomiestreben (Finke 1994). Sie führt zu inneren Spannungen und im Lösungsversuch zur Wahrnehmungsverweigerung und Symptomen.

Inkongruenz, primäre: Sie entsteht in der frühen Zeit der Selbstkonzeptentwicklung, wenn das Selbstkonzept durch Erfahrungen bedroht wird, in denen ein Mensch keine *unbedingte Wertschätzung* erlebt und nicht *empathisch* verstanden wurde, sodass diese Erfahrungen nicht oder nur teilweise in das Selbstkonzept integriert werden konnten (Biermann-Ratjen et al. 1997). Sie entspricht einer frühen Beziehungsstörung.

Inkongruenz, sekundäre: Sie beruht auf einer aktuellen Konflikterfahrung, meist einem kritischen Lebensereignis, die an frühere psychische Verletzungen erinnert und dadurch aktiviert.

Interaktionsbezogenes Verstehen (s. *Beziehungsklären*)

Interpretieren (s. a. *Einfühlendes Verstehen*): Verbalisieren des Zusammenhanges zwischen erlebter Situation und biografischer Erfahrung.

Konfrontieren (s. a. *Echtheit*): Ansprechen von Widersprüchen, etwa zwischen verbaler und nonverbaler Botschaft, Selbstbild und Fremdbild, Einsicht und Verhalten (Finke 1994).

Konkretisierendes Verstehen (s. a. *Einfühlendes Verstehen*): Verbalisieren des Zusammenhanges zwischen Gefühl, Verhalten und spezifischer Situation.

Organismusbezogenes Verstehen (s. a. *Einfühlendes Verstehen, Aktualisierungstendenz*): Verbalisieren des Zusammenhanges zwischen erlebter Situation und verdecktem Bedürfnis.

Personzentrierte Psychotherapie (auch: *Gesprächspsychotherapie, Klientenzentrierte Psychotherapie*): Von Carl R. Rogers (1902–1987) entwickelte Form der Psychotherapie. In Deutschland ursprünglich unter der Bezeichnung *Gesprächspsychotherapie* bekannt geworden (Tausch 1974), konnte sich die *Klientenzentrierte Methode* als therapeutisches Verfahren in der Behandlung von Menschen mit Lebensproblemen und psychischen Störungen durchsetzen und wurde um die Varianten der Prozessorientierten Psychotherapie (Swildens 1991) und der Zielorientierten

Therapie (Sachse 1999) bereichert. Auch für Supervision und Beratung wurden personzentrierte Konzepte entworfen (Straumann/Schrödter 1998; Sander 1999).

Mehr als Gefühle zu verbalisieren, geht es in der Personzentrierten Psychotherapie um Verstehen und Verändern der Selbstbewertung, damit eigene oder neue Anliegen ins Selbstkonzept aufgenommen werden und zu einer befriedigenderen Lebensplanung führen können. Entsprechend der humanistischen Persönlichkeitstheorie steht der Leitgedanke der Begegnung im Mittelpunkt des Therapiekonzeptes, wobei dem Therapeuten die Aufgabe zukommt, seinem Klienten Bedingungen zu schaffen, die ihn ermutigen, sich mit seinen Belastungen wie auch seinen Wünschen auseinander zu setzen. Dabei kommt einerseits ein Vertrauen auf die *Selbstheilungskraft* der Person zum Ausdruck, da angenommen wird, dass auch ein durch eine seelische Krise beeinträchtigter Mensch eine optimal gestaltete Beziehungssituation zu nutzen weiß. Die therapeutische Begegnung soll eine Umkehrung der Beziehungsmerkmale aus der frühen Konstellation darstellen. Als wesentlicher Selbstwert verunsichernder und in letzter Konsequenz krank machender Umstand wird die Frustration des kindlichen Bedürfnisses nach Beachtung und Anerkennung festgestellt. Mit den Therapieprinzipien *Bedingungsfreies Akzeptieren*, *Einfühlendes Verstehen* und *Echtheit* hat die Personzentrierte Psychotherapie die zur Schaffung einer wirksamen Gesprächssituation notwendigen therapeutischen Haltungen benannt. Der Therapeut folgt der Maxime, sich auf den *Inneren Bezugsrahmen* seines Klienten einzustellen, damit die subjektiv erfahrene Wirklichkeit des Klienten zu bejahen. Das gegenwärtige Erleben des Klienten ist die wichtigste Bezugsgröße der gemeinsamen Begegnung. Neueste Effektivitätsuntersuchungen werden von Tscheulin et al. (2000) und Cooper/Murray (2000) berichtet.

Selbsteinbringen (s. a. *Echtheit*): In der Begegnung mit dem Patienten verhält sich der Therapeut bis zu einem gewissen Grad transparent. Seine eigenen in der Beziehung zum Klienten auftretenden Gefühle nimmt er als Therapeutenreaktionen wahr und verbalisiert sie in einer dem Therapieziel dienenden Weise.

Selbstkonzept: Schon das Kleinkind nimmt eine Fülle eigener Impulse wie auch Reaktionen von Bezugspersonen wahr, die es entweder nach eigenen Maßstäben oder denen seiner Umgebung bewertet. Da es sich um Erfahrungen über die emotionale Position des Kindes in sozialen Beziehungen handelt, werden sie zu einem Kristallisationspunkt aller Meinungen und Bewertungen der Person über sich selbst, zu seinem Selbstkonzept (Finke 1994). Dieses enthält alle Vorstellungen, Lebensbewältigungsstrategien und Daseinsmaximen, die jemand als zu sich gehörig ansieht (Selbstbild) oder die man sich für sich wünscht (Selbstideal). Es wird angenommen, dass die jeweilige Bewertung des Selbstkonzeptes dem Bewusstsein zugänglich, aber nicht immer bewusst ist.

Selbstkonzeptbezogenes Verstehen (s. a. *Einfühlendes Verstehen*): Verbalisieren des Zusammenhanges zwischen erlebtem Gefühl oder Verhalten und der Bewertung dieses Gefühles.

Selbstbild (s. Selbstkonzept)

Selbstideal (s. Selbstkonzept)

Selbstexploration: In ihr sieht die Personzentrierte Psychotherapie das eigentliche Agens einer Veränderung im Respekt vor der Selbstheilungskraft der Person. Sie meint einen Prozess zunehmenden Selbstverstehens und Selbstakzeptanz, das sich im wachsenden Vermögen des Klienten zeigt, sich mit der Wirklichkeit seiner Ängste und Bedürfnisse auseinander zu setzen, sich der Widersprüchlichkeit seiner Emotionen und Zielvorstellungen zu stellen und sich im Risiko des Vertrauens und unberechenbarer Resonanzen der ihm zugewandten Person des Therapeuten zu öffnen.

Solidarisieren (s. a. *Bedingungsfreies Akzeptieren*): Bekunden von Interesse und Sorge sowie dem Angebot gemeinsamer Problemlösung.

Therapeutenreaktion (s. *Selbsteinbringen*)

Literatur

Anstey, T. J., Spence, N. (1986). Factors associated with stress in mothers of intellectually disabled children. Australia and New Zealand Journal of Developmental Disabilities 12, 249–255.

Auckenthaler, A. (2000). Die Manualisierung der Psychotherapie – Ziele und Implikationen. Gesprächspsychotherapie und Personzentrierte Beratung 31/2, 119–124.

Bailey, D. B., Skinner, D., Hatton, D. D., Roberts, J. (2000). Family experiences and factors associated with the diagnosis of Fragile X Syndrome. Journal of Developmental and Behavioral Pediatrics 21, 315–321.

Barth, R. (1998). Psychotherapie und Beratung im Säuglings- und Kleinkindalter. In Klitzing, K. von (Hrsg.), Psychotherapie in der frühen Kindheit. Göttingen: Vandenhoek & Ruprecht, 72–87.

Beuys, B. (1984). Am Anfang war Verzweiflung. Hamburg: Rowohlt.

Biermann-Ratjen, E. M., Swildens, H. (1993). Entwurf einer ätiologisch orientierten Krankheitslehre im Rahmen des klientenzentrierten Konzepts. In Eckert, J., Höger, D., Linster, H. (Hrsg.), Die Entwicklung der Person und ihre Störung, Bd. 1. Köln: GwG-Verlag, 57–142.

–, Eckert, J., Schwartz, H. J. (1997). Gesprächspsychotherapie. 8. Aufl. Stuttgart: Kohlhammer.

Brambring, M. (1997). Bewertung und Gestaltung von Elternwochenenden in der Frühförderung. Frühförderung Interdisziplinär, 16, 49–65.

Brem-Gräser, H. (1993). Handbuch der Beratung für helfende Berufe, Bd. 3. München: Ernst Reinhardt.

Bretz, E., Bodenstein, F., Petermann, F. (1994). Interventionen bei innerfamiliärem sexuellen Missbrauch. Kindheit und Entwicklung 3, 253–262.

Cahill, B. M., Glidden, L. M. (1996). Influence of child diagnosis on family and parental functioning: Down Syndrome versus other disabilities. American Journal on Mental Retardation 101, 149–160.

Canacakis, J. (1987). Ich sehe deine Tränen. Trauern, Klagen, Leben können. Stuttgart: Kreuz.

Coffeng, T. (1993). Den Kontakt mit dem Kind wiederherstellen: Trauertherapie mit Erwachsenen, die in ihrer Kindheit einen Verlust erlitten haben. GwG-Zeitschrift 24/89, 19–24.

Cooper, P., Murray, L. (2000). A British controlled trial of the prevention of postpartum depression and associated mother-infant difficulties. Paper presented at the 12th Biennial International Conference on Infant Studies, Brighton.

Dilling, H., Freyberger, H. J. (1999). ICD-10. Taschenführer zur Klassifikation psychischer Störungen. Bern: Huber.
Dittmann, W., Klatte-Reiber, M. (1993). Zur veränderten Lebenssituation von Familien nach der Geburt eines Kindes mit Down Syndrom. Frühförderung interdisziplinär 12, 165–175

Ebert, D. (1987). Wer behindert wen? Frankfurt: Fischer.
Ebert, S. (1995). Interactive Focusing – Eine personzentrierte Methode strukturierter Kommunikation zur Klärung von (Paar-) Beziehungen. GwG-Zeitschrift 26/100, 55–59.
Esser, U., Schneider, I. (1989). Klientenzentrierte Partnerschaftstherapie als Beziehungstherapie. In Behr, M., Petermann, F., Pfeiffer, W. M., Seewald, C. (Hrsg.), Jahrbuch für Personzentrierte Psychologie und Psychotherapie, Bd. 1. Köln: GwG-Verlag, 206–228.
Essex, E. L., Seltzer, M. M., Wyngaarden-Krauss, M. (1999). Differences in coping effectiveness and well-being among aging and mothers and fathers of adults with mental retardation. American Journal on Mental Retardation 104, 545–563.
Finke, J. (1994). Empathie und Interaktion. Stuttgart: Thieme.
– (1999). Beziehung und Intervention. Stuttgart: Thieme.
Frohburg, I. (1999). Qualitätssicherung in der ambulanten Gesprächspsychotherapie. Gesprächspsychotherapie und Personzentrierte Beratung 30/1, 14–27.

Gerbode, F. (1992). Beyond psychology: An introduction to metapsychology. Palo Alto.
Green, J. M., Murton, F. E. (1996). Diagnosis of Duchenne muscular dystrophy. Parent's experiences and satisfaction. Child: Care, Health and Development 22, 113–128.
Gutberlet, M. (1990). Wut, Hass, Aggression in der Gesprächstherapie – Annäherung an ein vernachlässigtes Thema. GwG-Zeitschrift 21/78, 26–30.

Hammers, A. J. (1998). Schlüsselqualifikationen für die klientenzentrierte Psychotherapie und Beratung. Gesprächspsychotherapie und Personzentrierte Beratung 29/3, 163–182.
Höger, D. (1993). Organismus, Aktualisierungstendenz, Beziehung – die zentralen Grundbegriffe der Klientenzentrierten Gesprächspsychotherapie. In J. Eckert, Höger, D., Linster, H. (Hrsg.), Die Entwicklung der Person und ihre Störung, Bd. 1, Entwurf einer ätiologisch orientierten Krankheitslehre des Klientenzentrierten Konzeptes, 17–42, Köln: GwG-Verlag.
Höger, D. (1995). Unterschiede in den Beziehungserwartungen von Klienten. GwG-Zeitschrift 26/100, 47–54.
Hollmann, H. (2000). Grundlagen und Zielvorgaben für die Arbeit im Sozialpädiatrischen Zentrum (SPZ). ‚Altöttinger Papier'. Kinderärztliche Praxis 71, 464–468.
Holroyd, J. (1974). The Questionnaire on Resources and Stress. An instrument to measure family response to a handicapped family member. Journal of Community Psychology 2, 92–94.

Jerneizig, R., Langenmayr, A. (1992). Klientenzentrierte Trauertherapie. Göttingen: Hogrefe.
–, –, Schubert, U. (1991). Klientenzentrierte Psychotherapie bei problematischen Trauerverläufen. GwG-Zeitschrift 22/82, 65–69.
Jotzo, M. (2001). Eltern Frühgeborener in den ersten Wochen nach der Geburt: Eine Prozessstudie zum Verlauf von Belastung, Bewältigung und Befinden. Psychologie in Erziehung und Unterricht 48, 81–97.

Kassebrock, F. (1998). Erziehungsberatung bei Familien mit einem behinderten Kind. In Körner/Hörmann (1998), 181–196.
Katona, F., Berönyi, M. (2000). Early detection of mental deficiency. Paper presented at the 12th Biennial International Conference on Infant Studies, Brighton.
Keupp, H. (2000). Eine sozialpsychologische Zeitdiagnose – Zukünfte des Individuums: Fitness für den Markt oder Selbstsorge in der Zivilgesellschaft. Gesprächspsychotherapie und Personzentrierte Beratung 31/4, 280–190.
Klebanoff, L. B. (1959). Parental attitudes of mothers of schizophrenic, brain-injured and retarded, and normal children. American Journal of Orthopsychiatry 29, 445–454.
Klitzing, K. von (Hrsg.) (1998). Psychotherapie in der frühen Kindheit. Göttingen: Vandenhoek & Ruprecht.
Knox, M., Parmenter, T. R., Atkinson, N., Yazbeck, M. (2000). Family control: The views of families who have a child with an intellectual disability. Journal of Applied Research in Intellectual Disabilities 13, 17–28.
König, E. (1999). Frühdiagnose und Frühtherapie der zerebralen Bewegungsstörungen. Kinderärztliche Praxis 70, 222–234.
Körner, W., Hörmann, G. (1998). Handbuch der Erziehungsberatung. Göttingen: Hogrefe.
–, Sitzler, F. (1998). Elterliche Gewalt gegen Kinder. In Körner/Hörmann (1998), 281–311.
Krause, M. P. (1986). Entwicklungsförderung behinderter Kinder: Die Rolle der Eltern in der Entwicklungsförderung. Sozialpädiatrie in Klinik und Praxis 8/1, 39–42.
–, Petermann, F. (1998). Konstruktion einer Bewältigungsskala für Eltern behinderter Kinder: Soziale Orientierungen von Eltern behinderter Kinder (SOEBEK). Kindheit und Entwicklung 7, 151–164.

Lazarus, R. S. (1990). Stress und Stressbewältigung – ein Paradigma. In Filipp, S. H. (Hrsg.), Kritische Lebensereignisse. 2. Aufl. München: Urban und Schwarzenberg, 198–232.
Lezius-Paulus, R. (1998). Der personzentrierte Ansatz in der Erziehungsberatung. In Körner/Hörmann (1998), 379–394.
Limacher, B., Willi, J. (1998). Wodurch unterscheidet sich die ökologisch-koevolutive Therapiekonzeption von einer systemisch-konstruktivistischen? Familiendynamik 23, 129–155.

Maier-Brandt, B., Ries, M., Lang, Th., Rauch, R., Naehrlich, L., Harms, D., Wenzel, D. (1997). Prader-Willi-Syndrom – Schwierigkeiten der Diagnosestellung beim Neugeborenen. Monatszeitschrift für Kinderheilkunde 145, 515–518.

McConachie, H. R. (1994). Implications of a model of stress to families of young disabled children. Child: Care, Health, and Development 20, 37–46.
Michaelis, R., Krägeloh-Mann, I. (1999). Zerebralparesen: Keine ätiologische Einheit. Kinderärztliche Praxis 70, 214–221.
Munz, D., Brisch, K. H., Bemmerer-Mayer, K., Kreienberg, R., Terinde, R., Kächele, H. (2000). Anxieties and coping processes of pregnant women after ultrasound scanning for diagnosis of fetal malformation. Paper presented at the International Congress on Infant Studies, Brighton.

Neuhäuser, G. (1999). Schwere Entwicklungsstörung beim Säugling – Was heißt das für das Kind und seine Familie? Vortrag beim 10. Symposion Frühförderung, Dresden.
Nijs, M. (1999). Trauern hat seine Zeit. Göttingen: Hogrefe.
Nippert, I. (1988). Die Geburt eines behinderten Kindes – Belastung und Bewältigung aus der Sicht betroffener Mütter und ihrer Familien. Stuttgart: Enke.

Ohrt, B. (1999). Die Entwicklung sehr früh geborener Kinder bis zum Alter von achteinhalb Jahren. Frühförderung Interdisziplinär 18, 3–10.

Papousek, M. (1996). Die intuitive elterliche Kompetenz in der vorsprachlichen Kommunikation als Ansatz zur Diagnostik von präverbalen Kommunikations- und Beziehungsstörungen. Kindheit und Entwicklung 5, 140–146.
– (1998). Das Münchener Modell einer interaktionszentrierten Säuglings-Eltern-Beratung und -Psychotherapie. In Klitzing, K. von (Hrsg.), Psychotherapie in der frühen Kindheit. Göttingen: Vandenhoek & Ruprecht, 88–118.
Pipp-Siegel, S., Siegel, C. H., Dean, J. (1999). Neurological aspects of the disorganized/disoriented attachment classification system: Differentiating quality of the attachment relationship from neurological impairment. Monographs of the Society for Research in Child Development, No. 258, Vol. 64., 25–44.
Portera, A. (1999). Beitrag zur Ätiologie von psychischen Verhaltensauffälligkeiten und Störungen aus personzentrierter Sicht. Gesprächspsychotherapie und Personzentrierte Beratung, 30, 37–44.

Quine, L., Pahl, J. (1986). First diagnosis of severe mental handicap: Characteristics of unsatisfactory encounters between doctors and parents. Social Science and Medicine 22, 53–62.

Reichle, B. (1999). Wir werden Familie. Ein Kurs zur Vorbereitung auf die erste Elternschaft. Weinheim: Juventa.
Reid, D. T., Renwick, R.M. (2001). Relating familial stress to the psychosocial adjustment with Duchenne muscular dystrophy. International Journal of Rehabilitation Research 24, 83–93.

Sachse, R. (1996). Praxis der Zielorientierten Gesprächspsychotherapie. Göttingen: Hogrefe.
Sachse, R. (1999). Lehrbuch der Gesprächspsychotherapie. Göttingen: Hogrefe.
Sander, K. (1999). Personzentrierte Beratung. Köln: GwG-Verlag; Weinheim: Beltz.

Sarimski, K. (1997). Entwicklungspsychologie genetischer Syndrome. Göttingen: Hogrefe.
Sass, H., Wittchen, H. U., Zaudig, M. (1996). Diagnostisches und statistisches Manual psychischer Störungen DSM-IV. Göttingen: Hogrefe.
Scheuerbrandt, G., Heußner-Enderle, I., Hammerschmidt, H. G., Pongratz, D., Rüdel, R. (1996). Das freiwillige Früherkennungsprogramm auf Muskeldystrophien der Deutschen Gesellschaft für Muskelkranke e. V. Der Kinderarzt 27, 323–329.
Schieche, M. (2001). Störungen der Bindungs-Explorationsbalance und Möglichkeiten der Intervention. In Suess, G. J., Scheuerer-Englisch, H., Pfeifer, W. K. P. (Hrsg.), Bindungstheorie und Familiendynamik, 297–314, Gießen: Psychosozial-Verlag.
Schlack, H. G. (1982). Therapie bei Entwicklungsstörungen im Säuglingsalter: Indikationen und Möglichkeiten. Pädiatrische Praxis 27, 623–628.
– (1998). Grundkonzepte der Behandlung. In Schlack, H. G., Welche Behandlung nützt behinderten Kindern? Mainz: Kirchheim, 18–27.
Schlienger, I. (1990). Elternbeteiligung an der Früherkennung von Behinderungen. Göttingen: Hogrefe.
Schmitz-Schretzmair, R. (1997). Paarsynthese und Paartrennung im Personzentrierten Konzept. In Deter, D., Sander, K., Terjung, B. (Hrsg.), Die Kraft des Personzentrierten Ansatzes: Praxis und Anwendungsgebiete. Köln: GwG-Verlag, 49–66.
Schmücker, G., Buchheim, A. M., Köhntop, B., Pohlandt, F., Pokorny, D., Kächele, H., Brisch, K. H. (2000). Parental assessment of a comprehensive intervention programme for families with a premature very low birthweight infant. XII. Biennial International Conference on Infant Studies, Brighton.
Schneewind, K. A. (1999). Familienpsychologie. 2. Aufl. Stuttgart: Kohlhammer.
Schuchardt, E. (1989). Warum gerade ich …? Pädagogische Schritte mit Betroffenen und Begleitenden. 5. Aufl. Offenbach: Burckhardthaus-Laetare.
Scorgie, K., Sobsey, D. (2000). Transformational outcomes associated with parenting children who have disabilities. Mental Retardation 38, 195–206.
Scott, B. S., Atkinson, L., Minton, H. L., Bowman, T. (1997). Psychological distress of parents of infants with Down Syndrome. American Journal on Mental Retardation 102, 161–171.
Shonkoff, J. P., Hauser-Cram, P., Krauss, M. W., Upshur, C. C. (1992). Development of infants with disabilities and their families. Monographs 57, No. 230. Chicago: Society for Research in Child Development.
Smith, T. B., Innocenti, M. S., Boyce, G. C., Smith, C. S. (1993). Depressive symptomatology and interaction behaviors of mothers having a child with disabilities. Psychological Reports 73, 1184–1186.
Spiker, D., Hopmann, M. R. (1997). The effectiveness of early intervention for children with Down Syndrome. In Guralnick, M. J. (ed.), The effectiveness of early intervention. Baltimore: Brookes, 271–306.
Straumann, U., Schrödter, W. (Hrsg.) (1998). Verstehen und Gestalten. Köln: GwG-Verlag.
Suess, G. J., Zimmermann, P. (2001). Anwendung der Bindungstheorie und Entwicklungspsychopathologie – Eine neue Sichtweise für Entwicklung und (Pro-

blem-)Abweichung. In Suess, G.J., Scheuerer-Englisch, H., Pfeifer, W. K. P. (Hrsg.), Bindungstheorie und Familiendynamik (241–270). Gießen: Psychosozial-Verlag.

Swildens, H. (1991). Prozessorientierte Gesprächspsychotherapie. Köln: GwG-Verlag.

Tasseit, S. (1997). Familien und Paare in der gesprächspsychotherapeutischen Behandlung von Suchtkranken. Gesprächspsychotherapie und Personzentrierte Beratung 28/3, 171–178.

Tausch, R. (1974). Gesprächspsychotherapie. 6. Aufl. Göttingen: Hogrefe.

Tausch, R. (1997). Gesprächspsychotherapie und Stressverminderung. Gesprächspsychotherapie und Personzentrierte Beratung 28/4, 238–244.

Teusch, L., Finke, J. (1999). Gesprächspsychotherapie bei Angststörungen: Grundlagen, Therapie und Ergebnisse. Gesprächspsychotherapie und Personzentrierte Beratung 30/4, 241–254.

Textor, M. R. (1998). Enrichment und Paarberatung – Hilfen auf dem Weg durch den Ehezyklus. Familiendynamik 23, 156–170.

Theunissen, G. (1999). Zur Bedeutung von Stärken und Widerstandskraft. Zeitschrift für Heilpädagogik 6, 278–284.

Thompson, R., Symons, F., Delaney, D., England, C. (1993). Maternal psychological adjustment to the birth of an infant weighing 1,500 grams or less. Infant Behavior and Development 16, 471–485.

Trivette, C. M., Dunst, C. J. LaPointe, N., Hamby, D. (1994). Relationship between key elements of the empowerment construct. Vortragsmanuskript, Universität Bielefeld.

Tröster, H. (1999). Anforderungen und Belastungen von Müttern mit anfallskranken Kindern. Zeitschrift für Medizinische Psychologie 2, 53–64.

Tscheulin, D., Walter-Klose, C., Wellenhöfer, G. (2000). Effektivität personzentrierter stationärer Psychotherapie an der Hochgrat-Klinik: Ein Überblick zur Qualitätssicherung bei 1.500 Patienten. Gesprächspsychotherapie und Personzentrierte Beratung 31/1, 35–44

Vonderlin, E. (1999). Die Bedeutung von Gesprächsgruppen für die Bewältigung einer Frühgeburt durch die Eltern. Frühförderung Interdisziplinär, 18, 19–27.

Warfield, M. E., Wyngaarden-Krauss, M., Hauser-Cram, P., Upshur, C. C., Shonkoff, J. P. (1999). Adaptation during early childhood among mothers of children with disabilities. Developmental and Behavioral Pediatrics 20, 9–16.

Weiß, H. (1992). Annäherungen an den *empowerment*-Ansatz als handlungsorientierendes Modell in der Frühförderung. Frühförderung interdisziplinär 13, 145–165.

Wiegner, S., Donders, J. (2000). Predictors of parental distress after congenital disabilities. Developmental and Behavioral Pediatrics 21, 271–277.

Wing, L. (1975). Problems experienced by parents of children with severe mental retardation. In Spain, B., Wigley, G. (eds.), Right from the start. London.

Zaudig, M., Wittchen, U., Sass, H. (2000). DSM-IV und ICD-10 Fallbuch. Göttingen: Hogrefe.

Wilfried Weber
Wege zum helfenden Gespräch

Gesprächs-
psychotherapie
in der Praxis

12. Auflage 2000
211 Seiten
(3-497-01307-2) kt

Lernziel: Einübung von Methoden des helfenden und heilenden Gesprächs unter besonderer Beachtung der (klientenzentrierten oder personzentrierten) Gesprächspsychotherapie, die von Carl Rogers entwickelt wurde.

Lernmethode: Information anhand von kurzen Lernimpulsen und vielen praxisnahen Hinweisen. Einübung und Vertiefung des Lernstoffs anhand von neunzig praktischen Übungen (z. B. Gesprächsprotokolle, Rollenspiele, Einschätzungsskalen zum Gesprächsverhalten, Übungen zur Selbsterfahrung, Körperübungen).

Aus dem Inhalt

Teil I: Einführung in die Praxis der Gesprächspsychotherapie. Gefahren und Laster der Gesprächsführung. Von Selbstwahrnehmung und Selbstkontrolle. Partnerschaftlich sein. Partnerzentriert sein. Systematisches Zuhören. Die Kunst des Zuhörens. Empathie und Verbalisieren. Einfühlendes Spiegeln. Annehmen und Wertschätzen. Echtheit und Selbstkongruenz. Selbstexploration des Klienten. Kontrolle und Verbesserung des Verhaltens in der Gesprächspsychotherapie

Teil II: Gesprächsanfang. Gesprächsabschluss. Gesprächspausen. Fragen des Klienten an den Therapeuten. Fragen des Therapeuten an den Klienten. Strukturierung des Gesprächs. Abstraktion und Konkretion. Distanz und Nähe. Schutz- und Abwehrmechanismen. Körperarbeit als Weg zum helfenden Gespräch. Einschätzformular zum helfenden Gespräch

Harold Hackney / Sherilyn Cormier
Beratungsstrategien – Beratungsziele

Eine konkrete Anleitung für die Praxis der Gesprächsführung. Die detaillierte Sammlung verbaler Techniken gibt Anregungen zur kritischen Reflexion des eigenen Tuns. Ein Selbsttrainingsprogramm erleichtert dem Leser die Verarbeitung des Stoffs zur Überprüfung seiner Fertigkeiten.

„Dieses Buch besticht nicht nur durch den klaren Aufbau, die gute Gliederung und einfache Sprache, sondern bietet auch eine Vielzahl von praktischen Übungen, durch die Beraterverhalten anschaulich gemacht und trainiert werden kann, an." *Sozialarbeit in Österreich*

Aus dem Amerik. von Werner Moosbauer und Isabella Bruckmaier

4. Auflage 1998
189 Seiten
(3-497-01267-X) kt

Aus dem Inhalt

Thomas Hülshoff
Emotionen

Blinde Wut oder panische Angst, himmelhoch jauchzende Freude oder tiefe Depression – Gefühle bestimmen unser Leben ganz wesentlich. Ein sinnvoller Umgang mit den eigenen Gefühlen und den Gefühlen Anderer setzt ein Verständnis dieser oft höchst komplizierten Vorgänge voraus. Das ist elementar für alle sozialen Berufe.

Thomas Hülshoffs Buch, das nun in 2., überarbeiteter Auflage vorliegt, ist eine fundierte und gut lesbare Einführung in die Emotionspsychologie. Der Autor bezieht aktuelle neurophysiologische Erkenntnisse und biologische Wurzeln unserer Emotionen ebenso ein wie ihre soziale Bedeutung und den kulturellen und familiären Kontext, in den die Gefühle eingebettet sind. Neu hinzugekommen ist ein Kapitel zur emotionalen Dimension von Gesundheit und Krankheit. Dieses Lehrbuch ist mit Fallbeispielen, Übungen sowie zahlreichen Abbildungen didaktisch aufgebaut, praxisnah und verständlich gestaltet.

Eine Einführung für beratende, therapeutische, pädagogische und soziale Berufe

2., überarb. Auflage 2001
355 Seiten. 36 Abb. 2 Tab. UTB-M
(3-8252-2051-6) kt

Hartmut Kasten
Geschwister

Vorbilder – Rivalen – Vertraute

4. Auflage 2001
192 Seiten. 15 Abb.
(3-497-01457-5) kt

Fast jeder kennt sie: Geschwister als innige Vertraute und Geschwister als lebenslange Rivalen. Ob erfolgreicher oder entthronter Erstgeborener, ob vernachlässigter Zweitgeborener oder bevorzugtes Nesthäkchen – die Beziehung zwischen den Geschwistern beeinflusst zwangsläufig Lebensweg und Persönlichkeitsfindung.

Die Geschwisterforschung hat interessante Ergebnisse erbracht. Der Platz in der Geschwisterreihenfolge, das Geschlecht und der Altersabstand sind wichtige Faktoren für die Entwicklung sozialer Fähigkeiten und der Intelligenz.

Der Entwicklungspsychologe und Pädagoge Hartmut Kasten beleuchtet dieses Thema in seiner ganzen Vielfalt und illustriert die Veränderungen von der frühen Kindheit bis ins Alter. Das Buch ist allen zu empfehlen, die selbst Geschwister haben bzw. mit der Erziehung von Kindern betraut sind und Geschwisterkonstellationen besser verstehen möchten.

Aus dem Inhalt

Was ist das Interessante an Geschwistern?
Familie im Wandel: Auswirkungen auf die Geschwister
Geschwister bei uns und in anderen Gesellschaften
Unterschiede zwischen Geschwistern – wie sind sie zu erklären?
Welchen Einfluss haben Geburtsrangplatz und die Struktur der Familie?
Welche Rolle spielt das Geschlecht der Geschwister?
Welche Rolle spielt der Altersabstand?
Welchen Einfluss hat die Geschwisterzahl?
Wie verändern sich die Geschwisterbeziehungen im Laufe des Lebens?
Geschwister besonderer Art

Hildegard Heimlich / Dietger Rother
Wenn's zu Hause nicht mehr geht

Eltern lösen sich von ihrem behinderten Kind

Mit einem Vorwort von Hans G. Schlack

2., aktual Aufl. 1995
150 Seiten
(3-497-01371-4) kt

Kern des Buches sind die Berichte von Eltern über ihr unbegreifliches Leben mit ihrem schwerbehinderten Kind. Zu oft stießen diese Eltern an die Grenze des Möglichen und gingen weit darüber hinaus. Mit Allgemein-Empfehlungen von außen, schwerstbehinderte Kinder gleich bei der Geburt abzugeben, oder mit dem moralischen Zeigefinger, Eltern müssten ihre Kinder unter allen Umständen selbst betreuen, ist niemandem geholfen. Die Eltern müssen für sich entscheiden, ob sie ihr Kind selbst betreuen können und wollen oder ob sie sich auf Fremde verlassen können. Sie müssen für sich einen Weg suchen zwischen engster Bindung und vollständiger Lösung. Wie schwer diese Überlegungen und Entscheidungen für die Eltern sind, zeigen die Berichte in erschütternder Weise.

Hildegard Heimlich und Dietger Rother stellen das Gemeinsame dieser Erfahrungen dar. Sie beschreiben die Schritte, die die Eltern im Entscheidungs- und Trennungsprozess gegangen sind, um der Entwicklung ihres Kindes und ihrer eigenen Entwicklung die Perspektive „Zukunft“ zu ermöglichen.